Claus Matecki/Thorsten Schulten (Hrsg.)
Zurück zur öffentlichen Hand?
Chancen und Erfahrungen der Rekommunalisierung

Hermann Aden, Stadtrat in der Stadt Springe

Claudia Falk, DGB Bundesvorstandsverwaltung Vorstandsbereich 05, Referatsleiterin Öffentliche Daseinsvorsorge und Mindestlohnkampagne

Peter Grau, stellv. Gesamtbetriebsratsvorsitzender der E.ON Hanse AG, Betriebsratsvorsitzender E.ON Hanse AG Betrieb Schuby

Thies Hansen, Gesamtbetriebsratsvorsitzender E.ON Hanse und Betriebsratsvorsitzender E.ON Hanse AG Betrieb Hamburg

Jens Libbe, Wissenschaftler am Deutschen Institut für Urbanistik (DIFU) in Berlin

Claus Matecki, Mitglied des DGB Bundesvorstands und zuständig für die Bereiche Wirtschafts-, Finanz- und Steuerpolitik

Ruth Märtin, Bereich Presse- und Öffentlichkeitsarbeit bei der Stadtwerke Springe GmbH

Roland Schäfer, Bürgermeister der Stadt Bergkamen und Präsident des Deutschen Städte- und Gemeindebundes

Karsten Schneider, Leiter der Abteilung Beamte beim DGB Bundesvorstand

Matthias Schrade, Geschäftsstelle des Gesamtpersonalrates der Stadt Hannover

Thorsten Schulten, Wissenschaftler am Wirtschafts- und Sozialwissenschaftlichen Institut (WSI) in der Hans-Böckler-Stiftung in Düsseldorf

Klaus-Dieter Schwettscher, Beauftragter des Bundesvorstands von ver.di in Hamburg

Renate Sternatz, Bereichsleiterin im Fachbereich Gemeinden beim ver.di Bundesvorstand

Stefan Taschner, Bürgerbegehren Klimaschutz e.V.

Christian Ude, Oberbürgermeister der Stadt München und Präsident des Deutschen Städtetages

Harald Wolf, Mitglied des Abgeordnetenhauses und Ex-Wirtschaftssenator von Berlin

Hellmut Wollmann, emeritierter Hochschullehrer für Verwaltungslehre am Institut für Sozialwissenschaft an der Humboldt-Universität zu Berlin

Claus Matecki/
Thorsten Schulten (Hrsg.)
Zurück zur öffentlichen Hand?
Chancen und Erfahrungen
der Rekommunalisierung

VSA: Verlag Hamburg

Die Veröffentlichung erfolgt mit freundlicher Unterstützung
der Hans-Böckler-Stiftung.

www.vsa-verlag.de

© VSA: Verlag 2013, St. Georgs Kirchhof 6, 20099 Hamburg
Umschlagfoto: chribier/photocase.com
Alle Rechte vorbehalten
Druck- und Buchbindearbeiten: Idee, Satz & Druck, Hamburg
ISBN 978-3-89965-535-3

Inhalt

Rekommunalisierung – ein neuer Trend?

Claus Matecki/Thorsten Schulten
Zwischen Privatisierung und Rekommunalisierung................................... 8
Zur Entwicklung der öffentlichen Daseinsvorsorge

Jens Libbe
**Rekommunalisierung in Deutschland –
eine empirische Bestandsaufnahme** 18

Hellmut Wollmann
Rekommunalisierung in europäischen Nachbarländern 37

Christian Ude
Warum Kommunen ihre Dienste rekommunalisieren 48

Renate Sternatz
Stärkung der kommunalen Selbstverwaltung 60

Rekommunalisierung in der Praxis

Roland Schäfer
Stadtwerke und Eigenbetriebe – das Beispiel Bergkamen 68

Herman Aden/Ruth Märtin
Rekommunalisierung der Stadtwerke in Springe 84

Harald Wolf
Zähes Ringen um den Rückkauf der Berliner Wasserbetriebe 95

Matthias Schrade
Rekommunalisierung in der Landeshauptstadt Hannover 110

Auswirkungen der Rekommunalisierung auf die Beschäftigten

Claudia Falk
Bedeutung von Gewerkschaften und Betriebsräten im Prozess der Rekommunalisierung 120

Thies Hansen/Peter Grau
Ein kritischer Blick auf Rekommunalisierungsprojekte in der Energiewirtschaft 140

Karsten Schneider
Gute Arbeit im öffentlichen Dienst 148
Beschäftigungsbedingungen und die Qualität
gesellschaftlich notwendiger Leistungen

Politische Initiativen gegen Privatisierungen – Initiativen für kommunale Demokratie

Klaus-Dieter Schwettscher
Die Bedeutung von Volks- und Bürgerentscheiden 162
An- und Einsichten zu direkter Demokratie
aus gewerkschaftlicher Sicht

Stefan Taschner
Die Bedeutung von NGOs und lokalen Bündnissen für die Entwicklung von Rekommunalisierungsprojekten 173

Rekommunalisierung – ein neuer Trend?

Öffentlicher Personennahverkehr: noch »stark durch eine kommunale Eigentümerstruktur geprägt« (Jens Libbe)

Claus Matecki/Thorsten Schulten
Zwischen Privatisierung und Rekommunalisierung
Zur Entwicklung der öffentlichen Daseinsvorsorge

Privatisierung öffentlicher Dienstleistungen

Im Laufe des 20. Jahrhunderts hat sich in den meisten (west-)europäischen Staaten eine Form des Kapitalismus herausgebildet, die auf einer »gemischten Wirtschaftsordnung« (mixed economy) beruhte, zu der neben der Privatwirtschaft auch ein umfassender öffentlicher Sektor gehörte. Den Kern des öffentlichen Sektors bildete die öffentliche Daseinsvorsorge, d.h. die gemeinwohlorientierte Bereitstellung öffentlicher Dienstleistungen und Güter durch staatliche und andere nichtprofitorientierte Unternehmen. Bei allen nationalen Unterschieden und Besonderheiten bildete die öffentliche Daseinsvorsorge überall in Europa einen wesentlichen Bestandteil des modernen Wohlfahrtsstaates, dessen Leistungen nicht nach Marktgesetzen, sondern entlang gesellschaftlicher und sozialer Ziele organisiert wurden (Ambrosius 2002, 2008).

Seit den 1980er Jahren unterliegt die öffentliche Daseinsvorsorge in Europa jedoch einem grundlegenden Wandel, der im Wesentlichen mit den Begriffen Liberalisierung und Privatisierung gekennzeichnet werden kann (Hermann/Flecker 2012). Mit der *Liberalisierung* kommt es zur Einführung von Markt und Wettbewerb, sodass die Bereitstellung öffentlicher Dienstleistungen zunehmend von marktwirtschaftlichen Effizienzkriterien dominiert wird, während die sozialen und gesellschaftlichen Zielstellungen immer mehr in den Hintergrund gedrängt werden. Eng damit verbunden ist die *Privatisierung*, im Zuge derer öffentliche Dienstleistungen in wachsendem Maße nicht mehr durch staatliche, sondern durch private, gewinnorientierte Unternehmen erbracht werden.

Am Beginn der Privatisierungswelle standen vor allem die großen nationalen Netzwerkindustrien wie z.B. Energie, Post, Telekommunikation, Bahn usw. im Zentrum. Nachdem diese weitgehend privatisiert waren, rückten seit den 2000er Jahren immer mehr regionale und kommunale Dienstleistungen in den Mittelpunkt. Heute gibt es kaum noch einen Bereich der öffentlichen Daseinsvorsorge, der nicht von Privatisierungspolitiken erfasst worden ist. Nach einer Untersuchung der Beratungsgesellschaft Ernst & Young (2007) hatten bereits im Jahr 2007 jede dritte Kommune und 72% aller größeren Städte (mit mehr als 200.000 Einwohnern) in Deutschland öffentliche Dienstleistungen privatisiert. Die Liste der potenziellen Objekte wurde dabei immer länger und reicht mittlerweile vom kommunalen Wohnungsbestand über örtliche Energieversorgung, Müllabfuhr und Straßenreinigung, die kommunalen Wasserbetriebe, den öffentlichen Nahverkehr, städtische Krankenhäuser und andere Bereiche des Gesundheits- und Sozialwesens bis hin zu sozialen und kulturellen Einrichtungen. Aktuellen Umfragen zufolge scheint der Privatisierungstrend bis heute ungebrochen zu sein. So planten im Jahr 2010 37% der befragten Kommunen weitere Privatisierungen, 2011 waren es sogar 43% (Ernst & Young 2011).

Neben dem direkten Verkauf öffentlicher Unternehmen spielen in vielen Bereichen auch so genannte Öffentlich Private Partnerschaften (ÖPP) eine immer wichtiger werdende Rolle (Gerstlberger/Schneider 2008, Grabow/Schneider 2009). Bei den ÖPP übernehmen private Unternehmen in einzelnen Bereichen der öffentlichen Daseinsvorsorge konkrete Aufgaben (z.B. Planung, Bau, Finanzierung und/oder Betrieb einer öffentlichen Einrichtung oder Infrastrukturmaßnahmen) und erhalten hierfür im Gegenzug von den öffentlichen Auftraggebern langfristige Einnahmegarantien z.B. in Form von Mietzahlungen oder Nutzungsgebühren. Die Vertragslaufzeit von ÖPP kann dabei bis zu 30 Jahre reichen.

Die Gründe für die umfangreiche Privatisierung öffentlicher Dienstleistungen sind vielfältig. Hierbei mischen sich ideologische Vorstellungen mit handfesten Interessen und tatsächlichen Problemen des öffentlichen Sektors. So hat seit den 1980er Jahren die Auffassung immer mehr Verbreitung gefunden, dass private, im Wettbewerb stehende Unternehmen per se öffentlichen Einrichtungen und Betrieben überlegen sind. Gestützt wurden diese Auffassungen vor allem auch von denjenigen privaten Konzernen, die sich im Bereich der öffentlichen Daseinsvorsorge neue lukrative Anlagemöglichkeiten erhofften. Hinzu kamen reale Probleme und Ineffizienzen bei der Bereitstellung öffentlicher Dienstleistungen durch staatliche Unternehmen, die zumindest zeitweise auch eine breite öffentliche Akzeptanz von Privatisierungsforderungen ermöglichten.

Schließlich wurde die Privatisierung durch eine Politik der Liberalisierung vorangetrieben, durch die staatliche Monopolstellungen aufgelöst und immer mehr Bereiche der öffentlichen Daseinsvorsorge dem Wettbewerb ausgesetzt wurden. Hierbei kommt insbesondere der Europäischen Union eine herausragende Stellung zu (Bieling u.a. 2008, Hermann/Flecker 2012). Die EU hat nicht nur immer wieder in wichtigen öffentlichen Dienstleistungsbereichen wie der Telekommunikation, der Post, der Strom- und Gasversorgung, dem öffentlichen Nahverkehr oder aktuell der Wasserversorgung durch eigene Richtlinien den europaweiten Liberalisierungsprozess vorangetrieben. Mit einer immer weiter gefassten Interpretation der so genannten ökonomischen Grundfreiheiten (wie der Kapital-, Dienstleistungs- und Niederlassungsfreiheit) im europäischen Binnenmarkt sind diejenigen Bereiche der öffentlichen Daseinsvorsorge, die nicht dem europäischen Wettbewerbsrecht unterstellt sind, immer kleiner geworden.

Der wichtigste Grund für die Privatisierung liegt jedoch bis heute in der umfassenden Krise des öffentlichen Finanzwesens und der strukturellen Unterfinanzierung öffentlicher Haushalte. Letztere ist vor allem das Ergebnis einer fehlgeleiteten Steuerpolitik, die dem Staat die nötigen Einnahmen und damit verbunden die politischen Handlungsspielräume systematisch entzogen haben. In der ersten Hälfte der 2000er Jahre hat die damalige rot-grüne Bundesregierung die direkten Unternehmenssteuern fast halbiert, die Vermögensteuer abgeschafft und den Spitzensatz der Einkommenssteuer massiv gesenkt. Würden heute noch die Steuergesetze von 1998 gelten, hätten Bund, Länder und Gemeinden allein im Jahr 2011 51 Milliarden Euro mehr an Steuereinnahmen. Für den gesamten Zeitraum 2000 bis 2011 summieren sich die Steuerausfälle aufgrund der rot-grünen Steuersenkungen auf über 380 Milliarden Euro (Truger 2011). Hinzu kommen die Steuererleichterungen der gegenwärtigen schwarz-gelben Koalition, die seit 2010 zu weiteren Einnahmeausfällen zwischen 15 bis 20 Milliarden Euro pro Jahr geführt haben (Eicker-Wolf/Truger 2010).

In vielen öffentlichen Haushalten ist die Situation gegenwärtig äußerst prekär. Trotz konjunkturbedingter Mehreinnahmen sind nach Angaben des vom Deutschen Institut für Urbanistik (DIFU) erhobenen KfW-Kommunalpanel 2011 ein Drittel aller Kommunen und zwei Drittel aller größeren Städte in den Jahren 2011 und 2012 nicht in der Lage, einen ausgeglichenen Haushalt vorzuweisen (DIFU 2011). Der jüngsten Umfrage von Ernst & Young zufolge rechnet fast jedes zweite Unternehmen für die kommenden Jahre mit einem erneuten Anstieg der Schulden. Während die Schere zwischen reichen und armen Kommunen immer weiter auseinander geht, geht etwa ein Drittel aller verschuldeten Städte und Gemeinden davon aus, ihre Schulden nicht mehr aus eigener Kraft zurückzahlen zu können (Ernst & Young 2012). Die prekäre Haushaltslage vieler Kommunen ist auch dafür verantwortlich, dass vielfach notwendige Investitionen z.B. in den Bereichen Schulen/Kinderbetreuung oder bei der Verkehrsinfrastruktur aufgeschoben oder gar nicht getätigt werden. Das DIFU schätzt den öffentlichen Investitionsrückstand bei Städten, Gemeinden und Landkreisen auf insgesamt 100 Milliarden Euro (DIFU 2011: 46f.).

Vor dem Hintergrund leerer Kassen verfolgt die Privatisierung öffentlicher Dienstleistungen zwei wesentliche Ziele: Zum einen sollen durch den Verkauf öffentlicher Unternehmen die Haushaltsdefizite reduziert und damit bisweilen die Voraussetzung geschaffen werden, dass auf kommunaler Ebene überhaupt wieder politische Handlungsspielräume entstehen. Zum anderen wird mit der Privatisierung vielfach die Erwartung verbunden, dass private Unternehmen zusätzliche Investitionen tätigen und damit zum Abbau der öffentlichen Investitionsrückstände beitragen. Letzteres ist auch das Ziel der ÖPP, mit denen Investitionen getätigt werden können, ohne die öffentlichen Haushalte unmittelbar zu belasten. Für die Zukunft dürften die ÖPP deshalb weiter an Bedeutung gewinnen, da sie nicht zuletzt eine Möglichkeit eröffnen, die im Grundgesetz und in zahlreichen Landesverfassungen verankerte Schuldenbremse zu umgehen (Schumann 2013).

Rekommunalisierung als Gegentrend zur Privatisierung?

Angesichts des anhaltenden Privatisierungsdrucks durch prekäre öffentliche Haushaltslagen ist es umso erstaunlicher, dass seit Mitte der 2000er Jahre zunehmend eine Gegenbewegung zu beobachten ist, die unter dem Begriff »Rekommunalisierung« firmiert. Dahinter verbirgt sich im Kern die Rückführung ehemals privatisierter Bereiche der öffentlichen Daseinsvorsorge in den Verantwortungs- und Gestaltungsbereich öffentlicher Einrichtungen und Unternehmen. Bereits im Jahr 2007 kam eine repräsentative Umfrage zu dem Ergebnis, dass jede zehnte Kommune in Deutschland darüber nachdenkt, die Bereitstellung bestimmter öffentlicher Dienstleistungen zu rekommunalisieren (Ernst & Young 2007). Wie stark der Trend hin zu Rekommunalisierung tatsächlich ist und ob dieser gar eine »Renaissance der Kommunalwirtschaft« (Lenk u.a. 2012) einleitet, kann bisher nicht mit Sicherheit gesagt werden, zumal kaum empirische Studien hierzu vorliegen.[1] Gesichert scheint heute nur die Tatsache, dass es sich bei der Rekommunalisierung um ein Phänomen handelt, das mittlerweile deutlich über Einzelbeispiele hinaus geht und zunehmend die öffentlichen Debatten bestimmt.

Im Mittelpunkt der Rekommunalisierungsinitiativen steht derzeit insbesondere der Energiesektor. Nach Angaben der kommunalen Spitzenverbände wurden seit 2007 über 60 Stadtwerke neu gegründet und über 170 Konzessionen zur Strom- und Gasversorgung nicht mehr an private Anbieter, sondern an die Kommunen und kommunale Unternehmen vergeben (Deutscher Städtetag u.a. 2012). Da in den kommenden Jahren weiterhin viele kommunale Konzessionsverträge auslaufen, gehen die kommunalen Spitzenverbände davon aus, dass auch zukünftig Kommunen vermehrt die Gelegenheit nutzen werden, ihre Stromversorgung zu rekommunalisieren.

Über den Energiesektor hinaus mehren sich mittlerweile auch Beispiele aus anderen Branchen. Hierzu gehören vor allem die Abfallentsorgung, die Straßenreinigung und die Wasserversorgung. Einzelbeispiele gibt es darüber hinaus im öffentlichen Nahverkehr, in der Gebäudereinigung, dem Wohnungsbau und in verschiedenen sozialen Bereichen.

Die Gründe, die die öffentliche Hand dazu bewegen, bestimmte Bereiche der Daseinsvorsorge nicht mehr von privaten Unternehmen durchführen zu lassen, sondern wieder in Eigenregie zu übernehmen, sind vielfältig. Am Beginn steht jedoch zumeist die nüchterne ökonomische Erfahrung, dass die mit der Privatisierung verbundenen Versprechen von mehr Effizienz und Kostenersparnis sich in der Praxis nicht bewahrheitet haben. In vielen Fällen haben sich die Kosten nach der Privatisierung deutlich erhöht, während zugleich die Qualität der Dienstleistungen oft zu wünschen übrig ließ. Dies gilt gerade auch für

---

[1] Vgl. Libbe u.a. 2011, Lenk u.a. 2011, Bauer u.a. 2012 sowie mit einer europäischen Perspektive Halmer und Hauenschild 2012. Siehe auch den Beitrag von Jens Libbe in diesem Band.

ÖPP-Projekte, vor denen mittlerweile sogar von den Bundes- und Landesrechnungshöfen gewarnt wird, weil sie in vielen Fällen nicht zu niedrigeren, sondern zu deutlich höheren Kosten für die öffentliche Hand geführt haben (Bundes- und Landesrechnungshöfe 2011). Hinzu kommt, dass insbesondere die kommunale Energieversorgung in vielen Fällen ein sehr profitables Geschäft darstellt. Gerade mit der Rekommunalisierung der Stadtwerke wird deshalb oft die Hoffnung verbunden, mit den Gewinnen aus dem Energiebereich den Haushalt sanieren oder andere, defizitäre Bereiche (z.b. kommunale Schwimmbäder) wieder quersubventionieren zu können.

Neben dem ökonomischen Kalkül spielt bei vielen Kommunen jedoch auch der Aspekt der demokratischen Kontrolle und Steuerung der öffentlichen Daseinsvorsorge eine zentrale Rolle. Nach einer Umfrage der Universität Leipzig ist dies sogar der meist genannte Grund für die Durchführung von Rekommunalisierungen (Lenk u.a. 2011). Nachdem durch die Privatisierung öffentlicher Dienstleistungen nicht zuletzt auch der ökonomische Gestaltungsspielraum vieler Kommunen immer weiter eingeschränkt wurde, scheint sich nun ein politischer Mentalitätswechsel anzudeuten, der auf die Rückgewinnung kommunaler Steuerungsoptionen und die Rückbesinnung auf die traditionellen Leitbilder öffentlicher Daseinsvorsorge setzt (Bauer 2012: 335). Letzteres geschieht nicht zufällig auch vor dem Hintergrund der großen Wirtschafts- und Finanzkrise nach 2008, die das Vertrauen in sich selbst überlassene Märkte und privatwirtschaftliche Strukturen nachhaltig erschüttert hat. Dabei geht es bei der Rückgewinnung kommunaler Steuerungsfähigkeit sowohl um eine Stärkung traditioneller Felder der kommunalen Wirtschafts- und Beschäftigungspolitik als auch um die Bearbeitung neuer Themen wie z.B. die Förderung der Energiewende durch den Ausbau dezentraler Energiegewinnung.

Rekommunalisierung und Gewerkschaften

Eine politische Bewertung der aktuellen Rekommunalisierungstendenzen aus gewerkschaftlicher Sicht muss zunächst die Tatsache berücksichtigen, dass es »die« Rekommunalisierung gar nicht gibt, sondern dass sich hinter diesem »schillernden Begriff« (Libbe u.a. 2011) in der Praxis sehr unterschiedliche Formen der Re-und Neustrukturierung der öffentlichen Daseinsvorsorge verbergen können. Insgesamt

lassen sich mindestens vier Rekommunalisierungstypen unterscheiden (vgl. im Folgenden Bauer 2012: 337):
1. *Vermögensrekommunalisierung*, d.h. der (Rück-)Erwerb kommunalen Eigentums.
2. *Organisationsrekommunalisierung*, d.h. die Erhöhung kommunaler Geschäftsanteile an gemischtwirtschaftlichen Unternehmen, die Überführung von Kapitalgesellschaften in öffentlich-rechtliche Organisationsformen oder die Neugründung von Eigenbetrieben/Eigengesellschaften.
3. *Aufgabenrekommunalisierung*, d.h. die Rückholung operativer Dienstleistungen, das (Wieder-)Aufgreifen von bislang Privaten überlassenen Aufgaben oder die Vergabe von Konzessionen an öffentliche Betriebe und Gesellschaften.
4. *Hybride Rekommunalisierungsformen*, d.h. verschiedene Mischformen und Kombinationen von (Teil-)Rekommunalisierungen, darunter z.B. auch die Gründung von ÖPPs in ehemals vollständig privatisierten Bereichen.

Neben der Diskussion um die unterschiedlichen Formen der Rekommunalisierung muss außerdem berücksichtigt werden, dass ehemals privatisierte Tätigkeiten in einen öffentlichen Sektor zurückgeführt werden, der sich ebenfalls in den letzten beiden Jahrzehnten grundlegend verändert hat. Unter Anwendung von New Public Management-Konzepten wurden weite Teile des öffentlichen Sektors nach betriebswirtschaftlichen Steuerungsmethoden neu strukturiert. Dies hat zwar dazu beigetragen, manche ineffizienten und bürokratischen Praktiken in öffentlichen Unternehmen und Behörden zu überwinden, gleichzeitig geriet hierbei jedoch nicht selten die Gemeinwohlorientierung aus dem Blickfeld. Dies gilt umso mehr, als im Zuge der europäischen Liberalisierungspolitiken in vielen Bereichen der öffentlichen Daseinsvorsorge neue Märkte geschaffen wurden, auf denen sich nun öffentliche Unternehmen im Wettbewerb mit privaten Anbietern behaupten müssen. Anders als von manchen behauptet, bilden auch rekommunalisierte Bereiche keine »Exklaven im Kapitalismus« (Rogalla 2012).

Die häufig negativen Folgen der Privatisierungspolitik sind aus Sicht der Beschäftigten offensichtlich: Sie gingen in der Regel mit starkem Beschäftigungsabbau, (teilweiser) Tarifflucht, deutlicher Intensivierung der Arbeit bei geringerer Bezahlung und schlechteren Arbeitsbedingungen usw. einher (Brandt u.a. 2008). Aus gewerkschaftlicher Sicht ist deshalb bei der Bewertung von Rekommunalisierungsprojekten als erstes nach den Konsequenzen für die Beschäftigten zu fragen. Hierbei gibt es durchaus sehr unterschiedliche Erfahrungen: So ist z.B. keinesfalls automatisch gesichert, dass die Beschäftigten in rekommunalisierten Betrieben automatisch auch wieder in den Geltungsbereich der Tarifverträge für den öffentlichen Dienst zurückgeführt werden. Im Energiebereich kommt hinzu, dass die tariflichen Bedingungen in den großen privaten Energiekonzernen mitunter sogar besser sind als im öffentlichen Sektor, sodass hier die Befürchtung besonders groß ist, die Rekommunalisierung könnte mit einer Verschlechterung der Beschäftigungsbedingungen einhergehen.

Mit einer gewerkschaftlichen Unterstützung für Rekommunalisierungen kann nur dann gerechnet werden, wenn sie mit sicheren und tarifvertraglich geregelten Arbeitsplätzen einhergehen und bei den bestehenden Beschäftigungsverhältnissen mindestens ein Bestandsschutz gewährleistet ist.[2] Hierzu gehört auch, dass der Prozess der Rekommunalisierung in einer offenen und für alle Beschäftigten transparenten Weise organisiert wird und die Betriebs- und Personalräte sowie Gewerkschaften aktiv einbezogen werden.

Der öffentliche Sektor genießt in der Bevölkerung nach wie vor ein großes Vertrauen. In Umfragen sprechen sich regelmäßig große Mehrheiten gegen die Privatisierung der öffentlichen Daseinsvorsorge aus. In zahlreichen lokalen Bündnissen und Initiativen engagieren sich immer mehr Bürgerinnen und Bürger gegen den Verkauf öffentlichen Eigentums. Hinter dieser breiten Unterstützung für den öffentlichen Sektor steht vor allem der Anspruch an eine nach sozialen und gemeinwohlorientierten Kriterien organisierte öffentliche Daseinsvorsorge, die nicht primär privatem Gewinnstreben unterliegt. Die Erfahrungen der letzten Jahrzehnte haben allerdings auch deutlich gemacht, dass allein die Frage des öffentlichen Eigentums noch keine Garantie für die Umsetzung dieser Ansprüche bildet (Lederer/Naumann 2010).

Um die Chancen, die die aktuelle Welle von Rekommunalisierungen bietet, tatsächlich nutzen zu können, ist darüber hinaus eine breite Debatte darüber notwendig, wie das Prinzip der Gemeinwohlorientierung wirtschaftlichen Handelns wieder stärker verankert und gefördert werden kann. Die Gewerkschaften können zu dieser Debatte einiges beisteuern. Sie können insbesondere darauf verweisen, dass es zwi-

---

[2] Vgl. hierzu z.B. die Stellungnahme zu Rekommunalisierungen vom ver.di Bezirk Berlin (2012).

schen der Bereitstellung umfassender, qualitativ hochwertiger und bürgernaher öffentlicher Dienstleistungen und den Arbeitsbedingungen derer, die diese Dienstleistungen ausfüllen sollen, einen unabwendbaren Zusammenhang gibt (Thorun 2012). »Gute Arbeit« im öffentlichen Sektor wird damit zu einer wesentlichen Voraussetzung für die Stärkung der Gemeinwohlorientierung. Gerade der enge Zusammenhang von Beschäftigten- und Verbraucherinteressen bildet somit einen zentralen Ansatzpunkt für das breite gesellschaftliche Engagement der Gewerkschaften im Hinblick auf die Zukunft der öffentlichen Daseinsvorsorge. Hierzu gehört neben der Stärkung des öffentlichen Sektors durch weitere Rekommunalisierungen eine andere Wettbewerbs- und Steuerpolitik, um auch die rechtlichen und materiellen Voraussetzungen für eine stärkere Gemeinwohlorientierung zu schaffen.

Literatur

Ambrosius, Gerold (2002): Die historische Entwicklung der öffentliche Daseinsversorgung in Deutschland unter aktueller europäischer Perspektive, in: Rudolf Hrbek/Martin Nettesheim (Hrsg.), Europäische Union und mitgliedstaatliche Daseinsvorsorge, Baden-Baden, S.15ff.

Ambrosius, Gerold (2008): Konzeptionen öffentlicher Dienstleistungen in Europa, in: WSI-Mitteilungen Nr. 10, S. 527ff.

Bauer, Hartmut (2012): Zukunftsthema ›Rekommunalisierung‹, in: Die Öffentliche Verwaltung Bd. 65 (9), S. 329-338.

Bauer, Hartmut/Büchner, Christiane/Hajasch, Lydia (Hrsg.) (2012): Rekommunalisierung öffentlicher Daseinsvorsorge, Universität Potsdam, KWI Schriften Nr. 6.

Bieling, Hans-Jürgen/Deckwirth, Christina/Schmalz, Stefan (Hrsg.) (2008): Liberalisierung und Privatisierung in Europa, Münster.

Brandt, Torsten/Schulten, Thorsten/Sterkel, Gabriele/Wiedemuth, Jörg (Hrsg.) (2008): Europa im Ausverkauf – Liberalisierung und Privatisierung öffentlicher Dienstleistungen und ihre Folgen für die Tarifpolitik, Hamburg.

Bundes- und Landesrechnungshöfe (2011): Gemeinsamer Erfahrungsbericht zur Wirtschaftlichkeit von ÖPP-Projekten, Wiesbaden (www.rechnungshof-hessen.de/fileadmin/veroeffentlichungen/veroeffentlichungen_hrh/Gemeinsamer_Erfahrungsbericht_zur_Wirtschaftlichkeit_von_OEPP.pdf).

Deutscher Städtetag, Deutscher Städte- und Gemeindebund und Verband kommunaler Unternehmen (2012): Konzessionsverträge – Handlungsoptionen für Kommunen und Stadtwerke (aktualisierte Auflage), Berlin (www.staedtetag.de/imperia/md/content/dst/veroeffentlichungen/mat/broschuere_konzessionsvertraege_2012.pdf).

Zwischen Privatisierung und Rekommunalisierung

Deutsches Institut für Urbanistik (DIFU) (2012): KfW- Kommunalpanel 2011, Frankfurt a.m.

Eicker-Wolf, Kai/Truger, Achim (2010): Entwicklung und Perspektiven der Kommunalfinanzen in Nordrhein-Westfalen. Studie im Auftrag von ver.di NRW Landesfachbereich Gemeinden, Düsseldorf.

Ernst & Young (2007): Privatisierungen und ÖPP als Ausweg? Kommunalfinanzen unter Druck – Handlungsoptionen für Kommunen, Stuttgart.

Ernst & Young (2011): Kommunen in der Finanzkrise: Status quo und Handlungsoptionen 2011. Ergebnisse einer Befragung von 300 deutschen Kommunen, Februar.

Ernst & Young (2012): Kommunen in der Finanzkrise: Status quo und Handlungsoptionen 2012/13. Ergebnisse einer Befragung von 300 deutschen Kommunen, November.

Gerstlberger, Wolfgang/Schneider, Karsten (2008): Public Private Partnership in deutschen Kommunen, in: WSI-Mitteilungen Nr. 10, S. 556ff.

Grabow, Busso/Schneider, Stefan (2009): PPP-Projekte in Deutschland 2009. Erfahrungen, Verbreitung, Perspektiven. Studie im Auftrag des Bundesministeriums für Verkehr, Bau und Stadtentwicklung, Berlin.

Halmer, Susanne/Hauenschild, Barbara (2012): (Re-)Kommunalisierung öffentlicher Dienstleistungen in der EU. Studie für die Österreichische Gesellschaft für Politikberatung und Politikentwicklung, Wien.

Hermann, Christoph/Flecker, Jörg (Hrsg.) (2012): Privatization of Public Services, Abingdon/Oxford.

Lederer, Klaus/Naumann, Matthias (2010): Öffentlich, weil es besser ist? Politische Gemeinwohlbestimmung als Voraussetzung einer erfolgreichen Kommunalwirtschaft, in: Berliner Debatte Initial 21 (4), S. 105ff.

Lenk, Thomas/Rottmann, Oliver/Albrecht, Romy (2011): Renaissance der Kommunalwirtschaft – Rekommunalisierung öffentlicher Dienstleistungen. Studie im Auftrag der HypoVereinsbank (www.gemeinderat-online.de/fileadmin/default/files/PDF_Dokumente/Studie_HVB.pdf).

Libbe, Jens/Hanke, Stefanie/Verbücheln, Maic (2011): Rekommunalisierung – Eine Bestandsaufnahme, Deutsches Institut für Urbanistik, Difu-Papers.

Rogalla, Thomas (2012): Exklaven im Kapitalismus, in: Berliner Zeitung vom 13.6.

Schumann, Harald (2013): Public-Private-Partnerships: Sabotage an der Schuldenbremse, in: Der Tagesspiegel vom 14.1.

Thorun, Christian (2012): Beschäftigten- und Verbraucherinteressen: Bündnispartner oder Opponenten? Studie im Auftrag der Hans-Böckler-Stiftung, Bad Honnef (www.boeckler.de/pdf_fof/S-2011-481-1-1.pdf).

Truger, Achim (2011): Für eine Neuausrichtung der Steuerpolitik, in: SPW Nr. 5, S. 18ff.

ver.di Bezirk Berlin (2012): Aktualisierte Positionen zum Thema Rekommunalisierung. Beschluss des Bezirksvorstandes ver.di Berlin vom 15.10.2012 (http://berlin.verdi.de/positionen/rekommunalisierung).

Jens Libbe
Rekommunalisierung in Deutschland – eine empirische Bestandsaufnahme

Die Frage, ob Leistungen der so genannten Daseinsvorsorge durch kommunale, sprich öffentliche Unternehmen oder Betriebe zu erbringen sind, oder ob sie privaten Akteuren am Markt überlassen werden sollten, ist keineswegs neu. Über die letzten 150 Jahre betrachtet hat die Erbringung dieser Leistungen verschiedene Phasen durchlaufen – in Deutschland ebenso wie in anderen europäischen Ländern (vgl. den Beitrag von Hellmut Wollmann in diesem Band). Je nach finanzieller und organisatorischer Handlungskraft der öffentlichen Hand, technischen Entwicklungen, übergeordneten konzeptionell-dogmatischen Vorstellungen oder vorliegenden Erfahrungen mit unterschiedlichen Formen der Leistungserbringung schlug das Pendel mal stärker in Richtung öffentlicher, mal stärker in Richtung privater Orientierung aus (vgl. Röber 2009a sowie 2009b, Libbe 2012).

Seit gut rund fünf Jahren und nach einer längeren Phase der Privatisierung dominiert das Thema »Rekommunalisierung«. Insbesondere die Energiewirtschaft steht dabei im Fokus, also die Gründung oder der Rückkauf von Anteilen kommunaler Stadtwerke. Lange Zeit war dabei unklar, ob wirklich von einer Renaissance der kommunalen bzw. öffentlichen Wirtschaft gesprochen werden kann. Im vorliegenden Beitrag wird deutlich, dass die empirischen Belege für Deutschland eindeutig sind, wenngleich die Beurteilung mit Blick auf andere Sektoren der so genannten Daseinsvorsorge differenziert ausfällt.

1. Rekommunalisierung – Formen und Anlässe

Ebenso wie »Privatisierung« ist auch »Rekommunalisierung« ein schillernder Begriff, der einer genaueren Bestimmung bedarf. Dabei lassen sich folgende »rekommunalisierende« Vorgehensweisen unterscheiden:

- Wiederaufgreifen von Aufgaben durch einen Verwaltungsträger (als Konkurrent oder Monopolist),
- Neugründung von Eigengesellschaften zum Aufgreifen von Aufgaben (als Konkurrent oder Monopolist),
- Rückübertragung operativer Dienstleistungen auf Regie- oder Eigenbetriebe als Teil der Verwaltung,
- Überführung von Kapitalgesellschaften in öffentlich-rechtliche Organisationsformen,
- Erhöhung des Gesellschaftsanteils an gemischt-wirtschaftlichen Unternehmen.

Nicht alle denkbaren Formen sind dabei gleichermaßen von praktischer Relevanz. So dürfte die Überführung von Kapitalgesellschaften in öffentlich-rechtliche Organisationsformen eher ein theoretisches Modell sein.

Die Anlässe und Gründe der Rekommunalisierung sind vielfältig. In nicht wenigen Fällen wurden die Erwartungen, die ursprünglich an die Entscheidung pro Privatisierung geknüpft wurden, nicht erfüllt. Zurückzuführen ist dies zum einen auf eine nicht selten unzureichende Abwägung von Privatisierungsentscheidungen seitens der Politik, zum anderen auf Enttäuschungen hinsichtlich der Entwicklung von Qualität und Preisen. Politikversagen ist gleichermaßen festzustellen wie regionales Marktversagen.[1] In nicht wenigen Gemeinden und Landkreisen hat sich die Kommunalwirtschaft durch eine Neuausrichtung der unternehmerischen Strategien aber auch neu aufgestellt. Sie erschließt – zum Beispiel durch eine vermehrte regionale Kooperation in Form von Gemeinschaftsunternehmen – vorhandene Wirtschaftlichkeitspotenziale und schafft damit auch die Voraussetzung für (Re-)Kommunalisierungsmaßnahmen. In Regionen mit einer ohnehin schwachen Wirtschaftsstruktur werden öffentliche Unternehmen wieder vermehrt als ein Instrument angesehen, mit dem sich der regionale Arbeitsmarkt und die lokale Wirtschaft durch Vermeidung von Lohndumping stärken lassen. Andernorts wird der Wille, politischen Einfluss auf die Qualität und Sicherung der Leistungserstellung zurückzugewinnen, ausdrück-

---

[1] Privatisierungen haben in der Vergangenheit nicht überall zwangsläufig zu niedrigeren Preisen für die Bürgerinnen und Bürger geführt. Im Gegenteil: Regional sind nicht selten oligopolähnliche Strukturen zu verzeichnen, mit einer entsprechenden Marktmacht der privaten Versorger. Von einem funktionierenden Markt als Voraussetzung für wettbewerbsorientierte Preise kann hier nicht ausgegangen werden.

lich betont. Dies ist vor allem dort der Fall, wo in den vergangenen Jahren der Unmut der Bürgerinnen und Bürger gestiegen ist. Auch Ökologie- und Ressourcenargumente werden angeführt, etwa der Wunsch, atom- und kohlekraftfreien Strom zu handeln und zu produzieren oder perspektivisch getrennte Infrastrukturbereiche stärker zu integrieren. Vor allem aber geht es darum, die strategische Position der Kommunalwirtschaft gerade dort zu stärken, wo die Liberalisierung des Marktes weit vorangeschritten ist.

Ein weiterer maßgeblicher Treiber der Rekommunalisierung ist das Wettbewerbsrecht, insbesondere das Vergabe- und Beihilferecht, mit der dazu ergangenen Rechtsprechung des Europäischen Gerichtshofs (EuGH). Hinzu kommt, dass die Bedingungen für einen Ausschreibungswettbewerb voraussetzungsvoll und nicht in allen Sektoren gegeben sind, sodass allein aufgrund des Fehlens eines Marktes die Eigenerstellung angebracht ist. Und selbst wenn Ausschreibungen es erleichtern, den kostengünstigsten Anbieter zu finden, so ist dieser nicht zwangsläufig derjenige, der die Leistung in der bestmöglichen Qualität anbietet (vgl. Bogumil et al. 2010).

Außerdem erfordert ein Ausschreibungswettbewerb ein effizientes Ausschreibungsmanagement in den Kommunen. Anders formuliert: Koordination und Kontrolle der Leistungserbringung werden komplexer und komplizierter, was gerade kleinere Kommunen vor Probleme stellt. Tendenziell verstärkt die Komplexität des Vergaberechts zudem die ohnehin bestehenden Informations- und Kompetenzasymmetrien zwischen Rat und Verwaltung, Kommunen werden stärker von externer Beratung abhängig und die lokale Demokratie geschwächt (vgl. ebenda).

2. Überblick über verschiedene Sektoren

Lange Zeit war unklar, inwieweit überhaupt berechtigt von einem Trend zur Rekommunalisierung gesprochen werden kann. Zumeist wurde von prominenten Einzelbeispielen auf eine allgemeine Entwicklung geschlossen, ohne dass klar war, ob dies einer empirischen Überprüfung standhalten würde. Dies hat sich zwischenzeitlich zwar verändert (vgl. Libbe u.a. 2011), gleichwohl gibt es bis heute keinen vollständigen Überblick. Dennoch erscheint es inzwischen berechtigt, von einem Trend zur Rekommunalisierung zu sprechen. Um diesen jedoch realistisch beurteilen zu können, ist ein differenzierter Blick auf einzelne Sparten notwendig.

2.1. Energieversorgung

Rekommunalisierung ist vor allem ein energiewirtschaftliches Thema. Zwei Umfeldbedingungen sind es, die die Entwicklung vorantreiben:

Auslaufende Konzessionsverträge eröffnen Handlungsoptionen
Im Energiewirtschaftsgesetz (EnWG) ist geregelt, dass Verträge über den Betrieb von Leitungen für Strom und Gas höchstens für eine Laufzeit von 20 Jahren abgeschlossen werden dürfen. Bis 2015/2016 endet die Mehrzahl der bestehenden Strom- und Gaskonzessionen. Zwar gibt es keine absoluten Zahlen, um wie viele Verträge es sich dabei handelt, doch geht der Verband kommunaler Unternehmen von mindestens 20.000 Strom- und Gaskonzessionen aus (vgl. Bolay 2011). Allein 2011 endeten etwa 950 Verträge, 2012 werden es 1.200 Verträge sein. Durch die gesetzlich vorgeschriebene Begrenzung der Laufzeit soll gewährleistet werden, dass in regelmäßigen Abständen die Möglichkeit besteht, dass andere Energieversorgungsunternehmen ein Strom- oder Gasnetz erwerben können.

Den Kommunen bietet sich eine Reihe von Chancen: Sie können im Rahmen der Konzessionsvergabe nicht nur das für sie beste Angebot auf dem Markt auswählen, sondern haben auch die Option, das Netz und die Energieversorgung künftig wieder in eigene Hände zu nehmen bzw. ein lokales Unternehmen mit der Energieversorgung zu beauftragen.

Der Zeitpunkt für Rekommunalisierung ist insofern günstig, als sich derzeit die Zinsen für Kommunalkredite auf einem historisch niedrigen Niveau befinden. Dadurch erscheinen notwendige Investitionen für nicht wenige Kommunen realisierbar. Gewisse Rechtsunsicherheiten im Hinblick auf den Betreiberwechsel oder die Übernahme von Strom- und Gasnetzen bereitet das gültige Energiewirtschaftsgesetz, das keine eindeutige Regelung zur Übertragung der Anlagen und zur Ermittlung der Höhe der Entschädigung an den bisherigen Netzbetreiber enthält. Die bestimmende Größe für den Kaufpreis des Netzes ist der Ertragswert.[2] Hingegen ist die Orientierung am Sachzeitwert nach Feststel-

---
[2] Hierbei handelt es sich um den äußersten Betrag, der aus Sicht des Käufers unter Berücksichtigung der sonstigen Kosten der Versorgung einerseits und

lung des Bundesgerichtshofs nur dann zulässig, wenn er den Ertragswert nicht wesentlich übersteigt. Andernfalls würde ein nach Maßstäben wirtschaftlicher Vernunft handelnder anderer Versorger von der möglichen Übernahme der Versorgung ausgeschlossen bleiben.[3] Sofern in den Endschaftsklauseln des alten Konzessionsvertrages jedoch entsprechendes geregelt ist, besteht in jedem Fall ein Anspruch auf Übertragung des Eigentums. Außerdem ist der bisherige Stromnetzeigentümer und -betreiber verpflichtet, die zur Ermittlung des Netzwertes erforderlichen Daten zur Verfügung zu stellen.

Energiepolitischer Rahmen kommt kommunalwirtschaftlichen Strukturen entgegen
Die energiepolitischen Rahmenbedingungen haben sich in den vergangenen Jahren grundlegend gewandelt. Mit der von der Bundesregierung beschlossenen Energiewende hin zur Erreichung des Zeitalters erneuerbarer Energien bis zum Jahr 2050 (vgl. Die Bundesregierung 2011), dem Integrierten Energie- und Klimaprogramm (IEKP) (vgl. BMWI/BMU 2007) und dem Energiekonzept der Bundesregierung (vgl. Die Bundesregierung 2010) sind die Rahmenbedingungen für die künftige Klima- und Energiepolitik in Deutschland definiert. Der Anteil von erneuerbaren Energien am Bruttoendenergieverbrauch von Wärme und Strom im Jahr 2020 von 18% soll bis 2050 auf 60% steigen. Die Energieeffizienz soll ebenfalls bezogen auf das Jahr 2050 gegenüber 2008 um mindestens 50% gesteigert werden. Zugleich sollen die CO_2-Emissionen um mindestens 80% gegenüber 1990 gesenkt werden.

Mit der Energiewende verbunden ist eine grundlegende Transformation, ein Umbau des Energieversorgungssystems. Dies kommt den kommunalwirtschaftlichen Strukturen entgegen. Zwar werden die Städte im Bereich der Grundlast Strom weiterhin auf Exporte von außen angewiesen sein, jedoch wird die Versorgungsstruktur darüber hinaus künftig deutlich dezentraler organisiert sein. Raumwärmebedarfe beispielsweise sinken aufgrund voranschreitender Sanierungsmaßnahmen im Gebäudebereich sowie dem ab Ende 2020 geltenden Passivhausstand im Neubau. Strom wird vor diesem Hintergrund zunehmend dort

---

der zu erwartenden zukünftigen Erlöse andererseits für den Erwerb des Netzes betriebswirtschaftlich vertretbar erscheint.

[3] BGH-Entscheidung »Kaufering« vom 16.11.1999, BGHZ 143, S. 128 (S. 142ff.).

erzeugt werden müssen, wo noch Wärme benötigt wird. Ausbau der Kraft-Wärme-Kopplung lautet in diesem Zusammenhang das Stichwort. Viele Großstädte verfügen über hoch effiziente Fernwärmesysteme mit einem Wirkungsgrad von 80-90%. Diese gilt es vor allem in dicht bebauten Quartieren zu erhalten und wo möglich zu erweitern. Darüber hinaus bedarf es des Ausbaus von Blockheizkraftwerken sowie der Nutzung regenerativer Potenziale (etwa Sonnenkollektoren auf Dächern, oberflächennahe Geothermie). Diese Entwicklung wird noch verstärkt durch die notwendige Hebung vorhandener Potenziale im Bereich der Energieeinsparung und zur Steigerung der Energieeffizienz. Hier geht es gleichermaßen um die Optimierung des Energieeinsatzes und die elektronische Regelung des Energiemanagements durch effiziente moderne Informations- und Kommunikationstechnologie (z.B. durch Fernüberwachung), wie um die Erschließung von verhaltensbedingten Energieeinsparpotenzialen (Visualisierung des Energieverbrauchs, Smart Metering, usw.).

Nicht nur großräumig, sondern auch kleinräumig gilt es, über intelligente Stromverteilnetze (Smart Grid) verschiedene Energieerzeuger und Stromverbraucher (Gebäude, Elektrofahrzeuge) miteinander zu verbinden. Viele Stadtwerke haben inzwischen begonnen, ihre Geschäftsmodelle auf diese Entwicklung auszurichten, und zielen dabei auf dezentralen Erzeugungsmix, den Ausbau de- und semizentraler Anlagen und Netze, die Integration von Kundenanlagen und Gebäuden oder auch produktnahe Dienstleistungen wie Energieberatung oder -controlling. Je nach Größe der Unternehmen, Kundenstruktur sowie der Verfügbarkeit von Personal oder Kapital treten sie dabei als alleiniger Komplettdienstleister auf oder kooperieren mit anderen Stadtwerken bzw. expandieren gar in andere Regionen (vgl. Wübbels/Weber 2011, Ernst & Young 2011). Die kommunale Energiewirtschaft war diesbezüglich in den letzten Jahren sehr agil und erfolgreich, weshalb auch Kommunen ohne eigene Stadtwerke überlegen, wieder eigene energiewirtschaftliche Strukturen aufzubauen.

Aktuelle Zahlen und Dynamik der Entwicklung
Wie erwähnt, gibt es keinen vollständigen Überblick über den Stand der Rekommunalisierung. Das Deutsche Institut für Urbanistik (Difu) ebenso wie der Verband kommunaler Unternehmen (VKU) versuchen sich über die Beobachtung des Marktes eine ungefähre Einschätzung zu verschaffen.

Gründung von Stadtwerken

Seit 2007 wurden ca. 60 neue Stadtwerke gegründet (s. Übersicht 1). Nicht selten erfolgt die Gründung in Kooperation mit leistungsfähigen öffentlichen oder privaten Partnern – eine Option, die gerade für kleinere Stadtwerke sinnvoll erscheint. Andernorts schließen sich Kommunen zusammen, um gemeinsam Versorgungsunternehmen zu gründen, wie die Beispiele Pfalzenergie oder Regionalwerk Bodensee zeigen.

Konzessionen und Netzübernahmen

Über 160 Konzessionsübernahmen durch Stadtwerke sind nach Angaben des VKU erfolgt (Stand März 2012). Gemessen an der Gesamtzahl endender Konzessionsverträge kann sicher nur von einem begrenzten

Übersicht 1: Neugründungen von Stadtwerken (Auswahl)

Stadtwerk/Regionalwerk	Jahr
Stadtwerke Korschenbroich	2013
Stadtwerke Pfaffenhofen AöR	2013
Stadtwerke Lohmar GmbH & Co. KG	2012
Stadtwerke Gifhorn GmbH & Co. KG	2012
Stadtwerke Stuttgart	2011
Stadtwerke Ditzingen GmbH	2011
Stadtwerke Elm-Lappwald	2011
Stadtwerke Waldbröl GmbH	2011
Grimmener Stadtwerke	2011
Friesen Energie GmbH	2010
Energie Horb am Neckar GmbH	2010
Stadtwerke Landsberg (Sparte Strom)	2010
Ahrtal-Werke GmbH	2010
Stadtwerke Großalmerode GmbH & Co. KG	2010
Stadtwerke Wolfhagen GmbH	2010
Stadtwerke Heiligenhafen (Eigenbetrieb)	2010
HAMBURG ENERGIE GmbH	2009
Energieversorgung Meinhardt Wüstenrot GmbH & Co. KG)	2009

Stadtwerk/Regionalwerk	Jahr
Energieversorgung Olching GmbH	2009
Gemeindewerke Umkirch GmbH	2009
Stadtwerke Mülheim-Staufen GmbH	2009
Stadtwerke Pulheim GmbH	2009
Energieversorgung Denzlingen GmbH	2009
Stadtwerke Emmendingen GmbH	2009
Energie Rellingen GmbH & Co. KG	2009
See-Region GmbH	2009
Stadtwerke Weserbergland	2009
Stadtwerke Uetersen GmbH	2008
Stadtwerke Schmalkalden GmbH	2008
Stadtwerke Springe GmbH	2008
Regionalwerk Bodensee GmbH & Co. KG	2008
Stadtwerke Plön Versorgungs GmbH	2008
Stadtwerke Brunsbüttel GmbH	2008
Gemeindewerke Hagenau GmbH	2007
Energieversorgung Ottobrunn	2006
Hochsauerland Energie GmbH	2005

Zusammenstellung: Jens Libbe/Deutsches Institut für Urbanistik

Rekommunalisierung in Deutschland

Trend zur Rekommunalisierung gesprochen werden. Offenbar überlegen nur einige Kommunen, von privaten zu öffentlichen Anbietern zu wechseln. Allerdings scheint dies aber auch umgekehrt nicht ausgeprägt zu sein, eher wird der bisherige Netzbetreiber weiter bevorzugt.

Das Eigentum über die Netze bildet vielerorts den Ausgangspunkt für Investitionen sowohl in den Zubau der Kraftwerksleistung als auch in den Ausbau von Vertrieb und Dienstleistung. Ein Beispiel ist die Übernahme von 51% der Steag durch ein kommunales Konsortium. Hingegen sind reine Netzbetriebsgesellschaften oder Stadtwerkegründungen ohne Netze Ausnahmen. Für letztere Lösung steht die Gründung von HAMBURG ENERGIE.

Die relative Zurückhaltung der Kommunen im Hinblick auf die Übernahme von Netzen mag auch mit den damit verbundenen Belastungen und Risiken zusammenhängen. In den kommenden Jahren sind erhebliche Investitionen auf der Ebene der Verteilnetze erforderlich. Die Verteilnetzbetreiber müssen bis 2030 allein sieben Milliarden Euro in den Aufbau intelligenter Netze (Smart Grids) investieren, so das Ergebnis einer Studie im Auftrag des VKU (vgl. KEMA 2012). Nur so wird die vermehrte Aufnahme dezentral erzeugten Stroms durch erneuerbare Energien und die Einbindung steuerbarer Verbraucher wie Wärmepumpen oder Elektroautos möglich sein. Neben den Kosten für die Weiterentwicklung der intelligenten Netze gibt es zudem aktuell lt. VKU-Angaben einen Modernisierungsbedarf in Höhe von 25 Mrd. Euro bis 2030 im Bereich der Verteilnetze. Ohne diesen Aus- und Umbau steht zu befürchten, dass es immer häufiger zu Zeiten kommt, in denen erneuerbare Energien heruntergeregelt werden müssen, weil die Netze sie nicht mehr versorgungssicher aufnehmen und weiterleiten können. In diesem Zusammenhang ist zu bemerken, dass Gewinnmargen im Bereich der Netze zwar einerseits gegeben, andererseits aber auch begrenzt sind, da diese der Regulierung unterliegen. Von Seiten der Energiewirtschaft wird jedenfalls kritisiert, dass derzeit die Anreize für Investitionen deutlich zu gering seien.

Gleichwohl ist trotz dieser Risiken einige Bewegung im Bereich der Netze zu verzeichnen. So ist in Niedersachsen zu beobachten, dass einzelne Kommunen prüfen, ihrem bisherigen Regionalnetzbetreiber keine neuen Konzessionen zu geben. Dies sogar dann, wenn sie Anteile an diesem regionalen Unternehmen halten. Über kurz oder lang dürften solche Entwicklungen, so sie sich denn durchsetzen, zur Konsequenz haben, dass der regionale Versorger, sofern er sich nicht irgendwann ganz aus dem lokalen Markt zurückzieht, den dann lokalen (kommunalen) Netzbetreibern Rechnungen für bestimmte Leistungen (etwa in Hinblick auf Messsysteme, Datenübertragung, Steuerung der Netzspannung) stellen wird. Die weitere Entwicklung bleibt abzuwarten. Bisher jedenfalls werden Rekommunalisierungen, die zur Schwächung von regionalen Versorgern bzw. zur Zersplitterung regionaler Verbundnetze führen, ordnungspolitisch wenig reflektiert. Nicht immer dürfte die kleinste wirtschaftliche Einheit auch die beste kommunale Lösung sein.

Ausblick
Für die kommenden Jahre steht zu erwarten, dass der Trend zu neuen Stadtwerken anhalten wird. Gänzlich unberücksichtigt in dieser Zusammenschau sind zudem die zahlreichen Fälle, in denen Kommunen ehemals teilprivatisierte Anteile ihrer Stadtteile zurückkaufen, wie dies in jüngerer Zeit etwa bei den Stadtwerken Bielefeld oder beim Darmstädter Energie- und Wasserversorger hse der Fall war. Auch hier dürfte die Entwicklung in Richtung größerer kommunaler Beteiligungen weiter gehen.

Hingegen wird die Dynamik in Hinblick auf die Übernahme von Verteilnetzen und damit verbundenen Konzessionen aufgrund der ab 2013 deutlich geringeren Anzahl auslaufender Konzessionsverträge merkbar abgeschwächt sein, wenngleich weitere Fälle zu erwarten sind. Unklar ist gegenwärtig die mittel- und langfristige Entwicklung im Bereich der Verteilnetze. Aufgrund der relativen Kleinteiligkeit der Strukturen erscheint eine größere unternehmerische Konzentration plausibel (vgl. Putz & Partner 2011), wobei offen ist, wie weit kommunale Beteiligungen bzw. Kooperationsmodelle zwischen Kommunen (regionale Netzgesellschaften) dabei eine dominante Rolle spielen werden.

2.2. Wasserversorgung und Abwasserentsorgung

Anders als im Energiesektor ist im Bereich der Wasserversorgung und Abwasserentsorgung keine breite Bewegung hin zu Rekommunalisierung zu verzeichnen. Das überrascht insofern wenig, als es – historisch gewachsen – primär die Kommunen sind, die als Betreiber der Wasserversorgung und Abwasserentsorgung agieren. Öffentlich-rechtliche und privatrechtliche Unternehmensformen existieren seit Jahrzehnten nebeneinander, wobei innerhalb der privatrechtlichen Organisationsformen gemischtwirtschaftliche Unternehmen überwiegen. Der Anteil rein privater Anbieter in der Wasserversorgung ist gering. Im Bereich der Abwasserentsorgung überwiegen öffentlich-rechtliche Unternehmen, wobei verschiedene Formen öffentlich-privater Zusammenarbeit in Form von Betriebsführungs-, Betreiber- und Kooperationsmodellen seit langer Zeit gang und gäbe sind (vgl. ATT u.a. 2011). Das heißt jedoch nicht, dass Organisationsfragen in diesem Bereich keine Rolle spielen. Im Gegenteil: Aufgrund seines besonderen Charakters wird der Schutz des Wassers vor dem Zugriff privatwirtschaftlicher Interessen regelmäßig betont.

Das prominenteste Beispiel ist sicherlich die Auseinandersetzung um den Rückkauf der privatisierten Anteile an den Berliner Wasserbetrieben und damit verbunden das Volksbegehren um die Offenlegung der Verträge zum Teilverkauf. Inzwischen hat sich die Berliner Landesregierung entschlossen, rückwirkend zum 1. Januar 2012 den Anteil der RWE an den Berliner Wasserbetrieben zurückzukaufen und so die Beteiligung des Landes auf 75,05% zu erhöhen (vgl. o.V. 2012). Spekuliert wird zudem, dass der zweite private Anteilseigner, der französische Veolia-Konzern, infolge dieser Transaktion ebenfalls Interesse haben könnte, seine Beteiligung an das Land Berlin zu veräußern. Der langjährige Streit um die Berliner Wasserbetriebe zeigt, wie verzwickt – um nicht zu sagen geradezu dialektisch – die Frage der Rekommunalisierung vor Ort sein kann. Politische Parteien, die vor wenigen Jahren den Verkauf politisch durchgesetzt oder zumindest unterstützt haben, schwenken aufgrund schlechter Erfahrungen und vielfältiger Bürgerproteste um. Die Argumentation pro Rekommunalisierung ist dabei zuweilen ebenso angreifbar, wie dies ehemals beim Verkauf der Fall war. In Berlin wurde einst privatisiert mit der Verlautbarung, den defizitären Landesetat entlasten zu wollen. Heute nun soll rekommunalisiert werden, ohne dass dies zu Belastungen des angespannten Haushalts führt. Helfen soll dabei ein landesverbürgter Kredit der Investitionsbank Berlin, der allerdings wieder aus Gewinnen aus dem Wassergeschäft zu tilgen sein wird. Vor diesem Hintergrund ist in Berlin derzeit strittig, ob der Kaufpreis von 618 Mio. Euro nicht zu hoch ist und ob die Transaktion nicht der ebenfalls im politischen Raum stehenden Forderung nach Senkung der Wasserpreise entgegensteht. Dieses landes- und kommunalpolitische Lehrstück wird vermutlich noch eine Weile andauern.[4]

---

[4] Siehe dazu auch den Beitrag von Harald Wolf in diesem Band.

Bereits auf den Weg gebracht ist der Rückkauf der Stuttgarter Wasserversorgung von der EnBW Energie Baden-Württemberg AG. Der Gemeinderat hatte im Juni 2010 einem entsprechenden Bürgerbegehren mit großer Mehrheit zugestimmt und beschlossen, bis spätestens 2014 diesen Schritt zu vollziehen. Nach Möglichkeit soll der bis 2013 laufende Konzessionsvertrag über die Wasserversorgung vorzeitig beendet werden, um das Wassernetz einschließlich der zur Wasserversorgung gehörenden Einrichtungen sowie die Wasserbenutzungsrechte zurückzuerlangen. Mittlerweile wurde die Gründung eines kommunalen Eigenbetriebs zur Wasserversorgung sowie von Stadtwerken für Strom- und Gasversorgung beschlossen. Der bestehende »Eigenbetrieb Stadtentwässerung Stuttgart (SES)«, der bisher unter der Regie des Tiefbauamts steht, soll dem Beschluss zufolge erweitert werden und damit ein städtischer Eigenbetrieb »Kommunale Wasserwerke Stuttgart (KWS)« entstehen. Ein anderes Beispiel ist das nordrhein-westfälische Bergkamen. Dort ist die Konzession zur Wasserversorgung auf die mit den Nachbarkommunen betriebenen Gemeinschaftsstadtwerke GSW übergegangen.

Einen Schub hat die Rekommunalisierungsdebatte im Bereich der Wasserversorgung infolge der höchstrichterlichen Entscheidung im Fall »enwag Wetzlar« bekommen. Der Bundesgerichtshof (BGH) bestätigte die Rechtmäßigkeit einer gegenüber dem Wasserversorger der Stadt Wetzlar, der enwag Energie- und Wassergesellschaft mbH, ausgesprochenen Preissenkungsverfügung der Hessischen Kartellbehörde.[5] Infolge dieser Entscheidung wurde verschiedentlich erörtert, ob dies eine verstärkte Inanspruchnahme öffentlich-rechtlicher Organisationsformen nach sich ziehen wird – mit dem Ziel, anstelle der Preiskontrolle durch die Kartellbehörden der Gebührenkontrolle durch Kommunalaufsichtsbehörden und Verwaltungsgerichte unterworfen zu sein.[6] Dabei sollte allerdings nicht verkannt werden, dass dann das ebenfalls stark regulierte Gebührenrecht greift. Gegenwärtig herrscht jedenfalls bei den privatrechtlichen Unternehmen eine gewisse Rechtsunsicherheit. Sie wird sich verschärfen, sollten dauerhaft unterschiedliche Kontrollkriterien für Preise und Gebühren durch sich widersprechende Rechtsprechungen des BGH und des Bundesverwaltungsgerichts gegeben sein. Die weitere Entwicklung ist derzeit noch offen. Wetzlar jedenfalls lässt

---

[5] BGH, Beschluss vom 2.2.2010, Az.: KVR 66/08.
[6] Öffentlich-rechtliche Körperschaften unterliegen nicht dem Kartellrecht.

unabhängig vom derzeit noch laufenden Kartellverwaltungsverfahren die Wasserversorgung vom 1. Januar 2011 an von einem städtischen Eigenbetrieb durchführen.

Für die kommenden Jahre ist zu erwarten, dass weniger das Thema Rekommunalisierung als vielmehr die interkommunale Kooperation im Zentrum der organisationspolitischen Debatte im Bereich der Wasserversorgung und Abwasserentsorgung stehen wird. Bei der interkommunalen Kooperation handelt es sich um ein seit Jahrzehnten bewährtes Instrument. Es gibt den Kommunen die Möglichkeit, sich zusammenzuschließen, um betriebswirtschaftliche Effizienzpotenziale zu heben (vgl. VKU 2011).

2.3. Abfallentsorgung

Im Bereich der Abfallwirtschaft ist in den vergangenen Jahren eine deutliche Zunahme von Insourcing-Entscheidungen zu beobachten, wie bereits eine Studie des Difu aus dem Jahr 2009 deutlich machte (vgl. Verbücheln 2009). Die prominentesten Beispiele sind die Übernahme der Abfallwirtschaft in Eigenregie durch die Stadt Bergkamen (NRW) im Jahr 2006 und die Stadt Aachen im Jahr 2008 sowie die Übertragung der Abfallentsorgung an ein kommunales Unternehmen im Landkreis Uckermark im Jahr 2005. Zu nennen sind auch der Rhein-Hunsrück-Kreis und der Rhein-Sieg-Kreis. Sämtliche Insourcing-Entscheidungen wurden und werden in erster Linie aufgrund gesamtwirtschaftlicher Betrachtungen getroffen. Wirtschaftlichkeitsgesichtspunkte wie Qualitätsaspekte spielen dabei gleichermaßen eine Rolle; dies wird aus einer empirischen Untersuchung zu auslaufenden Entsorgungsverträgen der Jahre 2004 bis 2008 der Heinrich-Böll-Stiftung deutlich, die im Auftrag des Verbands kommunale Abfallwirtschaft und Stadtreinigung (VKS) im Verband kommunaler Unternehmen (VKU) erstellt wurde. Allerdings konstatieren die Herausgeber auch, dass es keinen »Königsweg« der Leistungserbringung gibt, also auch kein einfaches »roll back« zur kommunalen Aufgabenerledigung (vgl. HBS/VKS im VKU 2010). Vielmehr muss die Entwicklung in diesem Bereich eher als mehrgestaltig bezeichnet werden.

Organisatorische Veränderungen betreffen neben dem Insourcing auch Outsourcing und gemischtwirtschaftliche Kooperationen. Insgesamt vergeben die Kommunen mehr als 60% ihrer Entsorgungsleistungen an Private. Ebenso werden Behandlungs- und Kompostierungsanlagen zu einem Großteil von privaten Dritten oder in gemeinsamen

Gesellschaften von Kommunen und privaten Entsorgern betrieben. Die Zusammenarbeit verläuft vielerorts erfolgreich. Die Leistungserbringung mit eigenen Abfallwirtschaftsbetrieben ist hingegen überwiegend in Großstädten zu verzeichnen. Interessant ist, dass das Insourcing überwiegend für Sammlung und Transport bestätigt wurde, während das Outsourcing den Bereich der kapitalintensiven Anlagen betraf. Zu bedenken ist, dass das Geschäftsfeld der Abfallsammlung und Vermarktung zunehmend lukrativ wird. Der Abfall- bzw. Sekundärrohstoffmarkt ist zwar volatil, jedoch werden bereits für einige Fraktionen sehr hohe Preise bezahlt. Es ist davon auszugehen, dass sich durch die weltweite demografische Entwicklung und den Aufstieg verschiedener Schwellenländer Rohstoffe weiter verteuern und Sekundärmaterialien als Substitut immer interessanter werden. Dies könnte in den kommenden Jahren durchaus als weiterer Treiber für Rekommunalisierung wirken.

2.4. Öffentlicher Personennahverkehr
Ähnlich wie der Wassersektor ist auch der öffentliche Personennahverkehr (ÖPNV) ein Bereich, der stark durch eine kommunale Eigentümerstruktur geprägt ist. Dies gilt insbesondere für den städtischen ÖPNV mit Bussen, Straßenbahnen, Stadtbahnen und U-Bahnen. Die Mehrzahl der Unternehmen wird in der Privatrechtsform der GmbH betrieben. Kommunen sind entweder hundertprozentige Eigentümer oder Mehrheitsgesellschafter. Vollständig materiell privatisierte Verkehrsunternehmen finden sich ganz vorwiegend in kleineren Städten oder bei Verkehrsgesellschaften im Besitz von Landkreisen. Rekommunalisierung ist daher in diesem Sektor nur ein untergeordnetes Thema. Ein prominentes Beispiel findet sich in Kiel; dort ist die Stadt seit 2010 wieder hundertprozentige Eigentümerin der Kieler Verkehrsgesellschaft.

2.5. Krankenhäuser
Die Zahl der Krankenhäuser sinkt seit Jahren kontinuierlich. Es steht nicht zu erwarten, dass dieser Trend in den kommenden Jahren gebrochen wird. Eine offene Frage ist, inwiefern die Reduktion der Standorte überproportional öffentliche Krankenhäuser betreffen wird oder ob es zu einem weitgehenden Gleichgewicht zwischen öffentlichen und privaten Krankenhäusern kommt. In den vergangenen Jahren führten Privatisierungen zu einer deutlichen Verschiebung der Anteilswerte von der öffentlichen hin zur privaten Trägerschaft. Der Anteil von Krankenhäusern in privater Trägerschaft liegt inzwischen (Stand 2009) bei 31,9%,

während der Marktanteil öffentlicher Krankenhäuser auf 31,2% abgenommen hat. Damit gab es im Jahr 2009 erstmals mehr Krankenhäuser in privater als in öffentlicher Trägerschaft, während der Anteil von Krankenhäusern in freigemeinnütziger Trägerschaft mehr oder weniger stagniert (vgl. Brachmann 2009). Einher geht diese Entwicklung mit zunehmenden Zusammenschlüssen und der Bildung von Krankenhausketten. Hingegen wird die Mehrzahl der Krankenhausbetten von der öffentlichen Hand gehalten (vgl. Kramer 2011). Der Bettenanteil der kommunalen Krankenhäuser liegt bei etwa 41%, der Anteil der privaten nur bei knapp 17%.

Etwa 56% der öffentlichen Krankenhäuser werden mittlerweile in der privatrechtlichen Form der GmbH betrieben – eine Entwicklung, die Ausdruck einer gewollten größeren wirtschaftlichen Selbständigkeit ist. Eine ganze Reihe öffentlicher Krankenhausträger ertüchtigt die eigenen Einrichtungen bereits heute erfolgreich. Diese Erfolge haben dazu geführt, dass in jüngster Zeit eine Rückbesinnung auf das kommunale Krankenhaus stattfindet. Der Trend zur Privatisierung scheint zumindest verlangsamt, vielleicht sogar gestoppt. Realistisch ist jedoch nicht davon auszugehen, dass es zu nennenswerten Rekommunalisierungen oder gar Neugründungen von öffentlichen Krankenhäusern kommt.

3. Entscheidungskriterien der Organisationswahl

Die Wahl der geeigneten Organisationsform und damit die Frage nach dem Ja oder Nein einer Rekommunalisierung kann letztlich nur unter eingehender Analyse der Anforderungen vor Ort, also in der jeweiligen Kommune getroffen werden. Organisationsentscheidungen sind dabei rechtlich gebunden und überprüfbar (etwa durch die Kommunalaufsicht). Die Praxis zeigt, dass die Entscheidung entlang einer schlüssigen »Kaskade« und möglichst ressortübergreifend herbeigeführt werden sollte.

Läuft beispielsweise ein Konzessionsvertrag aus, kommen stets mehrere Optionen in Betracht: Vergabe an den bisherigen Netzbetreiber, Vergabe an einen dritten Netzbetreiber und Übernahme der Konzession in eigener Regie. Vor allem wenn es um die letztgenannte Option geht, stehen die Kommunen vor einer Reihe von Schwierigkeiten. Wenn sie nicht mehr mit dem operativen Geschäft vertraut sind, verfügen sie in der Regel auch nicht mehr über das notwendige Know-how für eine optimale eigenständige Leistungserbringung.

Zudem birgt die Netzübernahme ein gewisses Risiko hinsichtlich des Kaufpreises sowie der künftig zu erzielenden Netznutzungsentgelte. Und nicht zuletzt fehlen ihnen oft die nötigen Erfahrungen mit den Bedingungen am Markt und den mit einem Engagement verbundenen kaufmännischen Risiken.

Erforderlich ist daher in jedem Fall eine mehrdimensionale Machbarkeitsstudie mit entsprechenden Bewertungskriterien (vgl. Aden 2010). Hier stehen an erster Stelle wirtschaftliche Kriterien hinsichtlich des Ertragswertes des vorhandenen Netzes, des notwendigen Barmitteleinsatzes, der Übernahme der Gründungskosten oder der wirtschaftlichen Gestaltung des Vertragsendes. Mögliche Risiken sind zu analysieren, unter anderem im Hinblick auf die Netzentflechtung gegenüber dem regionalen Netzbetreiber oder die Regulierung der Netznutzungsentgelte. Weitere Kriterien können bzw. sollten sein das Umweltengagement (Klimaschutz, Ausbau erneuerbarer Energien o.ä.), der Bürgernutzen (etwa hinsichtlich der Preiseffekte), der Erneuerungs- oder Umbaubedarf der Netze, das Entwicklungspotenzial des Unternehmens (Geschäftsfelder), die zu erwartenden Arbeitsmarkteffekte sowie die Einfluss- und Gestaltungsmöglichkeiten der Stadt auf das Unternehmen in seiner Rechtsform.

Darüber hinaus gilt es die angemessene Organisationsform zu finden, also bei Eigenerstellung die Rechtsform bzw. bei Vergabe an einen Dritten das jeweilige Überlassungsmodell. Mit der Entscheidung für eine bestimmte Rechtsform können sich je eigene Chancen beispielsweise für dezentrale Verantwortungsstrukturen oder Finanzierungsoptionen eröffnen. Es können sich aber auch bestimmte Risiken und Restriktionen für kommunales und politisches Handeln ergeben. Dies gilt insbesondere für Fragen der Steuerung. Die Wahl der Rechtsform sollte sich demnach vor dem Hintergrund der Gegebenheiten vor Ort an zwei Zielen orientieren: zum einen die Chancen für die Erreichung der wirtschaftlichen und politischen Ziele zu maximieren und zum anderen finanzielle Risiken oder allzu große Beschränkungen des kommunalen Einflusses zu minimieren. Es gibt nicht die optimale Rechtsform, und die Entscheidung für eine Rechtsform wird immer eine Abwägung von deren spezifischen Vor- und Nachteilen sein.

Insbesondere hinsichtlich der wirtschaftlichen und rechtlichen Beurteilung greifen viele Kommunen auf externen Sachverstand zurück. Im Ergebnis kann dies auch bedeuten, dass keine reine Rekommunalisierung bzw. keine rein öffentliche Unternehmensgründung erwogen wird, sondern öffentlich-öffentliche oder öffentlich-private Kooperationsmodelle gewählt werden, um Know-how-Defizite beheben oder den finanziellen Aufwand stemmen zu können (strategische Partnerschaften).

4. Interessen der Beschäftigten

Die Sicherung öffentlicher Interessen im Prozess der Rekommunalisierung bedeutet nicht, dass auch die Beschäftigten der Unternehmen unbedingt bereit sind, diesen Weg mitzugehen. Gerade Beschäftigte ehemals öffentlicher Unternehmen haben zuweilen erhebliche Bedenken, wieder unter das Dach der öffentlichen Hand zu treten. Dies ist vor allem im Energiesektor der Fall, wo die Arbeitsbedingungen und die Entlohnung nach erfolgter Überleitung in private Hand nicht selten eine bessere war als davor. Wer diese Erfahrung gemacht hat, verspürt heute wenig Lust, wieder in einem öffentlichen Unternehmen zu arbeiten. So befinden sich die Gewerkschaften in dieser Frage in einem schwierigen Meinungsbildungsprozess. Einerseits Kritiker von Privatisierungen und PPP-Modellen in Kernbereichen der Daseinsvorsorge, haben sie intern durchaus Schwierigkeiten, ihre Betriebsräte aus der Energieversorgungswirtschaft von einer notwendigen Unterstützung der Rekommunalisierung zu überzeugen.

In anderen Sektoren, wo sich die Arbeitsbedingungen infolge von Privatisierungen klar verschlechtert haben, ist die Situation eine andere. Auch hier lohnt sich insofern ein differenzierter Blick und die Interessen der Beschäftigten sollten von den Kommunen frühzeitig beachtet werden.

5. Fazit

Der Blick über die verschiedenen Sektoren verdeutlicht: Die öffentliche Leistungserbringung und damit die Option der Rekommunalisierung haben in den vergangenen Jahren wieder größere Wertschätzung erfahren. Allerdings ist das Potenzial in den einzelnen Sektoren unterschiedlich ausgeprägt. Dass insbesondere in der Energieversorgung die eigene Leistungserbringung wieder vermehrt im Fokus der Kommunen steht, hat auch damit zu tun, dass gerade in diesem Bereich seit 1998 in erheblichem Umfang materiell privatisiert wurde. Die vielerorts auslaufenden Konzessionsverträge eröffnen ein »Fenster der Möglichkeiten«, das von verantwortungsvoll handelnden Kommunen zur Suche nach der sachlich begründet besten Lösung genutzt wird. Wasserversorgung und Abwasserentsorgung ebenso wie städtischer Nahverkehr und Abfallentsorgung sind Bereiche, die entweder seit jeher in höherem Maße durch kommunale Leistungserbringung gekennzeichnet sind, oder in denen die Kooperation mit privaten Dritten eine seit vielen Jahrzehnten geübte Praxis ist. Im Krankenhaussektor wiederum hat ein neues Nachdenken Einzug gehalten. War der Unterhalt eines Krankenhauses lange Zeit ein Zuschussgeschäft, so zeigen die Modernisierungsaktivitäten vieler Häuser inzwischen Erfolge.

Erfolgsfaktoren der Rekommunalisierung sind ihre professionelle Vorbereitung und Umsetzung in Verbindung mit langfristiger Wirtschaftlichkeit. Den Kaufpreis, den Zustand vorhandener Bauten und Anlagen, Finanzierungsmöglichkeiten sowie vorhandene Ressourcen für die Übernahme des Betriebs gilt es sorgfältig zu prüfen. Schaffen es die Kommunen zudem, gemeinsam mit ihren Unternehmen langfristige Planungsziele zu entwickeln und damit Verbindlichkeit für das Handeln aller verantwortlichen Akteure herzustellen, so spricht viel dafür, die Daseinsvorsorge vor Ort (wieder) in eigener Hand durchzuführen. Die Gemeindegröße muss nicht das vorrangige Entscheidungskriterium sein, vielmehr kann interkommunale Kooperation und die Gründung gemeinsamer Unternehmen vorhandene Spielräume erweitern.

Literatur

Aden, Hermann (2010): So eine Chance hat man nur alle zwanzig Jahre. Vom auslaufenden Konzessionsvertrag zum Relaunch der Stadtwerke, in: AKP – Alternative Kommunalpolitik H. 4, S. 46-48.
ATT-Arbeitsgemeinschaft Trinkwassertalsperren e.V./BDEW-Bundesverband der Energie- und Wasserwirtschaft e.V./DBVW-Deutscher Bund der verbandlichen Wasserwirtschaft e.V./DVGW-Deutscher Verein des Gas- und Wasserfaches e.V. – Technisch-wissenschaftlicher Verein/DWA-Deutsche Vereinigung für Wasserwirtschaft, Abwasser und Abfall e.V./VKU-Verband kommunaler Unternehmen (2011): Branchenbild der deutschen Wasserwirtschaft 2011.
BMWI/BMU – Bundesministerium für Wirtschaft und Technologie/ Bundesministerium für Umwelt, Naturschutz und Reaktorsicherheit (Hrsg.) (2007): Bericht zur Umsetzung der in der Kabinettsklausur vom 23./24.8.2007 in

Meseberg beschlossenen Eckpunkte für ein Integriertes Energie- und Klimaprogramm. Berlin

Bogumil, Jörg et al. (2010): Die Gestaltung kommunaler Daseinsvorsorge im Europäischen Binnenmarkt – empirische Untersuchung zu den Auswirkungen des europäischen Beihilfe- und Vergaberechts insbesondere im Abwasser- und Krankenhaussektor sowie in der Abfallentsorgung, Düsseldorf (www.sowi.rub.de /mam/images/regionalpolitik/gestaltung_kommunaler_ daseinsvorsorge.pdf, Abruf am 12. Dezember 2011).

Bolay, Sebastian (2011): Auslaufende Konzessionsverträge in der Energiewirtschaft – eine Zwischenbilanz. Vortrag während des Difu-Seminars »Zwischen Rekommunalisierung und Privatisierung – die geeignete Organisationsform für die kommunale Leistungserbringung finden«, Berlin, 31. März.

Brachmann, Matthias (2009): Trägerschaft und Governance – Auswirkungen auf den organisationalen Wandel im Krankenhaussektor, in: Zeitschrift für öffentliche und gemeinwirtschaftliche Unternehmen, Jg. 32, H. 4, S. 370-391.

Die Bundesregierung (2011): Energiewende – die einzelnen Maßnahmen im Überblick. Berlin.

Die Bundesregierung (2010): Das Energiekonzept: Deutschlands Weg zu einer bezahlbaren, zuverlässigen und umweltschonenden Energieversorgung. Berlin.

Ernst & Young GmbH (Hrsg.) (2011): Neue Geschäftsfelder in stagnierenden Märkten. Düsseldorf.

HBS – Heinrich Böll Stiftung und VKS im VKU (2010): In- und Outsourcing in der kommunalen Abfallwirtschaft. Studie über Make-or-Buy-Entscheidungen, Berlin (VKS Information 75).

KEMA Consulting GmbH (2012): Anpassungs- und Investitionserfordernisse der Informations- und Kommunikationstechnologie zur Entwicklung eines dezentralen Energiesystems (Smart Grid). Endbericht – Kurzfassung (im Auftrag des VKU – Verband kommunaler Unternehmen). Bonn/Berlin.

Kramer, Johannes (2011): Zur Zukunftsfähigkeit kommunaler Krankenhäuser, in: Der Städtetag 1, S. 8-9.

Libbe, Jens (2012): Rekommunalisierung – empirische Belege und Einordnung in den ökonomischen und rechtlichen Bezugsrahmen, in: Verwaltung und Management 18. Jg., Heft 1, S. 21-33.

Libbe, Jens/Stephanie Hanke/Maic Verbücheln (2011): Rekommunalisierung – Eine Bestandsaufnahme. Berlin (Difu-Paper).

o.V. (2012): Berlin wird RWE-Anteil am Berliner Wassergeschäft zurückkaufen, in: EUWID WASSER UND ABWASSER Jg. 15, Heft 30, S. 1-2.

Putz & Partner Unternehmensberatung AG (in Kooperation mit der TU Clausthal) (2011): Strategische Bewertung von Handlungsoptionen der Kommunen über die Zukunft der Verteilnetze. Hamburg.

Röber, Manfed (2009a): Privatisierung ade? Rekommunalisierung öffentlicher Dienstleistungen im Lichte des Public Managements, in: Verwaltung und Management. Zeitschrift für moderne Verwaltung, 15. Jg., H. 5, S. 227-240.

Röber, Manfred (2009b): Daseinsvorsorge zwischen Privatisierung und Kommunalisierung – Anmerkungen aus der Perspektive des Public Management, in: Bundesverband Öffentliche Dienstleistungen (Hrsg.): Zukunft der öffentlichen Wirtschaft, Berlin (Beiträge zur öffentlichen Wirtschaft, H. 31).

Verbücheln, Maic (2009): Rückübertragung operativer Dienstleistungen durch Kommunen am Beispiel der Abfallwirtschaft. Berlin (Difu-Paper).

VKU – Verband kommunaler Unternehmen e.V. (Hrsg.) (2011): Interkommunale Kooperation in der Wasserwirtschaft. Positionspapier des Verbandes kommunaler Unternehmen. Berlin.

VKU – Verband kommunaler Unternehmen (Hrsg.) (2009): Konzessionsverträge. Handlungsoptionen für Stadtwerke. Berlin.

Wübbels, Michael/Harald Weber (2011): Strategien für den Markt von morgen, in: ZfK – Zeitung für kommunale Wirtschaft Nr. 4, S. 13.

Hellmut Wollmann
Rekommunalisierung in europäischen Nachbarländern

Blick auf Europa

In diesem Beitrag soll erörtert werden, ob, in welchem Umfang und aus welchen Gründen öffentliche Dienstleistungen in letzter Zeit wieder verstärkt vom öffentlichen Sektor, insbesondere den Kommunen und ihren Betrieben, übernommen und erbracht (rekommunalisiert) werden, nachdem sie seit den 1980er Jahren in starkem Maße auf den privaten Sektor übergegangen waren. Diese Entwicklung soll am Beispiel einiger europäischer Länder, vornehmlich Großbritannien, Frankreich und Italien, beleuchtet werden und insoweit den auf die Rekommunalisierung in Deutschland fokussierten Beitrag von Jens Libbe in diesem Band ergänzen.

Das Spektrum der Dienstleistungen, die in Deutschland als »Daseinsvorsorge«, in Großbritannien als *public utilities*, in Frankreich als *services publics*, in Italien als *servizi publici* und in der Terminologie der EU als »Dienstleistungen von allgemeinem wirtschaftlichen Interesse« bezeichnet werden, umfassen die so genannten infrastrukturellen Dienstleistungen, also vor allem Energie- und Wasserversorgung, Abwasser- und Abfallbeseitigung, öffentlicher Nahverkehr.

Die Organisationsform der Erbringung dieser Dienstleistungen hat seit dem 19. Jahrhundert historisch mehrere Phasen – zwischen Kommunen, Staat und privatem Sektor – durchlaufen, die ungeachtet länder- und sektorspezifischer Unterschiede bezeichnende Gemeinsamkeiten und Gleichläufigkeiten aufweisen (zur Kennzeichnung dieser Phasen vgl. etwa Wollmann/Marcou 2010, Wollmann 2011, Röber 2009).

- In der frühen, in das 19. Jahrhundert zurückreichenden Entwicklung übernahmen in erster Linie die Kommunen die Aufgabe, durch den Bau und die Unterhaltung von Wasserleitungen, Kanalisation und Energiebetrieben die infrastrukturelle Sicherung und Versorgung der lokalen Bevölkerung und Wirtschaft zu schaffen. Dieses Engagement des kommunalen Sektors wurde von zeitgenössischen konservativen Kritikern als »munizipaler Sozialismus« zurückgewiesen.

- Die Entwicklung des modernen Wohlfahrtsstaates, die insbesondere nach dem Zweiten Weltkrieg vorangetrieben wurde und in den frühen 1970er Jahren ihre stärkste Ausprägung fand, war von der – gewissermaßen »sozialdemokratischen« – Überzeugung getragen, dass der öffentliche (staatliche wie kommunale) Sektor und sein Personal am besten geeignet seien, die expandierten infrastrukturellen und sozialen Leistungen und deren wohlfahrtsstaatliche Ziele zu verwirklichen. Diese Strategie fand in der Verstaatlichung (»Nationalisierung«) des Energiesektors (1946 in Frankreich, 1945 in Großbritannien, 1962 in Italien) und des Wassersektors (1946 in Großbritannien) und in dem fortgesetzten Engagement der Kommunen und ihrer Betriebe ihren Ausdruck.

- Seit den späten 1970er Jahren ist der konzeptionelle, politische und institutionelle Vorrang des Öffentlichen Sektors vor allem durch zwei Diskurs- und Politikstränge erschüttert und durch eine Priorität des privaten Sektors verdrängt worden.

Zum einen ging ein Anstoß vom neoliberalen Politikwechsel aus, der 1979 mit dem Sieg der Konservativen Partei unter Margaret Thatcher in Großbritannien einherging und als »Vorreiter« (Drews 2008: 34) auf die anderen europäischen Länder übergriff. Konzeptionell-ideologisch wurzelte er in der Vorstellung und Forderung, den Primat des öffentlichen Sektors und das diesem angekreidete »Staats- und Bürokratieversagen« durch das Gegenmodell eines auf »Kernfunktionen« zurückgeschnittenen »schlanken Staates« (*lean state*) zu überwinden und für die verbleibenden öffentlichen Dienstleistungen auf den privaten Sektor und Marktwettbewerb (*competitive tendering*) zu setzen.

Zum andern wurde die Entwicklung von der Europäischen Union angetrieben, die – mit dem Ziel und Postulat, einen »gemeinsamen Markt (*single market*) für Waren, Dienstleistungen, Kapital und Personal« europaweit herzustellen und hierbei insbesondere im Dienstleistungssektor (»Dienstleistungen von allgemeinem wirtschaftlichen Interesse«) die bestehenden lokalen Märkte und Anbietermonopole durch Ausschreibungs- und Vergabevorschriften sowie sektorspezifische Liberalisierung- und Deregulierungsregeln aufzubrechen (Bieling/Deckwirth 2008: 19ff.).

Für den Wechsel und Übergang von öffentlichen zu privatwirtschaftlichen Organisationsformen werden im Wesentlichen drei Varianten unterschiedlicher Reichweite der »Privatisierung« unterschieden (Grossi et al. 2010, zuletzt Kuhlmann/Wollmann 2013).

- Im Wege formeller oder Organisations-Privatisierung werden von der öffentlichen Hand bislang organisatorisch und personell unmittelbar (in house, en régie) erbrachte Leistungen auf eine Organisationsform ausgelagert, die in öffentlichem (staatlichem/kommunalem) Eigentum bleibt, jedoch (meist auch finanziell und ggf. unternehmerisch) eigenständig agiert. In der internationalen Diskussion ist auch von »corporatisation« die Rede (Grossi et al. 2010).
- Bei funktionaler oder Aufgabenprivatisierung wird die Erledigung der Aufgaben – in der Regel vermöge eines zeitlich begrenzten Vertrags (Konzession) – externen (meist privaten, aber auch öffentlichen) Akteuren übertragen (englisch: outsourcing, französisch: délégation, letztere auch als »French-style privatization« bezeichnet, vgl. Finger/Allouche 2002 zit n. Citroni 2010: 208).
- Bei materieller (oder asset-) Privatisierung wird das öffentliche (staatliche/kommunale) Eigentum/Vermögen durch Verkauf an Private (vollständig oder partiell) übertragen. Im letzteren Falle werden »gemischtwirtschaftliche« Unternehmen (mixed economy, Societés d'Economie mixte locales, SEML, ferner nach angelsächsischem Vorbild und Sprachgebrauch public private partnerships, PPP's) gebildet.

»Re-Kommunalisierung«?

Seit einigen Jahren zeichnen sich insofern eine Re-Kommunalisierung und ein »Pendelumschwung« ab (Wollmann/Marcou 2010, Wollmann 2011, Röber 2009, Bauer 2012), als – mit Unterschieden zwischen den Ländern und Dienstleistungssektoren – die öffentliche Hand, insbesondere die Kommunen, begonnen haben, verkaufte Eigentums-/Vermögenspositionen zurück zu erwerben oder an Private übertragene Leistungen wieder selber zu übernehmen.

Um zu erfassen, ob, in welchem Ausmaß und weshalb der hier interessierende »Pendelumschwung« stattgefunden hat, sollen in den folgenden Länder- und Sektoranalysen jeweils kurz die in der vorausgehenden »neo- und marktliberalen« Politikphase entstandenen Ausgangssituationen kenntlich gemacht werden.

Stromversorgung

In *Großbritannien* wurde die Stromwirtschaft, die 1946 unter Verdrängung der historisch überwiegenden kommunalen Zuständigkeit *(local authorities)* verstaatlicht worden war, ab 1990 als Folge der von der konservativen Regierung durchgesetzten vollständigen (materiellen) Privatisierung von privatwirtschaftlichen Stromunternehmen beherrscht, unter denen französische (EdF), spanische (Iberdrola) und deutsche Unternehmen (RWE, E.ON) zunehmend eine bestimmende Rolle spielten (Drews 2008: 51). Die Kommunen blieben auf eher marginale Aufgaben wie Fernwärme beschränkt (Wollmann/Baldersheim et al. 2010: 175).

In den letzten Jahren haben die Kommunen ihr energiepolitisches Engagement verstärkt. Impulse hierzu gab der Local Government Act 2000, der den *local authorities (counties* und *boroughs)* die Zuständigkeit und Aufgabe zuwies, für das »economic, social and ecological well-being«[1] (»das wirtschaftliche, soziale und ökologische Wohlbefinden«) ihrer Bürger Sorge zu tragen (vgl. Wollmann 2008: 33). In Verfolgung ihres energiepolitischen Ziels, den Anteil der erneuerbaren Energien am nationalen Gesamtverbrauch bis 2020 auf 15% zu steigern, forderte die im Mai 2010 gebildete konservativ-liberale Koalitionsregierung die Kommunen ausdrücklich dazu auf, hierzu durch eigene energiepolitische Aktivitäten beizutragen.[2] Inzwischen hat zwar eine Reihe von *local authorities* kommunale Projekte angestoßen, insbesondere in der Verbindung von Kraftwärme-Kopplung und Fernwärme (CHP and district heating) (Kelly/Pollitt 2011), beispielsweise in Kirkdees, Peterborough, Leicester, Aberdeen und Woking.[3] Allerdings ist, wie neuere

---

[1] Diese ebenso wie die nachfolgenden englischsprachigen Passagen finden sich jeweils nachstehend in – vom Autor formulierter – deutscher Übersetzung.

[2] Am 28.8.2010 richtete *Chris Huhne*, Secretary of State (Minister) for Energy and Climate Change, an alle Kommunen ein offizielles Schreiben, in dem er u.a. ausführte, dass »for too long, Whitehall's dogmatic reliance on ›big‹ energy has stood in the way of the vast potential role of local authorities in the UK's green energy revolution« (»lange Zeit stand die Tatsache, dass sich die britische Regierung dogmatisch auf die ›große‹ Energie verließ, der riesigen potenziellen Rolle im Wege, die die Kommunen in der grünen Energierevolution Großbritanniens einnehmen können«, www.decc.gov.uk/publications/basket.aspx?FilePath=News%2f376-unlocking-local-power-huhne-letter.pdf&filetype=4#basket).

[3] Vgl. die *league table* der energiepolitisch inzwischen aktiven Kommunen unter: www.aeat.com/cms/assets/MediaRelease/2011-press-releases/Microgeneration-Index-Press-Release-11th-March-2011.pdf.

Untersuchungen nahelegen, das energiepolitische Engagement der Kommunen bislang noch »very weak or absent in 65 percent of local authorities« (»sehr schwach oder nicht existent in 65% der Kommunen«, Scott 2011).

In *Frankreich* wird der Strommarkt nach wie vor vom Energieriesen *Electricité de France* (EdF) beherrscht, der 1946 aus der Verstaatlichung des Stromsektors hervorging. Im Jahr 2004 wurde EdF in eine börsennotierte Aktiengesellschaft umgewandelt (»formal privatisiert«), doch deren Aktien befinden sich weiterhin zu 80% in staatlichem Eigentum (vgl. Beckmann 2008: 140). Zwar wurden 1946 die damals bestehenden 230 kommunalen Energieunternehmen von der Verstaatlichung ausgenommen, jedoch spielten sie gegenüber der EdF als nationalem und internationalem »Champion« eine eher marginale Rolle. Seit den 1980er Jahren haben die Kommunen (insbesondere im Verein mit anderen) ihr energiepolitisches Engagement und Potenzial erweitert, etwa Wasserfälle für die Energiegewinnung stärker zu nutzen und auf Kraft-Wärme-Kopplung sowie Windenergie zu setzen (Wollmann/Baldersheim et al. 2010: 181). Allerdings sind die kommunalen Energieunternehmen durch die nationale Gesetzgebung darauf beschränkt, ihren lokalen Versorgungsbereich zu bedienen (Allemand 2007: 40).

In *Italien*, wo 1962 der Energiesektor durch die Bildung des Energiegiganten ENTEL verstaatlicht wurde, blieben die bestehenden (verhältnismäßig zahlreichen) kommunalen Energieunternehmen von der Verstaatlichung ausgenommen (vgl. Wollmann/Baldersheim et al. 2010: 182). Als im Verlauf der 1990er Jahre ENTEL zunächst (durch die Umwandlung in eine börsennotierte Aktiengesellschaft) formal privatisiert und dann durch Verkauf der Aktien an institutionelle und private Anleger (bis auf einen staatlichen Aktienanteil von 20%) auch materiell privatisiert wurde, konnten die kommunalen Energiebetriebe trotz des Privatisierungsdrucks ihre Position auf dem italienischen Energiemarkt insgesamt behaupten und teilweise sogar ausbauen. So haben sich die kommunalen Energiebetriebe von *Milano* und *Brescia* 2008 zu einem börsennotierten Energieunternehmen (»A2A«) zusammengeschlossen. Insgesamt bringen es A2A und andere kleinere kommunale Unternehmen auf 14% der italienischen Stromproduktion (vgl. AEEG 2011: 52). Angesichts der Tatsache, dass in Italien die Atomstromgewinnung bereits 1987 durch ein nationales Referendum (in Reaktion auf die Katastrophe von Tschernobyl) ausgeschlossen und dies durch das nationale Referendum vom Juni 2011 bestätigt worden ist, haben die vielfach auf Wasserkraftwerke gestützten kommunalen Energiegesellschaften eine wachsende Bedeutung.

Wassersektor

Nachdem in *Großbritannien* der Wassersektor nach 1945 – fast zeitgleich mit der Verstaatlichung des Stromsektors – von der traditionellen kommunalen Zuständigkeit in staatliche (regionale) Wasserbehörden (*Regional Water Authorities*) überführt worden war, setzte die konservative Regierung unter Margaret Thatcher 1989 in England und Wales deren vollständige materielle Privatisierung (durch Verkauf an private Investoren) durch (für Details vgl. Drewes 2008: 52ff.). In Schottland und Nordirland blieb die Wasserwirtschaft in öffentlicher Hand.

Obgleich der steile Anstieg der Wassertarife und die hohen Profitraten der privatwirtschaftlichen Wasserbetriebe vielfach kritisiert worden sind,[4] ist eine politisch relevante Diskussion um eine Re-Nationalisierung oder Rekommunalisierung bislang nicht in Gang gekommen.

In *Frankreich* ist auch und gerade der Wasserversorgung seit langem die Organisationsform der *gestion déléguée* eigentümlich, indem die Kommunen in einer Variante funktionaler Privatisierung zwar Eigentümerinnen des Leitungsnetzwerks bleiben, jedoch die Wasserlieferung auf der Basis zeitlich befristeter Konzessionsverträge an externe Dienstleister vergeben (vgl. Einzelheiten bei Citroni 2010: 206ff.). Diese Praxis, die historisch ebenfalls in das 19. Jahrhundert zurückreicht und deren Ursprung wesentlich in der fehlenden operativen Fähigkeit der für Frankreich typischen Vielzahl kleiner und kleinster Gemeinden begründet lag, hat im Wassersektor die Entstehung und Expansion von drei Unternehmensgruppen (»grands groupes«, Veolia, Suez, SAUR) begünstigt, die inzwischen rund 70% der französischen Haushalte mit Wasser versorgen (Bondonneau et al. 2010: 134). Zwar haben die einzelnen Kommunen formal das Recht, nach Ablauf der Verträge diese neu zu verhandeln, jedoch sehen sie sich hierbei der überlegenen Marktmacht und einer »Gefangennahme« (»regulatory capture«, Varin 2010) durch diese national und international operierenden Konzerne gegenüber, die zudem als »multi-utility«-Unternehmen die Wassersorgung,

---

[4] Die Wassertarife stiegen zwischen 1990 und 2000 um 46% und die operativen Gewinne um 142%, vgl. Hall/Lobina 2001.

Abwasser- und Abfallbeseitigung vielerorts gebündelt anbieten (Kuhlmann 2009: 164). Die funktionale Privatisierung der Wasserversorgung setzte sich in den 1980er Jahren zunächst noch einmal verstärkt fort – so beispielhaft in Grenoble und Paris, wo traditionell die Wasserversorgung kommunal war und wo 1987 bzw. 1989 neu gewählte konservative Mehrheiten und Bürgermeister deren *délégation* an Unternehmen der »grands groupes« beschlossen (Hall/Labina 2001b).

Eine Trendwende wurde dadurch eingeleitet, dass 2010 in Paris eine neu gewählte »rot-grüne« Ratsmehrheit entschied, nach Auslaufen der Konzessionsverträge mit Suez und Veolia die Wasserversorgung in eigene Regie zu nehmen. Aufsehen erregte auch die Rekommunalisierung in Grenoble (Hall/Lobina 2001b). Inzwischen haben weitere 40 Kommunen die Wasserversorgung wieder in eigene Hand genommen (vgl. Hall et al. 2012). Als Ergebnis dieser Entwicklung stieg der Anteil der französischen Bevölkerung, deren Wasserversorgung von den Kommunen selber (*en régie*) betrieben wird, von 18% im Jahr 1970 inzwischen wieder auf 28% (Bordonneau et al. 2010: 134).

In *Italien* wurde die Wasserversorgung traditionell von einer Vielzahl kleiner kommunaler Wasserunternehmen betrieben. Seit den 1990er Jahren führte eine durch das Galli Gesetz von 1994 ausgelöste Reorganisation der Wasserversorgung und Wettbewerbselemente (für Details vgl. Citroni 2010: 203ff.) dazu, dass privatwirtschaftliche Wassergesellschaften, insbesondere solche der französischen »grands groupes«, als Wasserversorger vorgedrungen sind. Unter der konservativen Berlusconi-Regierung zielte das Ronchi Dekret aus dem Jahr 2009 darauf, einer weitgehenden Privatisierung der Wasserversorgung den gesetzlichen Boden zu bereiten. Dieser Entwicklung wurde durch das nationale Referendum vom 11.6.2011, das die Privatisierung der Wasserversorgung mit überwältigender Mehrheit ablehnte, ein Riegel vorgeschoben. Die politische Kampagne, die dem Referendum vorausging und die wesentlich vom *Forum Italiano die Movimenti per l'Acqua,* einer breiten (überwiegend linken) Bewegung, getragen wurde, der 150 Kommunen und verschiedene politische Gruppierungen angehören,[5] spiegelte die zunehmende nationale, aber auch internationale Politisierung der »Wasserfrage« wider.

---

[5] www.fame2012.org/index.php?id=52

Andere Dienstleistungen

In *Großbritannien* zielte die »neoliberale« Politik der 1979 gewählten konservativen Regierung darauf, auch in der Erbringung der anderen öffentlichen Dienstleistungen einen fundamentalen Politikwechsel herbeizuführen. Die 1980 beschlossene (und 1988 erweiterte) Gesetzgebung des *Compulsory Competitve Tendering* (CCT) verpflichtete die Kommunen, einen breiten Fächer kommunaler Aufgaben (Errichtung und Unterhaltung öffentlicher Gebäude, Straßenbau, Abfallbeseitigung, Krankenhausverpflegung usw.) öffentlich auszuschreiben und auf der Basis von Verträgen zu vergeben, also funktional zu privatisieren) (Wollmann 2008: 127). Zwar wurde die CCT Gesetzgebung von der nachfolgenden New Labour-Regierung außer Kraft gesetzt, jedoch blieb *outsourcing* ein bestimmendes Merkmal der kommunalen Dienstleistung, sodass Großbritanniens Dienstleistungssektor sich als der im internationalen Vergleich am stärksten (funktional) privatisierte erweist.

In der letzten Zeit sind die Kommunen allerdings dazu übergegangen, bislang »ausgelagerte« Aufgaben wieder in eigene Trägerschaft zurückzunehmen (»*insourcing*«). In einer jüngst durchgeführten Befragung von 140 *local authorities* in England, Schottland und Wales gaben fast 60% an, eine solche »Rückübernahme« bereits durchgeführt zu haben, vorzubereiten oder zu planen; knapp 20% gaben an, Dienstleistungen niemals extern vergeben (*outsourcing*) zu haben (vgl. APSE 2011:11). Das *insourcing* umfasst ein breites Spektrum, u.a. »environmental services« (Müllabfuhr und Abfallverwertung), »education and social care« (children's social services) und »housing and building maintenance« (vgl. die Liste in APSE 2011: 15ff.).

In Großbritannien zeichnet sich *insourcing* vermehrt auch im Öffentlichen Nahverkehr ab. So wurden in London 2007 und 2010 zwei große privatwirtschaftliche, als PPP verfasste Consortia, denen die Renovierung des Londoner U-Bahn-Systems übertragen worden war, beendet und die Aufgabe wieder in öffentliche (kommunale) Trägerschaft genommen (Hall et al. 2011 mit weiteren Beispielen).

Auch in *Frankreich* weist der öffentliche Nahverkehr einen hohen Grad von *gestion déléguée* (funktionaler Privatisierung) auf, der ausweislich einer 2004 bei 37 Großstädten durchgeführten Befragung auf 85% der Verkehrsbetriebe beziffert wurde (Kuhlmann 2009; 153 mit Nachweis). In diesem Feld ist kürzlich ein Prozess der Rekommunalisierung durch ein Gesetz von 2010 angestoßen worden, das den Kommunen einen rechtlichen Rahmen für die Gründung von gemeinsamen, zu 100% in ihrem Eigentum stehenden *sociétés publiques locales* (SPL) bietet. Die Konstruktion der SPL (100% kommunale Eigentümerschaft und Zweckbestimmung) erlaubt den Kommunen, Dienstleistungen zu übertragen, ohne hierfür dem Ausschreibungsgebot der EU zu unterliegen (Hall et al. 2012). Inzwischen wurden 22 SPL gegründet, um Projekte des Öffentlichen Nahverkehrs – nach Auslaufen der vorausgehenden Konzessionsverträge – zu rekommunalisieren.

Die Abfallentsorgung haben die französischen Kommunen in der Vergangenheit ebenfalls zum größten Teil an private Unternehmen, insbesondere an die beiden (»multi-utility«) Großkonzerne Veolia-Environnement und Suez vergeben; lediglich 13% der Müllaufbereitungsanlagen werden in kommunaler Regie betrieben (vgl. Kuhlmann 2009: 159). Jüngst kündigt sich aber auch in diesem Feld eine Gegenbewegung an, indem Städte die Müllabfuhr wieder in eigene Regie nehmen, so die Stadt Paris, die ihren Vertrag mit Veolia nicht verlängerte (vgl. Hall et al. 2012).

Fazit

Aufgrund der hier herangezogenen Belege erscheint die zusammenfassende Einschätzung plausibel, dass in den letzten Jahren – mit deutlichen Unterschieden zwischen den Ländern und Dienstleistungssektoren – ein bemerkenswerter Prozess der Rekommunalisierung von Dienstleistungen und mithin ein »Pendelrückschwung« vom privaten Sektor zum öffentlichen, insbesondere kommunalen Sektor in Gang gekommen ist (vgl. Wollmann/Marcou 2010, Wollmann 2011, Hall et al. 2012, Kuhlmann/Wollmann 2013). Dies stimmt mit den Analysen zur Entwicklung in Deutschland überein.

Literatur

AEA (2011): UK renewable energy map and league table launched, www.aeat.com/cms/assets/MediaRelease/2011-press-releases/Microgeneration-Index-Press-Release-11th-March-2011.pdf.

AEEG (Autorità per l'Energia Elettrica ed il Gas) (2001): Annual Report on State of Services.

Allemand, R. (2007): Les distributeurs non-nationalisés d'électricité face à l'ouverture de la concurrence, in: Annuaire 2007 des Collectivités Locales, CNRS. Paris, S. 31-42.
APSE (2011): UNISON insourcing update. The value of returning local authority services in-house in an era of budget constraints. www.unison.org.uk/acrobat/20122.pdf.
Bauer, H. (2012): Von der Privatisierung zur Rekommunalisierung, in: Bauer, H./Büchner, C./Hajasch, L. (Hrsg.), Rekommunalisierung öffentlicher Daseinsvorsorge. Potsdam, S. 11-31.
Beckmann, J. (2008): Die Entkernung des Service Public in Frankreich, in: Bieling, H.-J. et al. (Hrsg.), Liberalisierung und Privatisierung in Europa. Münster, S. 125-151.
Bieling, H.-J./Deckwirth, C. (2008): Die Reorganisation der öffentlichen Infrastruktur in der Europäischen Union, in: Bieling, H.-J. et al. (Hrsg.), Liberalisierung und Privatisierung in Europa. Münster, S. 9-32.
Bordonneau, M.-A./Canneva, G./Orange, G./Gambier, D. (2010): Le changement de mode de gestion des services d'eau, in: Droit et Gestion des Collectivités Territoriales, Annuaire 2010. Paris, S. 131-147.
Citroni, G. (2010): Neither state nor market: municipalities, corporations and municipal corporatization in water services: Germany, France and Italy compared, in: Wollmann, H./Marcou, G. (Hrsg.), The Provision of Public Services in Europe. Between State, Local Government and Market. Cheltenham/Northampton, S. 191-216.
Drews, K. (2008): Großbritannien: »TINA« oder Paradigma einer gescheiterten Reorganisation?, in: Bieling, H.-J. et al. (Hrsg.), Liberalisierung und Privatisierung in Europa. Münster, S. 34-63.
Dreyfus, M./Töller, A. E./Iannello, C./McEldowney, J. (2010): Comparative study of a local service: waste management in France, Germany, Italy and the U.K., in: Wollmann, H./Marcou, G. (Hrsg.), The Provision of Public Services in Europe. Between State, Local Government and Market. Cheltenham/Northampton, S. 146-166.
Fudge, S./Peters, M./Wade, J. (2012): Locating the agency and influence of local authorities in UK energy governance, www.surrey.ac.uk/ces/files/pdf/01-12_Paper_Fudge_Peters_Wade.pdf.
Grossi, G./Marcou, G./Reichard, C. (2010): Comparative aspects of institutional variants for local public service provision, in: Wollmann, H./Marcou, G. (Hrsg.),The Provision of Public Services in Europe. Between State, Local Government and Market. Cheltenham/Northampton, S. 217-239.
Hall, David/Lobina, E. (2001a): UK – water privatisation – a briefing. London: PSIRU report.
Hall, D./Lobina, E. (2001b): Private to Public: International lessons of water remunicipalisation in Grenoble, France (PSIRU, web www.psiru.org).
Hall, D./Lobina, E./Terhorst, P. (2012): Remunicipalization in Europe, unpublished paper presented to IPSA World Congress.

Kelly, S./Pollitt, M. (2011): The Local Dimension of Energy, www.eprg.group.
cam.ac.uk/wp-content/uploads/2011/01/EPRG11031.pdf.
Kuhlmann, S. (2009): Politik- und Verwaltungsreform in Kontinentaleuropa.
Baden-Baden.
Kuhlmann, S./Wollmann, H. (2013): Verwaltung und Verwaltungsreform in Europa, Einführung in vergleichende Verwaltungswissenschaft. Wiesbaden.
Röber, M. (2009): Privatisierung ade? Rekommunalisierung öffentlicher Dienstleistungen im Lichte des Public Managements, in: Verwaltung und Management Bd. 15 (5), S. 227-240.
Scott, F. (2011): Is localism delivering for climate change? Emerging responses from local authorities, local enterprise partnerships and neighborhood plans. Executive summary.
Varin, K. (2010): Le service public de l'eau en France, www.globenet.org/aitec/chantiers/sp/eau/SPeauFrance.html.
Wollmann, H. (2008): Reformen in Kommunalpolitik und -verwaltung. England, Schweden, Frankreich und Deutschland im Vergleich. Wiesbaden.
Wollmann, H. (2011): Provision of Public Services in European countries: from public/municipal to private and reverse?, in: Comparative & Croatian Public Administration, Vol. 11 (4);. 898-911 http://en.iju.hr/ccpa/ccpa/downloads_files/001-Wollmann.pdf.
Wollmann, H./Marcou, G. (2010): From public sector-based to privatized service provision. Is the pendulum swinging back?, in: Wollmann, H./Marcou, G. (Hrsg.), The Provision of Public Services in Europe. Between State, Local Government and Market. Cheltenham/Northampton, S. 168-182.
Wollmann, H./Baldersheim, H./Citroni, G./Marcou, G./McEldowney, J. (2010): From public service to commodity: the demunicipalization (or remunicipalization?) of energy provision in Germany, Italy, France, the UK and Norway, in: Wollmann, H./Marcou, G. (Hrsg.), The Provision of Public Services in Europe. Between State, Local Government and Market. Cheltenham/Northampton, S. 168-190.

Christian Ude
Warum Kommunen ihre Dienste rekommunalisieren

Der Dauerkonflikt: Privat oder Staat!

Die Struktur der öffentlichen und der kommunalen Wirtschaft hat sich in den vergangenen 30 Jahren grundlegend verändert. Nach der Einheit Deutschlands wurde der Primat »Privat vor Staat« immer stärker propagiert, sowohl auf der nationalen als auch auf der europäischen Ebene. Die Energieversorgung und die Postdienstleistungen wurden liberalisiert. Damit wurde auch die kommunale Daseinsvorsorge mittels einer starken Kommunalwirtschaft in Frage gestellt. Lange hieß es: Private Unternehmen können Leistungen der Daseinsvorsorge besser und effizienter und vor allem auch preiswerter im Wettbewerb erbringen. Die Kommunalwirtschaft wurde nur als ein lästiges Überbleibsel aus Monopolzeiten angesehen. Jegliche Wettbewerbsfähigkeit wurde ihr abgesprochen. Sie sollte sich auf die Bereiche beschränken, in denen Private keine Gewinne erzielen können. Die Kommunen sollten allerdings weiterhin ihre auch gesetzlich festgeschriebenen Aufgaben als Gewährleister sicherstellen.

Insbesondere bis zur Jahrtausendwende folgten Privatisierungen der unterschiedlichsten Art, die nicht selten dazu führten, dass die Kommunen sich ganz von Aufgaben trennten. Auch wenn manchmal der Glaube, dass private Unternehmen Aufgaben grundsätzlich besser erledigen könnten als öffentliche Verwaltungen, der Antrieb für die Privatisierungen war, bestand doch der Hauptgrund in der wachsenden dramatischen Haushaltslage.

Dazu kam allerdings auch, dass nicht alle Stadtwerke sich am Markt erfolgreich halten oder etablieren konnten. Der eine Grund – und das soll nicht verschwiegen werden – war ökonomisches Fehlverhalten. Der andere Grund war der Wettbewerb, der die Stadtwerke unter erheblichen Druck setzte. Die überall propagierte Wettbewerbsideologie sorgte für eine Verschlechterung der Wettbewerbsbedingungen für kommunale Unternehmen, indem beispielsweise das Gemeindewirtschaftsrecht in den Ländern zu Lasten kommunaler wirtschaftlicher Betätigung verändert wurde.

Dabei waren die Erfahrungen mit Privatisierungen schon damals nicht überall positiv. Dies zeigten Beispiele aus anderen Ländern, etwa bei der Privatisierung der Wasserversorgung in Frankreich oder bei der Bahnprivatisierung in Großbritannien. Der Trend nahm zunächst trotzdem nicht ab. Die Aussicht auf kurzfristige hohe Erlöse war einfach zu verlockend. Die Folgekosten waren zu weit weg. Auch vor kürzerer Zeit gab es noch spektakuläre Privatisierungen. So verkaufte die Stadt Dresden 2006 ihren gesamten städtischen Wohnungsbestand, um damit ihren kompletten kommunalen Schuldenstand zu tilgen. Inwieweit dieser Verkauf sich auch langfristig rechnet und eine soziale Wohnungs- und Stadtentwicklungspolitik fortgeführt werden kann, werden erst die nächsten Jahre zeigen.

Viele meiner Kolleginnen und Kollegen aus den Städten und Gemeinden haben alles daran gesetzt, die hervorragenden Angebote in der öffentlichen Daseinsvorsorge, die durch kommunale Unternehmen erbracht werden, zu sichern und weiter zu verbessern. Sie haben kommunale Unternehmen nicht verkauft, auch wenn der Druck zur Haushaltskonsolidierung immens war.

Es ist auch allgemein bekannt, dass für eine zuverlässige, hochwertige und kostengünstige Versorgung der Bürgerinnen und Bürger mit Leistungen der Daseinsvorsorge kommunale Unternehmen erforderlich und besonders gut geeignet sind. Dies kann ich als Münchner Oberbürgermeister und Aufsichtsratsvorsitzender der Stadtwerke München GmbH uneingeschränkt bekräftigen.

Allerdings kann die Übertragung einer kommunalen Aufgabe auf einen privaten Dritten oder der Voll- oder Teilverkauf von kommunalem Eigentum durchaus erfolgreich und in manchen Fällen sogar notwendig sein. Im Einzelfall muss vor Ort abgewogen werden, welcher Aufgabenträger die Leistungen für die Bürgerinnen und Bürger am besten erbringen kann.

Rekommunalisierung – ein neuer Trend?

Die Ideologie »Privat vor Staat« hat sich nicht durchsetzen können, auch wenn von »interessierten Kreisen« diese immer noch propagiert wird. Die Privatisierungseuphorie ist verflogen. Neuerdings lauten die

Schlagzeilen: Rekommunalisierung ist ein »Megatrend«[1] oder »Renaissance öffentlicher Wirtschaft«.[2] Die Entwicklung, an Dritte übertragene Aufgaben durch die Städte zurückzuführen oder erstmalig Aufgaben eigenständig wahrzunehmen, hat verschiedene Auslöser. Zum einen werden Erwartungen der Bürgerinnen und Bürger im Hinblick auf die Qualität oder das Preisniveau der Aufgabenerfüllung von den privaten Unternehmen oft nicht erfüllt. Zum anderen wird die fehlende demokratische Kontrolle der Leistungserbringung bemängelt. Auch sind private Unternehmen gar nicht oder weit weniger in den Kommunen engagiert, angefangen von umfänglichen Projekten im Klimaschutz über Projektträgertätigkeiten bis hin zur Kultur- und Sportförderung. Sie fühlen sich aus nachvollziehbaren Gründen primär der Gewinnerzielung und ihren Aktionären verpflichtet.

Ein weiterer Grund war die Verfestigung der kommunalen Unternehmens- und Verwaltungsstrukturen, die erst in den letzten beiden Jahrzehnten, vielleicht auch durch die Privatisierungsphase, aufgebrochen worden ist. Viele kommunale Unternehmen und Kommunalverwaltungen haben immense Modernisierungsprozesse vollzogen, neue Herausforderungen mit großer Effektivität gelöst, neue Geschäftsfelder erschlossen und Wirtschaftlichkeitspotenziale ausgeschöpft.

Nicht unterschätzt werden sollte auch, dass die Vergabe von Aufgaben an Dritte nicht einhergeht mit dem Wegfall der Verantwortung für die Aufgabenerfüllung. Die Kommunen bleiben Gewährträger, müssen somit die Aufgabenerfüllung kontrollieren und sogar, falls erforderlich, sanktionieren. Die Kommunen als öffentlicher Auftraggeber haben aufgrund der zunehmend komplexer werdenden Materie des Vergaberechts – was den europäischen und nationalen Vorschriften geschuldet ist – zunehmend Probleme, die Vergaben rechtssicher durchzuführen. Dafür muss in den Kommunen hochqualifiziertes Personal und damit hinreichender Sachverstand vorgehalten und finanziert werden.

Die Entwicklungen hin zur Rekommunalisierung werden auch dadurch verstärkt, dass bis 2015/2016 mehrere tausend Strom- und Gasnetzkonzessionsverträge auslaufen und durch die Kommunen neu vergeben werden müssen. Die Rekommunalisierung ist gerade auch deshalb

---

[1] Hartmut Bauer: Zukunftsthema »Rekommunalisierung«, DÖV 2012, S. 330.

[2] Christina Schaefer/Ludwig Theuvsen (Hrsg.): Renaissance öffentlicher Wirtschaft, Baden-Baden 2012.

wieder ein Thema, weil durch die Energiewende dezentrale Energieversorgungsstrukturen massiv an Bedeutung gewonnen haben. Seit 2007 wurden 60 Stadtwerke neu gegründet. Außerdem wurden mehr als 170 Konzessionen von kommunalen Unternehmen übernommen.[3]

In den anderen Bereichen der kommunalen Aufgabenwahrnehmung außerhalb der Energieversorgung ist der Trend der Rekommunalisierung nicht so stark ausgeprägt. Das liegt allerdings eher an der bisher üblichen Form der Aufgabenwahrnehmung, wie beispielsweise in den Sektoren Wasserversorgung und Abwasserentsorgung, die traditionell in öffentlicher Verantwortung und kaum von privaten Anbietern erfolgen.[4] Demgegenüber hat es im letzten Jahrzehnt mehrere bemerkenswerte Rückführungen von an Dritte übertragenen Leistungserbringungen in der Abfallwirtschaft gegeben, wie beispielsweise in Bergkamen, worüber mein Bürgermeisterkollege Roland Schäfer, Präsident des Deutschen Städte- und Gemeindebundes, in diesem Buch berichtet. Allerdings gibt es auch gegenläufige Entwicklungen, wozu der Krankenhaussektor zählt. Immer mehr kommunale Krankenhäuser wurden an private Anbieter verkauft oder mussten geschlossen werden. In diesem Sektor wird deutlich, wie entscheidend sich die Rahmensetzung durch die EU, den Bund und die Länder auf Privatisierungen oder Kommunalisierungen auswirkt.

Dieser kurze Überblick zeigt, dass mit Rekommunalisierung nicht etwa die Rückholung in die Verwaltung gemeint ist, sondern als gängigste Form gilt die Übertragung der Aufgaben an ein kommunales, privat-rechtlich organisiertes Unternehmen. Rund 50% aller kommunalen Aufgaben werden von selbständigen Organisationseinheiten erbracht, mehr als drei Viertel davon in privat-rechtlicher Organisationsform, teilweise sogar mit privater Beteiligung. Die Leistungserbringung in privatrechtlicher Organisationsform ist allerdings nur eine von vielen möglichen Formen der »Rückholung« von an privaten Dritten übertragenen Aufgaben. Daneben steht die Erhöhung von Gesellschaftsanteilen in gemischt-wirtschaftlichen Unternehmen oder der vollständige Rückkauf von privaten Anteilen, wie beispielsweise aktuell bei den Berliner Was-

---

[3] Stadtwerk der Zukunft IV – Konzessionsverträge: Handlungsoptionen für Kommunen und Stadtwerke, Verband kommunaler Unternehmen, Deutscher Städtetag, Deutscher Städte- und Gemeindebund, VKU, Berlin, September 2012.
[4] Jens Libbe/Stefanie Hanke/Maic Verbüchel: Rekommunalisierung – Eine Bestandsaufnahme, Difu, Berlin, August 2011.

serbetrieben. Oder es erfolgt die Umorganisation einer Kapitalgesellschaft in eine öffentlich-rechtliche Organisationsform oder die Ausgliederung aus einem Amt in einen Regie- oder Eigenbetrieb.

Kommunale Daseinsvorsorge – Recht der Selbstverwaltung

Vor über 150 Jahren hat sich in Deutschland die Erbringung von Leistungen für die Bürgerinnen und Bürger durch die Kommunen etabliert. Hintergrund war, dass schon damals die vorher erfolgte Aufgabenerfüllung durch Private nicht den Anforderungen der in den Städten Verantwortung Tragenden entsprach.

Der Deutsche Städtetag hat bereits in einer Denkschrift im Jahr 1926 zum Thema »Städte, Staat, Wirtschaft« klar Position zur Aufgabenwahrnehmung der Kommunen bezogen: »Die Gemeinden betätigen sich wirtschaftlich, nicht um mit ihren Bürgern und Steuerzahlern in Wettbewerb zu treten, sondern um öffentliche Pflichten zu erfüllen...« Und weiter: »So dient ihre wirtschaftliche Betätigung der Fürsorge für die breiten Schichten der Bevölkerung. Gas, Wasser und Elektrizität sind für viele unentbehrliche Lebensbedürfnisse, deren sichere und angemessene Befriedigung heute mehr denn je öffentliche Aufgabe ist.«[5] Diese Positionen waren vor rund 90 Jahren gültig und sind es heute noch immer.

In den 30er Jahren des letzten Jahrhunderts wurde von Ernst Forsthoff der Begriff der Daseinsvorsorge in seiner Schrift »Die Verwaltung als Leistungsträger« begründet, fußend auf den Gedanken des Freiherrn vom Stein zur Modernisierung der Staatsverwaltung. Forsthoff bezog die Daseinsvorsorge ebenfalls auf für die Lebenshaltung elementare Bereiche, wie zum Beispiel Gas, Wasser, elektrische Energie, Abwasserentsorgung, Verkehrsmittel, und sah in der Bereitstellung dieser Leistungen den Staat und die Kommunen in der Pflicht. Die Position des Städtetages, dass der Staat und nicht der Einzelne für bestimmte Leistungen und Güter Verantwortung trägt, wurde von da an sukzessive in das Verwaltungsrecht übernommen. Dieser Grundgedanke findet sich auch im Grundgesetz und in den kommunalrechtlichen Vorschriften der Länder. Die Garantie der kommunalen Selbstverwaltung

---

[5] Denkschrift des Deutschen Städtetages: Städte – Staat – Wirtschaft«, Selbstverlag des Deutschen Städtetages, Berlin 1926.

nach Art. 28 Abs. 2 Grundgesetz gewährleistet den Kommunen das Recht, »alle Angelegenheiten der örtlichen Gemeinschaft im Rahmen der Gesetze in eigener Verantwortung zu regeln«.

Kommunale Unternehmen unterliegen im Gegensatz zu privatwirtschaftlichen Unternehmen allerdings engeren Rechtsvorschriften im Hinblick auf die wirtschaftliche Betätigung durch detaillierte Vorschriften in den Gemeindeordnungen. Die in der Deutschen Gemeindeordnung von 1935 vorgenommene Beschränkung der wirtschaftlichen Tätigkeit wurde größtenteils in die Gemeindeordnungen der Länder nach 1948 übernommen. Danach dürfen sich die Kommunen nur dann wirtschaftlich betätigen, wenn ein »öffentlicher Zweck« vorliegt, d.h. wenn sie eine im öffentlichen Interesse gebotene Versorgung der Einwohnerinnen und Einwohner zum Ziel haben und nicht – wie bei privaten Unternehmen – die alleinige Absicht der Gewinnerzielung. In den Folgejahren wurden in einigen Gemeindeordnungen die Regelungen zur Zulässigkeit der wirtschaftlichen Tätigkeit der Gemeinden verschärft, zum Beispiel in Nordrhein-Westfalen das Erfordernis eines »dringenden öffentlichen Zweckes« für die Errichtung eines Unternehmens. Mittlerweile ist diese Verschärfung zurückgenommen worden; wie im übrigen auch in anderen Gemeindeordnungen. Nunmehr ist in aller Regel nach den Gemeindeordnungen nur noch ein »öffentlicher Zweck« notwendig.

Auch die in vielen Gemeindeordnungen vorhandene Subsidiaritätsklausel wurde in einigen Ländern entschärft. Die Subsidiaritätsklausel bezweckt den Schutz privater Konkurrenz. Der Privatwirtschaft soll der Vorrang der wirtschaftlichen Betätigung bleiben, wenn sie den beabsichtigten Zweck besser und wirtschaftlicher als ein kommunales Unternehmen erfüllen kann. Neuerdings gibt es auch vermehrt Regelungen zur kommunalwirtschaftlichen Betätigung außerhalb des Gemeindegebiets in den Gemeindeordnungen. Diese Erweiterung ist insbesondere für die wirtschaftliche Betätigung in liberalisierten Märkten für die kommunalen Unternehmen von großer Bedeutung.

Diese Veränderungen zur Schaffung fairer Wettbewerbsbedingungen für die kommunalen Unternehmen und zur Erleichterung der Kooperationen zwischen diesen waren dringend notwendig. Allerdings besteht noch weiterer Handlungsbedarf zur Vereinheitlichung der Regelungen der wirtschaftlichen Betätigung in den Gemeindeordnungen, um Rekommunalisierung und sachgerechte wirtschaftliche Betätigung in allen Ländern zu ermöglichen.

Gemeinwohlorientierte Leistungserbringung

Wesentliches Kennzeichen der kommunalen wirtschaftlichen Betätigung und der Kommunalwirtschaft ist – wie eingangs dargelegt – die Gemeinwohlorientierung. Viele kommunale Leistungen würden am Markt nicht erbracht werden können, weil es sich nicht um gewinnträchtige Aufgaben handelt. Dies fängt bei Theatern und Museen an und hört bei der schulischen und frühkindlichen Bildung nicht auf. Dazu kommt, dass bei der Wahrnehmung von Daseinsvorsorgeaufgaben durch private Unternehmen aus verständlichen Gründen zuerst der Gewinn und die Dividende im Fokus stehen und erst in zweiter Linie andere Kriterien. Bei der Entscheidung über die Aufgabenwahrnehmung spielen selbstverständlich der Preis, die Verlässlichkeit, die Effizienz, die Sicherstellung eines gleichwertigen und diskriminierungsfreien Zugangs zu der Leistung sowie die Qualität des Angebots eine große Rolle. Zugleich gewinnen soziale Kriterien sowie der Erhalt einer intakten Umwelt, die Ressourcenschonung und der Klimaschutz immer mehr an Bedeutung. Dabei ist zu berücksichtigen, dass die eigene Aufgabenwahrnehmung oder die Aufgabenwahrnehmung durch ein kommunales Unternehmen Synergien bietet, indem bestimmte Handlungsfelder, beispielsweise Stadtentwicklungsplanung und Energieversorgungsstrukturen, durch innovative Konzepte (Fernwärme, Mini-BHKW, Geothermie, Energie-Plus-Siedlungen, Erneuerbare-Energien-Vorrang-Gebiete) besser und einfacher aufeinander abgestimmt werden können. Dies sind alles am Gemeinwohl orientierte Kriterien, die eine nachhaltige kommunale Entwicklung zum Ziel haben.

Deshalb ist es sachgerecht, dass das »Ob« und das »Wie« der Leistungserbringung der politischen Willensbildung vor Ort obliegt. Die Kommunen müssen selbst entscheiden können, ob sie sich auf die Rolle der Ausschreibung und damit lediglich auf die Kontrolle der Aufgabenerfüllung zurückziehen wollen, ob sie eine Öffentlich-Private-Partnerschaft eingehen wollen oder ob sie die Aufgaben mit eigenen Einrichtungen und Unternehmen und in welcher Rechtsform selber erbringen wollen und welche Formen der Zusammenarbeit zwischen den Kommunen sinnvoll sind.

Entscheidend für einen erfolgreichen Rekommunalisierungsprozess ist die Beteiligung aller Entscheidungsträger. Die Übernahme bzw. Rückführung einer Aufgabe bedarf der frühzeitigen Einbindung der jeweiligen Vertretungskörperschaften, der jeweiligen Verwaltungen und auch der Öffentlichkeit. Zur Öffentlichkeit zählen nicht nur die Bürgerinnen und Bürger, sondern alle relevanten Akteure, insbesondere auch die Gewerkschaften und die Wirtschaft.

Kommunale Einrichtungen und Unternehmen werden dabei in unterschiedlicher Rechtsform betrieben, angefangen von Regie- und Eigenbetrieben über Anstalten des öffentlichen Rechts, Stiftungen, Vereine, Genossenschaften und Zweckverbände bis hin zur Gesellschaft mit beschränkter Haftung (GmbH) und zur Aktiengesellschaft (AG). Bei der Entscheidung über die Aufgabenwahrnehmung und die Wahl der Rechtsform ist abzuwägen, welche Organisationsform eine bestmögliche Erfüllung der Ziele der Einrichtung oder des Unternehmens sicherstellt, wie eine hohe Transparenz und eine sachgerechte demokratische Kontrolle gewährleistet werden können.

Eine besondere, zunehmend an Bedeutung gewinnende Form der Aufgabenerfüllung der Kommunen erfolgt in Kooperation, sei es mit anderen Kommunen, mit kommunalen Unternehmen anderer Städte und zwischen kommunalen Unternehmen. Vorhandenes Know-how wird gebündelt oder mitgenutzt, um die lokalen Ziele zur Aufgabenerfüllung besser erreichen zu können. Das Spektrum reicht von der interkommunalen Zusammenarbeit bei der kommunal eigenständigen Aufgabenwahrnehmung über die Einbeziehung von Stadtwerken bei der Netzübernahme nach dem Auslaufen von Konzessionsverträgen oder in der Gründung von Verbünden im Bereich der Energieerzeugung und -versorgung, wie beispielsweise bei der Thüga[6] und bei Trianel.[7] Dabei kann es durchaus sinnvoll sein, auch private Wirtschaftsunternehmen in den Verbund aufzunehmen oder an kommunalen Unternehmen zu beteiligen. Allerdings sind dabei ganz besonders die rechtlichen Vorgaben der EU, des Bundes und der Länder zu beachten.

---

[6] Die *Thüga* ist ein bundesweites Netzwerk von lokalen und regionalen Energieversorgern. 450 Städte und Gemeinden bilden gemeinsam mit rund 100 kommunalen Energie- und Wasserdienstleistern das größte Netz an eigenständigen Energieunternehmen in Deutschland.
[7] Trianel ist die führende Stadtwerke-Kooperation in Europa.

Kommunalwirtschaft sichert Lebensqualität

Neben den traditionell von den Kommunen direkt erbrachten Verwaltungsleistungen hat sich seit mehr als einem Jahrhundert die Leistungserbringung durch kommunale Unternehmen etabliert, wie zum Beispiel in der Energieerzeugung und -versorgung, der Wasserversorgung und der Abfall- und Abwasserentsorgung. Zu den traditionellen Handlungsfeldern der kommunalen Unternehmen traten über die Jahre immer wieder neue hinzu, insbesondere auch, weil Anforderungen von den Bürgerinnen und Bürgern und aus der Wirtschaft an die Kommunen herangetragen worden sind. Dies betrifft zum Beispiel Infrastrukturleistungen in den Bereichen Häfen, Flughäfen, Messen, Veranstaltungshallen. Darüber hinaus haben sich in den letzten Jahren neue Betätigungsfelder ergeben, wie beispielsweise in der Wirtschaftsförderung und im Kulturbereich. Die Kommunalwirtschaft ist damals wie heute eine tragende Säule kommunaler Daseinsvorsorge.

Wie eine Studie des Verbandes kommunaler Unternehmen (VKU) aus dem Jahr 2009 ergab, vertrauen 81% der Bürgerinnen und Bürger den kommunalen Stadtwerken. Zudem besteht eine große Skepsis in der Bevölkerung gegenüber der Privatisierung von Stadtwerken, die von rund 70% abgelehnt wird.[8] Dies belegen auch Bürgerentscheide, die sich für den Erhalt von Stadtwerken oder deren Neugründung einsetzen. Kommunale Unternehmen werden sozusagen als Unternehmen der Bürgerinnen und Bürger vor Ort wahrgenommen. Verstärkt wird dies durch das Engagement kommunaler Unternehmen in der Förderung und Unterstützung kultureller und sportlicher Aktivitäten in den jeweiligen Kommunen. Zugleich bieten Stadtwerke vermehrt Contractingmodelle zur Förderung regenerativer Energien oder Geldanlageformen in Kooperation mit der lokalen Kreditwirtschaft für ihre Kunden an, um erneuerbare Energieanlagen zu finanzieren. Die lokale Verankerung der Stadtwerke bietet zudem gute Chancen für neue Formen des Bürgerdialogs zur Umsetzung der Energiewende. Dafür ist allerdings auch eine frühzeitige sowie offene und transparente Information der Bürgerinnen und Bürger über Vorhaben kommunaler Unterneh-

---

[8] VKU: Stellungnahme zur öffentlichen Sachverständigenanhörung des Ausschusses für Wirtschaft und Technologie des Deutschen Bundestages am 24.1.2011 zur »Rekommunalisierung der Energienetze«, Berlin, 18.1.2011, S. 8, sowie unter www.vku.de/grafiken-statistiken/meinungsumfragen.html

men in Verbindung mit einer angemessenen Bürgermitwirkung durch die Kommunen notwendig.

Kommunale Unternehmen sind – in den liberalisierten Märkten unter Beachtung der Beschränkungen durch die Gemeindeordnungen – vollständig den Gesetzen des Marktes unterworfen und sie meistern diese Herausforderung in zunehmendem Maße. Das bedeutet aber nicht, dass es ihre Aufgabe ist, sich genauso zu verhalten wie private, rein auf den Gewinn ausgerichtete Unternehmen. Stadtwerke haben langfristige Ziele im Blick. Beispielsweise investieren sie in den Aufbau intelligenter Verteilnetze, den Ausbau regenerativer Energien und engagieren sich im kommunalen Klimaschutz. Ohne Stadtwerke kann und würde es in der Energiepolitik keinen Wettbewerb geben.

Bemerkenswert ist in diesem Zusammenhang ein Beschluss der Wirtschaftsministerkonferenz vom Juni 2012. Darin werden den kommunalen Unternehmen eine besondere energiewirtschaftliche Kompetenz und auch eine entscheidende Rolle bei der Realisierung effizienter Versorgungsstrukturen und dem Bau neuer Energieanlagen zugesprochen. Zudem wird festgestellt, dass durch die Investitionstätigkeit der Stadtwerke der Wettbewerb auf dem deutschen Energiemarkt intensiviert wird. Diese Feststellungen sind aus der Sicht der Kommunen keine neuen Erkenntnisse, sie belegen allerdings, dass auch in die Bundes- und Landespolitik die Erkenntnis durchgedrungen ist, welche herausragende Bedeutung die Kommunalwirtschaft für das Gemeinwohl und unsere Zukunft hat.

Ein weiterer entscheidender Aspekt für eine starke Kommunalwirtschaft ist der ökonomische. Kommunale Unternehmen leisten auch einen wichtigen Beitrag für die Stärkung der Finanzsituation der Kommunen. Natürlich ist der Rückkauf oder aber die Neugründung kommunaler Unternehmen mit großen Kosten für die Kommunen verbunden. Diese können sich allerdings relativ schnell amortisieren, wie viele Stadtwerke mit ihren kontinuierlichen Gewinnabführungen an den Kommunalhaushalt zeigen. Die Stadtwerke München zahlen durch ihre Gewinnabführung, die Konzessionsabgabe und die Gewerbesteuer jährlich insgesamt rund eine Viertelmilliarde Euro an die Stadtkasse. Diese Einnahmen kommen der gesamten Stadtbevölkerung zu gute.

Kommunale Unternehmen sind zudem ein wichtiger Arbeitgeber mit tariflich und fair bezahlten sozialversicherungspflichtigen Stellen. Zugleich sind kommunale Unternehmen bedeutende Auftraggeber für das lokale und regionale Handwerk und viele Klein- und mittelständische

Unternehmen. Somit stärken kommunale Unternehmen den lokalen Arbeitsmarkt, was auch zur Erhöhung der Kaufkraft vor Ort führt, und leisten einen wichtigen Beitrag zur lokalen Wertschöpfung.

EU – Bremser der Rekommunalisierung?

Die EU verfolgt seit den 1990er Jahren eine Politik, kommunale Daseinsvorsorgeleistungen in den Wettbewerb zu stellen. Dienstleistungen von allgemeinem wirtschaftlichen Interesse unterliegen dabei einem besonderen Augenmerk der EU. Immer wieder wird versucht, die öffentliche wirtschaftliche Tätigkeit in Frage zu stellen oder einzuschränken. Daran hat sich auch nach dem Vertrag von Lissabon, der erstmals das Recht auf kommunale Selbstverwaltung und das Subsidiaritätsprinzip auf EU-Ebene im Jahr 2008 festgeschrieben hat, nichts Wesentliches geändert. Immer wieder wird insbesondere auf Initiative der Europäischen Kommission das europäische Wettbewerbs- und Beihilfe- sowie das Vergaberecht verändert, um ein liberales Binnenmarktrecht zu etablieren. Damit greift die EU in die nationale Souveränität ein. Beispiel dafür sind die Vorschläge der EU-Kommission vom Dezember 2011 zur Modernisierung des Vergaberechts und zur Einführung eines Konzessionsvergaberechts. Letzteres wird vom Deutschen Städtetag gemeinsam mit den anderen kommunalen Spitzenverbänden und dem Verband kommunaler Unternehmen sowie vom Bundesrat abgelehnt. Auch hier ignoriert die EU-Kommission zum wiederholten Male den Lissabon Vertrag, der explizit für Dienste von allgemeinem wirtschaftlichen Interesse den nationalen, regionalen und lokalen Behörden einen weiten Ermessensspielraum in der Frage zubilligt, wie diese Dienste im Interesse der Nutzer erbracht, in Auftrag gegeben und organisiert werden.

Die hohe Qualität der Daseinsvorsorge in Deutschland, die durch die Kommunen und kommunalen Unternehmen erhalten und immer weiter verbessert wird, ist zu einem europäischen Standortvorteil geworden. Deshalb werden wir weiterhin gegen alle Eingriffe der EU in das deutsche Recht, bei denen es kein Erfordernis zur einheitlichen Rechtsgestaltung auf europäischer Ebene gibt, mit aller Kraft vorgehen und dabei den Schulterschluss mit den Kolleginnen und Kollegen der anderen EU-Mitgliedsstaaten suchen.

In einem Handlungsfeld gibt es EU-rechtliche Vorgaben, welche der Rekommunalisierung im Bereich der Daseinsvorsorge nicht entgegenstehen, sondern diese vielleicht sogar befördern. Inhouse-Vergaben sind nach der Rechtsprechung des Europäischen Gerichtshofes (EuGH) nur dann zulässig, wenn die Kommune über ein Unternehmen denselben Einfluss ausüben kann wie über ihre eigene Dienststelle. Der EuGH hat hierfür konkrete Kriterien für die Ausgestaltung der Organisationsform des Unternehmens aufgestellt. Zwingend notwendig für die Inhouse-Fähigkeit eines Unternehmens ist das Fehlen eines privaten Anteilseigners. Um vergaberechtliche Probleme zu vermeiden und eine hohe Qualität öffentlicher Dienstleistungen zu garantieren, kann es deswegen sinnvoll sein, die Gesellschaftsanteile an einem kommunalen Unternehmen zu 100% auf eine bzw. bei Kooperationen auf mehrere Kommunen zu vereinen. Allerdings sind die in Frage kommenden Formen entsprechend der Rechtsprechung des EuGH in jedem Einzelfall auf ihre Vergaberechtsfreiheit zu überprüfen.

Unabhängig hiervon beschränken die Vorgaben der EU zur Inhouse-Vergabe und zur interkommunalen Kooperation die kommunalen Handlungserfordernisse in unangemessener Weise und nehmen keine Rücksicht auf die unterschiedlichen kommunalen Strukturen in den Bundesländern. Zudem negiert die EU die z.T. auch gesetzlich vorgeschriebenen vielfältigen kommunalen Kooperationsformen und auch die Kooperationen mit privaten Dritten. Daher müssen diese Vorgaben im Zusammenhang mit der Modernisierung des EU-Vergaberechts dringend verbessert werden, um flexible, im Interesse der Bürgerinnen und Bürger liegende Lösungen für die Aufgabenerledigung der Kommunen zu erreichen.

Fazit

Die seit Jahrzehnten gewachsene Tradition, Aufgaben der Daseinsvorsorge in eigener Verantwortung durch die Kommunen oder durch kommunale Unternehmen zu erbringen, hat sich auch in schwierigen wirtschaftlichen Zeiten bewährt. Die Kommunalwirtschaft sowie die Leistungserbringung durch die Kommunen haben ein hohes Ansehen in der Bevölkerung und genießen großes Vertrauen. Kommunen und Kommunalwirtschaft sichern die Zukunftsfähigkeit unseres Landes durch eine leistungsfähige Infrastruktur und hochwertige Dienstleistungen.

Renate Sternatz
Stärkung der kommunalen Selbstverwaltung

Die kommunale Selbstverwaltung – das Recht der Kommunen, alle Angelegenheiten der örtlichen Gemeinschaft in eigener Verantwortung zu regeln – ist nach Art. 28 Abs. 2 GG verfassungsrechtlich gesichert. Damit obliegt den Bürgerinnen und Bürgern bzw. den von ihnen gewählten Politikern und Politikerinnen die Entscheidung über Aufgaben der Daseinsvorsorge sowie Art und Umfang wichtiger Dienstleistungen und Güter im kommunalen Kontext.

Triebkräfte der Privatisierung

Private Unternehmen haben ein ausgeprägtes Interesse, sich an öffentlichen Unternehmen bzw. Aufgaben zu beteiligen oder sie zu übernehmen, weil sie gewinnträchtig sind (z.B. Ver- und Entsorgung, Krankenhäuser). Auch eine aktuelle politische Schwerpunktsetzung, die öffentlich besonders finanziell gefördert wird, reizt Private immer wieder, sich stärker in die bisherige öffentliche Aufgabenerbringung einzumischen. Derzeit kann dies im Bereich der Bildung deutlich beobachtet werden, wo der Anteil privater Grundschulen und Gymnasien stetig zunimmt. Mit der politischen Entscheidung zum Ausbau der Betreuungsangebote für unter Dreijährige steigt auch der Anteil privater Kinderbetreuungseinrichtungen. Der Immobilienbericht der Bundesregierung macht zudem deutlich, dass die Privatisierungsfolgen den Wohnungsmarkt umfassend verändert haben. In den Jahren 1999 bis 2011 wurden 917.000 Wohnungen an private Unternehmen verkauft. Dies hat zur Folge, dass Wohnraum immer knapper und teurer wird.

Darüber hinaus werden Privatisierungsmodelle wie Public-Private-Partnership auf diese Maßnahmen gezielt »zugeschnitten« – so wird eben nicht nur der Bau, die Finanzierung und Betreibung von Einrichtungen angeboten, sondern gleich die Übernahme des Bildungsauftrags – dies ist eine neue, bisher ungeahnte Dimension der Privatisierung.

Private wollen von öffentlichen Zahlungen profitieren, die durch einen regelmäßigen und verlässlichen Geldfluss im Vergleich zu ihren sonstigen wirtschaftlichen Aktivitäten nur sehr wenig risikobehaftet sind (z.B. Betreuungs- und Pflegeaufgaben, Gebäudemanagement von Schulen). Diesen privatwirtschaftlichen Kalkülen wurde mit der neoliberalen Ideologie »Privat vor Staat« politisch Rechnung getragen. Neben diesem Postulat wurden durch die Steuersenkungspolitik der letzten Jahre die Kommunen sukzessive finanziell ausgetrocknet und der Druck zu weiteren Privatisierungen aufrechterhalten. Die Einnahmeverluste durch Steuerrechtsänderungen seit dem Jahr 2000 summieren sich allein für die Kommunen auf fast 44 Mrd. Euro. Steuerausfälle durch die seit 1998 nicht mehr erhobene Vermögensteuer sind dabei nicht einmal eingerechnet.

Die sozialen Folgen der Privatisierung

Die Folgen dieser finanziellen Schieflage werden auch durch den Rückgang des Anteils der öffentlichen Beschäftigung an der Gesamtbeschäftigung von rd. 18% im Jahr 1998 auf unter 15% im Jahr 2009 illustriert. Damit ist der öffentliche Beschäftigungsanteil in Deutschland mittlerweile kleiner als in den USA und Großbritannien (Abbildung 1). Insgesamt ist die Staatsquote, d.h. der Anteil der Staatsausgaben am Bruttoinlandsprodukt, im Jahr 2011 auf 45,7% gesunken. Peter Bofinger hat die zurückliegenden Jahre treffend als »Jahrzehnt der Entstaatlichung« bezeichnet. Doch nur Reiche können sich einen schwachen Staat leisten, der sich auf ganz wenige Aufgaben zurückzieht und nahezu alles dem Spiel des Marktes überlässt. Die Rolle des Staates auf eine Lückenbüßerfunktion zu reduzieren, wobei der Staat in Krisenzeiten mit Milliarden Steuergeldern für Banken und Unternehmen einspringt, reicht nicht aus. Darüber hinaus geht es mitnichten um den öfter politisch formulierten Zweck, durch Privatisierungen den Mittelstand zu fördern. In den allerwenigsten Fällen treten die Kommunen in Konkurrenz zu kleinen Handwerksbetrieben. Vielmehr sind sie in Bereichen aktiv, in denen sich hauptsächlich große Konzerne tummeln: Krankenhäuser, Energieversorger, Altenpflegeheime etc. So profitieren die Großen zu Lasten der Kommunen und der Öffentlichkeit.

Inzwischen ist allen bekannt, dass Private in der Regel ein größeres Interesse an Krankenhäusern mit lukrativer Spezialversorgung wie

Abbildung 1: Anteil der öffentlichen Beschäftigung an der Gesamtbeschäftigung

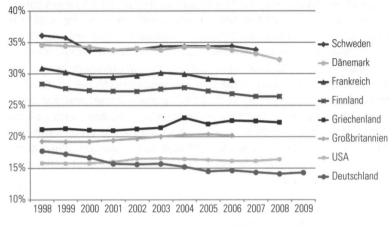

Quelle: ILO

z.B. Herzkliniken haben als an Allgemeinkrankenhäusern. Im Bereich der Grünpflege hat sich erwiesen, dass Private an Aufgaben interessiert sind, für die keine Spezialkenntnisse, keine Spezialgeräte und ein überschaubarer Grünpflegeaufwand notwendig sind. Beide Beispiele machen deutlich, dass die Privaten, je nach Dienstleistungsbereich, sich entsprechend dem eigenen Portfolio und der Refinanzierungsquote für die Aufgabenwahrnehmung entscheiden. Im Fall der Herzkliniken ist es »Rosinenpickerei« und bei der Grünpflege verbleibt eine ungünstige Flächen- und Kostenstruktur bei den Kommunen. Beides ist durch politische Steuerung auszuschließen.

Steigende Preise und Qualitätsmängel, Verschlechterung der Arbeitsbedingungen der Beschäftigten und hohe Transaktionskosten durch zusätzliche Vertragsgestaltung und Ausschreibungsprocedere sowie der Aufbau eines Controllingsystems für die privatisierten Dienstleistungen und Aufgaben kennzeichnen im Wesentlichen die Folgen der Privatisierungen. Nur in wenigen Bereichen der Energie- und Gesundheitsversorgung ist es gelungen, die Arbeitsbedingungen der betroffenen Beschäftigten zu sichern und darüber hinaus auch zu verbessern.

»Arm trotz Arbeit« ist in vielen Fällen die Privatisierungsfolge für die betroffenen Beschäftigten. In betrieblichen und regionalen Diskussionsprozessen zur Rekommunalisierung wurde deutlich, dass gerade in privatisierten Aufgabenfeldern der Abfallentsorgung, kommunalen

Stärkung der kommunalen Selbstverwaltung

Gebäudereinigung und der Grünpflege die Beschäftigten mit ihrem Einkommen kaum über die Runden kommen. In vielen Fällen erfolgt die Zahlung zusätzlicher staatlicher Transferleistungen zur Finanzierung des Lebensunterhalts. Mit dem Privatisierungsboom waren Tarifflucht sowie der Ausbau von Niedriglöhnen und Leiharbeit verbunden. Im Jahr 2007 wurden alleine 500 Millionen Euro für aufstockende soziale Leistungen für Arbeitnehmerinnen und Arbeitnehmer im Niedriglohnsektor gezahlt.

Für Unternehmen und Teile des öffentlichen Sektors sind prekäre Beschäftigungsverhältnisse längst ein Schlüsselinstrument zur Kostensenkung und Schwächung gewerkschaftlicher Durchsetzungskraft – und damit den Umbau der Gesellschaft geworden. Die Verlierer einer solchen ruinösen neoliberalen Politik sind die Bürgerinnen und Bürger sowie die Arbeitnehmerinnen und Arbeitnehmer.

Damit ist klar: Es ist ein aktiver Sozialstaat notwendig, der dem Markt Grenzen setzt, eindeutige Regeln für Wettbewerb und Arbeitsbedingungen formuliert, der zur Aufgabenwahrnehmung für die öffentlichen Dienstleistungen ausreichend finanziell ausgestattet ist und die Interessen der Menschen vertritt.

Zeit zum Umdenken: Rekommunalisierung

Aus ökonomischer, sozialer und demokratischer Perspektive ist deshalb Umdenken gefragt! Die Tendenzen zur Rekommunalisierung halten an und dies aus guten Gründen: Lange Zeit war die wirtschaftliche Betätigung der Kommunen verpönt. Sie ist jedoch ein wesentliches Element zur Realisierung der kommunalen Daseinsvorsorge und ist damit eine tragende Säule der kommunalen Selbstverwaltung. Öffentliche Dienstleistungen schaffen die Basis der Gemeinwohlorientierung, und sie wirken sich direkt auf die Lebensqualität der Bürgerinnen und Bürger in den Kommunen aus. Notwendig ist, dass Kommunen über ihre wirtschaftliche Betätigung selbst handeln und darüber hinaus auch Einnahmen für den kommunalen Haushalt erzielen können. Durch öffentliche, qualitativ hochwertige Dienstleistungen und Angebote können eben auch finanzielle Spielräume geschaffen werden – dies haben die Kommunen erkannt und inzwischen in vielfältigen Maßnahmen, wie der Rekommunalisierung von Reinigungsdiensten, der Grünpflege oder von Bauhofleistungen realisiert.

Die Effekte von Rekommunalisierungen sind vielfältig: Neben der Generierung von Einnahmen kann politischer Gestaltungsspielraum (z.B. Qualität, Leistungstiefe, Öffnungs- und Erreichbarkeitszeiten) und Steuerungsspielraum (z.B. ökologische Energiewende) zurück gewonnen, hohe Transaktionskosten (z.B. Ausschreibungen, Vertragsmanagement) und weitere staatliche Unterstützungsleistungen für so genannte Aufstocker reduziert werden. Zudem wird der Zielkonflikt zwischen privater Gewinnmaximierung und Gemeinwohlorientierung zu Gunsten der Allgemeinheit gelöst. Die politische Gestaltung des Öffentlichen, der öffentliche Dienst als Garant für einen gleichberechtigten, diskriminierungsfreien und kostengünstigen Zugang zu Leistungen der öffentlichen Daseinsvorsorge wird zurückerobert.

Betont werden muss in diesem Zusammenhang, dass für einige Kommunen die Verbesserung der Arbeitsbedingungen und damit die Reduzierung von staatlichen Transferleistungen für die rekommunalisierten Beschäftigten ebenso ein gewichtiges Argument war.

Auch rechtlich ist inzwischen einiges geklärt: Der Bundesgerichtshof hat in seinem Urteil vom 29. September 2009 (Az.: EnZR 14/08 und 15/08) den Stadtwerken Aufwind für die Rekommunalisierung der Energieversorgung gegeben. Auch hat der Europäische Gerichtshof in seiner Entscheidung vom 9. Juni 2009 (Az: C-480/06) die Interkommunale Zusammenarbeit gestärkt. Damit wurde die vergaberechtsfreie Inhouse-Vergabe bestätigt, sobald sich die Aufgabenwahrnehmung zu 100% in öffentlich-rechtlicher Trägerschaft und Rechtsform befindet. Auch diese Entscheidungen haben die Kommunen auf den Weg zur Rekommunalisierung gebracht, lassen sich doch dadurch umfangreiche Verfahren der öffentlichen Auftragsvergabe reduzieren.

Die Diskussion innerhalb von ver.di

Auch in ver.di ist die Diskussion um Rekommunalisierungen nicht unumstritten. Gerade im Bereich der Energieversorgung gibt es deutliche Bedenken. »Bestrebungen zur Rekommunalisierung der Aufgaben der Energieversorgung werden von ver.di nicht bedingungslos unterstützt oder mitgetragen. Es muss vielmehr im Einzelfall sichergestellt werden, dass die Zurückführung einzelner Aufgaben der öffentlichen Daseinsvorsorge in Eigenbetriebe, Zweckverbände oder privatrechtlich organisierte Betriebe der öffentlichen Hand auch tatsächlich den

Stärkung der kommunalen Selbstverwaltung

Anforderungen nachhaltigen Wirtschaftens entspricht. Dazu gehören insbesondere die Lohn- und Arbeitsbedingungen der in den in Rede stehenden Bereichen Beschäftigten, die Anzahl der Arbeitsplätze und die Sicherung der Ausbildungskapazitäten. Auch dürfen Kommunen die wirtschaftliche Zukunftsfähigkeit bestehender Betriebe, die sich bewährt haben, nicht aus den Augen verlieren.«[1]

ver.di und zahlreichen Personalräten ist es in verschiedenen Kommunen gelungen, privatisierte Aufgaben zurückzuholen und in Eigenregie zu erledigen. Bewährt hat sich eine projektmäßige Vorgehensweise, in der die Schritte und Rahmenbedingungen konkret vereinbart werden. Positive Erfahrungen wurden beispielsweise bei der Rekommunalisierung der Reinigung (Fürth, Nienburg), der Grünpflege (Nürnberg), der Schwimmhalle (Schwerin), von Bauhofleistungen (Kornwestheim) sowie der Prüfstatik (Hannover) gemacht. Wir empfehlen daher, Rekommunalisierungen anzuschieben und lokale Bündnisse für die öffentliche Aufgabenwahrnehmung zu schließen. Rekommunalisierungen, die auf eine weitere Verschlechterung der Arbeitsbedingungen bauen, lehnen wir jedoch ab – dies ist zu Beginn des politisch notwendigen Diskussionsprozesses deutlich zu machen.

---

[1] Auszug aus der Position der ver.di Bundesfachgruppe Energie und Bergbau vom 3.2.2010.

Rekommunalisierung in der Praxis

*Wasserversorgung – »eine ureigene kommunale Aufgabe«
(Roland Schäfer)*

Roland Schäfer
Stadtwerke und Eigenbetriebe – das Beispiel Bergkamen

Daseinsvorsorge privat oder kommunal?

Bereits seit der ersten Hälfte des 19. Jahrhunderts versorgen die Mehrzahl der Städte und Gemeinden in Deutschland ihre Bürgerinnen und Bürger mit Wasser, Gas und Strom. Nicht viel später kamen Abwasser- und Abfallentsorgung sowie weitere Dienstleistungen hinzu. Der Grund für das kommunale Engagement war im Zuge der Industrialisierung die wachsende Nachfrage der Bevölkerung und der Wirtschaft nach diesen Gütern und Dienstleistungen. Ausgangspunkt war der Gedanke der Sicherstellung von Volksgesundheit und Seuchenbekämpfung sowie der Förderung von wirtschaftlichem und sozialem Fortschritt einerseits und andererseits das fehlende bzw. äußerst mangelhafte Angebot durch Privatunternehmen.

In den Jahrzehnten des Bestehens der Bundesrepublik entwickelte sich allerdings eine Tendenz, immer mehr Leistungen der Daseinsvorsorge auf Private zu übertragen, getreu dem neoliberalen Motto »Privat vor Staat«. Dahinter stand die weit verbreitete Auffassung, private Unternehmer seien letztlich leistungsfähiger und effizienter, als es eine Behörde je sein könne. In den Kommunen der neuen Bundesländer wurden nach der Wiedervereinigung vielfach unter Verzicht auf den Aufbau eigener kommunaler Betriebe und Einrichtungen die Leistungen sofort an Privatunternehmen vergeben.

Erst in den letzten Jahren scheint sich diese Entwicklung umzukehren. Kommunale Unternehmen werden neu gegründet bzw. weiten ihre Wirtschaftstätigkeit aus und erschließen neue Geschäftsfelder, ehemals privatisierte Leistungen, etwa im Bereich der Abfallentsorgung, werden rekommunalisiert. Aber auch im Bereich der leitungsgebundenen Versorgung mit Strom, Gas und Wasser ist eine Veränderung in der Weise zu beobachten, dass immer mehr Kommunen wieder die Netze übernehmen, Unternehmen zurückkaufen, neue gründen oder zumindest sehr ernsthaft über eine Kommunalisierung nachdenken. Seit 2007 gibt es laut dem Verband Kommunaler Unternehmen (VKU) mehr als 60 Stadtwerke-Neugründungen. Zudem wurden von kommunalen Unternehmen über 150 Netzkonzessionen gewonnen.

Ursachen der aktuellen Entwicklung

Was sind die Gründe für diese Trendwende? Zum Teil hat in den Rathäusern und in der Öffentlichkeit die Erkenntnis zugenommen, dass »privat« nicht automatisch »besser und billiger« bedeutet und dass eine kommunale Eigenerledigung wirtschaftlich effizient durchgeführt werden kann und eine Reihe weiterer Vorteile für die Bürgerschaft mit sich bringt. Beispiele fehlgeschlagener Public-Private-Partnership-Vorhaben und negative Erfahrungen mit Privatisierungen in der Daseinsvorsorge haben ebenfalls zu einem Umdenken geführt. Viele kommunale Verantwortungsträger sind ferner inzwischen überzeugt, dass es nicht sein kann, dass sich die Privatunternehmen nach der Methode des Rosinenpickens die lukrativen Geschäftsfelder sichern und den Kommunen allein die defizitären Bereiche überlassen.

Eine letzte Ursache war ab dem Jahr 2008 sicher auch die weltweite Finanz- und Bankenkrise, die das eklatante Versagen von Topmanagern privater Unternehmen und das Versagen der Selbstregulierungskräfte des Marktes und des Wettbewerbs offen gelegt hat. Zeitlich noch vor dem bundesweiten Trend wurde in Bergkamen das Thema »Rekommunalisierung« – oder exakter »Kommunalisierung« – aufgegriffen und erfolgreich umgesetzt.

Die Ausgangslage in Bergkamen

Die Stadt Bergkamen ist ein Mittelzentrum mit rund 51.000 Einwohnern im Kreis Unna in Nordrhein-Westfalen. Sie ist 1965 entstanden durch den Zusammenschluss von sechs bis dahin selbständigen Kleingemeinden. Die Stadtrechte wurden ihr 1966 verliehen. Bergkamen ist also eine sehr junge Stadt. Dies erklärt auch den Zustand der Erbringung der wesentlichen Aufgaben der Daseinsvorsorge. Bis einschließlich 1994 wurden fast alle Tätigkeiten von beauftragten Privatunternehmen erledigt.

Lediglich die Abwasserentsorgung war öffentlich-rechtlich als ein unselbständiges Sachgebiet im städtischen Tiefbauamt organisiert.

1997 wurde der Abwasserbereich in eine eigenbetriebsähnliche Einrichtung »Stadtbetrieb Entwässerung Bergkamen – SEB« umgewandelt. Die Versorgung mit Strom und mit Erdgas wurde von der VEW AG – später aufgegangen in der RWE AG – durchgeführt. Die Fernwärmeversorgung im Bergkamener Stadtzentrum erfolgte durch die FN Fernwärme Niederrhein GmbH. Mit der Abfallentsorgung und der Straßenreinigung war die Firma Rethmann – die spätere Remondis AG & Co. KG – beauftragt. Um die Trinkwasserversorgung kümmerte sich die Gelsenwasser AG.

Bergkamen hatte weder Stadtwerke noch Eigenbetriebe. Es bestand lediglich eine geringe gesellschaftliche Beteiligung an drei kreisweiten interkommunalen Gesellschaften in GmbH-Form für den öffentlichen Personennahverkehr, für sozialen Wohnungsbau und für Wirtschaftsförderung. Erfahrungen in der Gründung und Führung kommunaler Gesellschaften existierten also in Bergkamen nicht.

Dies änderte sich ab 1995. Heute wird nach erfolgreicher Kommunalisierung in Bergkamen die Versorgung mit Strom, Gas, Fernwärme und Wasser durch die neu gegründeten interkommunalen »Gemeinschaftsstadtwerke Kamen-Bönen-Bergkamen – GSW« und die Straßenreinigung und Abfallentsorgung durch den ebenfalls neu gegründeten städtischen Eigenbetrieb »EntsorgungsBetriebBergkamen – EBB« erledigt.

Stromversorgung als Beginn der Kommunalisierung

Die Überlegungen, die letztlich zu einer vollständigen Kommunalisierung sowohl der Versorgungs- als auch der Entsorgungsfunktionen führten, begannen Ende 1989 mit der Frage, wie zukünftig die Stromversorgung in der Stadt erfolgen könnte. Dabei stand zu Anfang keineswegs die Gründung von kommunalen Stadtwerken als Ziel fest.

Der letzte Stromkonzessionsvertrag mit der VEW AG stammte aus dem Jahr 1974, mit einer ursprünglichen Laufzeit bis 2004. Durch die 4. Kartellgesetznovelle vom 26.4.1980 wurde die Laufzeit auf maximal 20 Jahre begrenzt, d.h. Vertragsende war am 31.12.1994.

Nachdem im August 1989 in einem Presseartikel Überlegungen der Stadt erwähnt wurden, hinsichtlich der Stromversorgung ab 1995 entweder den Konzessionsvertrag mit VEW zu verlängern oder vielleicht als Alternative die Gründung eigener Stadtwerke zu prüfen, kam als

Stadtwerke und Eigenbetriebe – das Beispiel Bergkamen

sofortige Reaktion von VEW das Angebot, vorzeitig einen neuen Konzessionsvertrag abzuschließen unter Zahlung der höchstmöglichen Konzessionsabgabe. Da in dem bisherigen Vertrag eine geringere Abgabe vereinbart war, bedeutete dieses Angebot eine garantierte jährliche Mehreinnahme von knapp einer Million DM für den städtischen Haushalt. Eine durchaus verlockende Aussicht. Die Stadt lehnte dennoch dankend ab, mit dem Hinweis, man wolle sich zunächst etwas kundiger über die Alternativen machen.

Der Weg zur kommunalen Stromversorgung

Im März 1990 erteilte der Rat der Stadt der Firma »Gertec, Gesellschaft für Energie- und Rohstofftechnik mbH« aus Essen den Auftrag zur Erstellung eines umfassenden Energieversorgungskonzepts – einschließlich der pauschalen Bewertung einer möglichen Übernahme des Stromnetzes und der Gründung eigener Stadtwerke. In einem Zwischenbericht kam Gertec im Herbst 1991 zu dem Ergebnis, dass eine eigene kommunale Stromverteilung grundsätzlich dauerhaft wirtschaftlich möglich sei.

Anfang 1992 einigten sich VEW und Stadt auf einen gemeinsamen Gutachter zur Bewertung des Stromnetzes, der im August 1993 einen ersten Entwurf eines Sachzeitwertgutachtens – in den Details durchaus umstritten – vorlegte. Anfang 1994 erfolgte eine überarbeitete Netzbewertung. Parallel beauftragte die Stadt 1993 die Firma »EversheimStuible Treuberater GmbH« aus Düsseldorf mit einer Wirtschaftlichkeitsprüfung und Erfolgsvorschaurechnung.

Aufgrund einer positiven Wirtschaftlichkeitsprognose beauftragte der Rat der Stadt im März 1994 die Stadtverwaltung, Kaufpreisverhandlungen mit VEW aufzunehmen, offene Fragen – Entflechtungs- und Einbindungskosten, Bewertung von Baukostenzuschüssen u.a. – zu klären und ein Organisations- und Finanzierungskonzept für ein kommunal bestimmtes Versorgungsunternehmen zu erarbeiten. Bis Ende 1994 folgten intensive Gespräche mit VEW, Nachbarkommunen und Nachbarstadtwerken über mögliche Organisationsformen, wobei sich die Stadt weiterhin gutachterlich begleiten ließ.

Diskutierte Organisationsalternativen waren
1. eine Kooperation Bergkamen/VEW – nach heutigem Sprachgebrauch also eine Public-Private-Partnership-Gesellschaft –, mit

einer möglichen Einbeziehung von Erdgasversorgung, Stadtreinigung, Abfall- und Abwasserentsorgung,
2. eine eigenständige Bergkamen-Lösung, mit vorübergehender kaufmännisch-technischer Betriebsführung durch ein benachbartes Stadtwerk sowie
3. eine interkommunale Kooperation mit den Nachbarstädten Kamen und Bönen.

VEW zeigte sich an einer gemeinsamen Gesellschaft nicht interessiert, möglicherweise aufgrund der Spekulation, die Stadt werde keine Alternativlösung finden und dann nach Ablauf der Konzessionszeit doch um eine Verlängerung bitten.

Eine Gesellschaftsgründung nur von und für Bergkamen mit beauftragter Betriebsführung durch ein Nachbarstadtwerk wäre umsetzbar gewesen, hätte allerdings nach der Erfolgsvorschau in den ersten ca. acht Jahren mit Verlustvortrag arbeiten müssen. Kein sehr überzeugender Vorschlag für Kommunalpolitik und Öffentlichkeit.

So blieb letztlich noch die dritte Alternative. Die kleinere Nachbargemeinde Bönen war ebenso wie Bergkamen durch VEW privat versorgt. Dies war auch so in der in etwa gleich großen Nachbarstadt Kamen in deren äußeren Ortsteilen. In der Kernstadt von Kamen gab es dagegen ein eigenes kleines kommunales Stadtwerk für Gas (seit 1865), Wasser (seit 1888), Strom (seit 1921) und Bäder (seit 1975). Seit 1989 waren die »Stadtwerke Kamen – SWK« als GmbH organisiert.

Gründung interkommunaler Stadtwerke

Im Dezember 1994 fasste der Rat der Stadt Bergkamen einstimmig den Beschluss für die Gründung einer interkommunalen GmbH, verbunden mit den erforderlichen Beschlüssen über Gesellschafts-, Konsortial- und Konzessionsvertrag. Gleichlautende Beschlüsse erfolgten zeitgleich in den Räten von Kamen und Bönen.

Die Konzeption der neuen interkommunalen Gesellschaft sah die Umbenennung der »SWK – Stadtwerke Kamen GmbH« in die »GSW – Gemeinschaftsstadtwerke Kamen-Bönen-Bergkamen GmbH« vor, mit Gesellschaftsanteilen für Kamen in Höhe von 42%, Bergkamen 42% und Bönen 16%.

Während Kamen den Bestand und das Vermögen der bisherigen Kamener Stadtwerke in die neue Gesellschaft einbrachte, leistete Bergkamen eine Bareinlage für Stammkapital und Rücklage von 15 Mio. DM und die Gemeinde Bönen von 5 Mio. DM. Bergkamen brachte die Summe durch Kreditaufnahme auf. Ein bestehendes Haushaltsdefizit und Haushaltskonsolidierungskonzept waren keine Hindernisse, da die Aufsichtsbehörde überzeugt werden konnte, dass es sich um eine rentierliche Kreditaufnahme handelte. Zum 1. Januar 1995 nahmen die GSW ihre operative Tätigkeit auf.

Entwicklung der Stadtwerke: Freizeiteinrichtungen, Strom, Gas, Fernwärme

Da die Frei- und Hallenbäder der Stadt Kamen bereits 1975 auf die Kamener Stadtwerke übertragen worden waren, brachten Bergkamen und Bönen mit der Gründung ihre jeweiligen Freizeiteinrichtungen ebenfalls in die GSW ein. Im Fall von Bergkamen waren dies ein Hallenbad, ein Frei- und Wellenbad sowie eine Eissporthalle. Der technisch-wirtschaftliche Verbund ist von der Finanzverwaltung anerkannt. Neben dem Eigentumsübergang wurden in Bergkamen auch 14 bislang städtische Mitarbeiterinnen und Mitarbeiter aus dem Bäderbereich einvernehmlich von den GSW übernommen.

Die Verhandlungen mit VEW zur Stromnetzübernahme zogen sich hin. Mitte 1996 zahlte die GSW dann einen – aus kommunaler Sicht überhöhten – Kaufpreis und übernahm Stromnetz und Straßenbeleuchtungseinrichtungen im Geschäftsgebiet und damit auch die Stromversorgung im gesamten Geschäftsgebiet.

Die Höhe des Kaufpreises wurde streitig gestellt. Noch bevor es zu einem Urteilsspruch kam, bot RWE als Rechtsnachfolger eine außergerichtliche Einigung an, die von GSW akzeptiert wurde. Letztlich haben wir dadurch das Stromnetz zu einem ausgesprochen auskömmlichen Preis erhalten.

Nach Auslaufen des Gas-Konzessionsvertrages wurden die Gasnetze 1999 gekauft und die Erdgasversorgung übernommen.

2003 erfolgten der Kauf der Fernwärmeleitungen und die Übernahme der Fernwärmeversorgung in Bergkamen-Mitte.

Neue Geschäftsfelder der Stadtwerke

Ein neues Geschäftsfeld wurde 1999 mit dem Einstieg in den Markt der Telefon- und Internetdienstleistungen eröffnet. Die GSW gründeten zusammen mit fünf anderen Stadtwerken die »HeliNET GmbH« als Netz- und Dienstebetreiber und zugleich eine 100%-Tochterfirma »GSWcom GmbH« als eigene Front-Office-Gesellschaft für den Telekommunikationsbereich.

Die Beteiligung am organisierten Energieeinkauf und -handel erfolgte 1998 durch die Mitgründung der »ehw Energiehandelsgesellschaft West mbH« mit acht anderen Stadtwerken. 2007 wurden die GSW unmittelbarer Mitgesellschafter der »Trianel European Energy Trading GmbH«. Die GSW hat sich direkt beteiligt am Trianel GuD-Kraftwerk Hamm mit 18 MW, dem Trianel Erdgasspeicher Epe sowie an dem Projekt Trianel Power Windpark Borkum mit 5 MW.

Um einen Einstieg in den Internetvertrieb – preiswerter, aber mit weniger Service – zu bekommen, erfolgte 2010 die Beteiligung an der »Stadtwerke Energie Verbund SEV GmbH« zusammen mit sechs anderen Stadtwerken als Internet-Direktvertrieb »Kleiner Racker« für Strom und Gas unter www.kleinerracker.de.

Zur Stärkung des eigenen Energieerzeugungsbereichs – abgesehen von den bestehenden fünf BHKWs und den o.g. Trianel-Projekten – erwarben die GSW im Jahr 2011 zwei Windparks in Süddeutschland mit fünf Windrädern und 10,6 MW Leistung.

Wasserversorgung

Etwas schwieriger als die Übernahme von Erdgas und Fernwärme gestaltete sich die Kommunalisierung der Wasserversorgung.

Seit Beginn der öffentlichen Wasserversorgung im Jahr 1906, also seit über 100 Jahren, wurde die Versorgung im Gebiet der heutigen Stadt Bergkamen von Gelsenwasser durchgeführt, damals als »Aktiengesellschaft Wasserwerk für das nördliche westfälische Kohlenrevier«. 2004 umfasste die Wasserversorgung in Bergkamen 212 km Wassernetzrohre, 11.300 Abnahmestellen und ca. 3,6 Mio. Kubikmeter Wasserabgabe jährlich.

1978 war letztmalig die Konzessionsvergabe an Gelsenwasser bis Ende 2008 erfolgt, mit einer zweijährigen Kündigungsfrist. Dies war

Stadtwerke und Eigenbetriebe – das Beispiel Bergkamen

ebenso in Bönen der Fall. In den beiden von Gelsenwasser versorgten Ortsteilen von Kamen lief der Konzessionsvertrag bis Ende 2010. Die Gelsenwasser AG hat sich in der gesamten Zeit als zuverlässiger und kompetenter Partner erwiesen und sich zugleich auch als kommunalfreundlicher Sponsor in der Region einen Namen gemacht.

Bei der Gründung der interkommunalen »Gemeinschaftsstadtwerke Kamen-Bönen-Bergkamen – GSW« war aber schon 1994 durch die drei Kommunen gemeinschaftlich festgelegt worden, auch die Wasserversorgung im gesamten Gesellschaftsgebiet als kommunale Aufgabe durch die GSW wahrnehmen zu lassen. Vorausgesetzt, die Netz- und Versorgungsübernahme ließe sich dauerhaft wirtschaftlich darstellen.

Schritte zur Kommunalisierung der Wasserversorgung

2004 begann die gemeinsam beauftragte Bewertung des Wassernetzes hinsichtlich Sachzeitwert und Kaufpreis durch EversheimStuible Treuberater. Parallel wurde durch die drei Kommunen über die GSW ein Wirtschaftlichkeitsgutachten durch Infoplan in Auftrag gegeben. Eine juristische Beratung erfolgte im Wesentlichen durch die Kanzlei Becker & Büttner & Held.

Nach einer einvernehmlichen Kürzung der Kündigungsfrist auf sechs Monate beschlossen dann die drei kommunalen Räte im Juni 2008 fristgerecht die Kündigung des bestehenden Konzessionsvertrages zur Wasserversorgung zum Ende des Jahres bzw. im Falle der Stadt Kamen zum Ende 2010.

Im November 2008 lag das von der GSW beauftragte Wirtschaftlichkeitsgutachten vor. Die Erfolgsvorschaurechnung untersuchte verschiedene Alternativen, kam aber auch bei den etwas pessimistischeren Varianten zu einer nachhaltigen Wirtschaftlichkeit der Netzübernahme und Eigenerledigung. Dabei ging das Gutachten von der politisch gewollten klaren Vorgabe aus, dass die Übernahme der Wasserversorgung einerseits dauerhaft wirtschaftlich sein müsse und andererseits nicht zu einer Preissteigerung für die Kunden führen dürfe.

Nach intensiven internen Diskussionen wurde am 13. November 2008 im Rat von Bergkamen mit großer Mehrheit der Beschluss gefasst, die Konzession zur Wasserversorgung zum 1. Januar 2009 an die GSW zu vergeben. Zeitgleich wurden entsprechende Beschlüsse in Bönen und Kamen – für die dortigen Ortsteile zum 1. Januar 2011 – gefasst.

- Die Hauptgründe für Bergkamen, sich für die kommunale Übernahme der Wasserversorgung auszusprechen, waren: Wasserversorgung ist eine ureigene kommunale Aufgabe, die vielerorts den historischen Ausgangspunkt städtischer Daseinsvorsorge bildete.
- Bergkamen hat in den letzten 15 Jahren sehr gute Erfahrungen mit der Kommunalisierung von Aufgaben der Daseinsvorsorge gemacht.
- Die GSW haben – in einem Teilgebiet des Versorgungsgebiets – eine jahrzehntelange Erfahrung in der Wasserversorgung und Netzbetreuung.
- Die Zusammenfassung der verschiedenen Versorgungsbereiche von Strom, Gas, Fernwärme, Telekommunikation und Wasser in einem Unternehmen bringt zahlreiche Synergieeffekte mit sich.
- Für die Kunden gibt es einen einheitlichen Ansprechpartner, der auch in jeder Kommune mit einem Service-Center vertreten ist.
- Durch die Übernahme der Wasserversorgung mit ihrem Monopolcharakter ist eine stärkere Kundenbindung für alle Versorgungssparten zu erwarten.
- Für die Kunden besteht Zukunftssicherheit und Verlässlichkeit.

Naturgemäß reagierte Gelsenwasser auf die Entscheidungen der Kommunen nicht sehr erfreut. Sowohl der Kündigung im Juni als auch der Konzessionsvergabe im November 2008 war jeweils eine intensive Medienarbeit durch die Gelsenwasser AG vorausgegangen. Presseartikel, Leserbriefe und Demonstrationen von Gelsenwasser-Beschäftigten im und vor dem Ratssaal, direkte Briefe des Gelsenwasser-Vorstands an alle Ratsmitglieder, persönliche Besuche, E-Mails und Telefonate sollten die kommunalen Entscheidungsträger zu einem Verbleib bei Gelsenwasser bewegen. Letztlich ohne Erfolg.

Zum 1. Januar 2009 hatten die GSW-Stadtwerke zwar die Wasserkonzession, aber damit natürlich noch nicht das Wassernetz und die Wasserversorgung. Die Gespräche mit Gelsenwasser zogen sich noch einmal eineinhalb Jahre hin. Streitige Fragen waren u.a.:

- Wie bestimmt sich und wie hoch ist der Übernahmepreis des Wassernetzes?
- Wie sieht das Entflechtungs- und Einbindungskonzept zwischen den auch in Zukunft erforderlichen Durchleitungen, den Übergabestellen und dem eigentlichen Ortswassernetz aus? Wer trägt die Kosten?
- Ist die Wassernetzübernahme ein Fall eines Betriebsüberganges nach § 613a BGB, mit der Verpflichtung, das bisherige Personal zu übernehmen?

Stadtwerke und Eigenbetriebe – das Beispiel Bergkamen

- Wie erfolgt die Übergabe der Kundendaten und technischen Unterlagen?
- Was sind die Konditionen des künftigen Wasserbezugs, da Gelsenwasser auch in absehbarer Zukunft Vorlieferant des Trinkwassers sein wird?

Einigung von GSW und Gelsenwasser zur Wasserversorgung

Mitte 2010 konnte dann eine Einigung zwischen GSW und Gelsenwasser erzielt werden: Die Wassernetze von GSW (ca. 100 km) und Gelsenwasser (ca. 400 km) werden an eine neue gemeinsame Non-Profit-Gesellschaft verpachtet, die »GSW Wasser-plus GmbH«, die je zu 50% den beiden Gesellschaften gehört. Es gibt eine neue kaufmännische und technische Aufgabenteilung zwischen GSW und Gelsenwasser in der Form, dass GSW die Wasserversorgung aller Kunden (ca. 25.000) übernimmt und verantwortlich für alle Hausanschlussleitungen ist. Gelsenwasser ist Vorlieferant des Wassers und verantwortlich für das gesamte Rohrnetz (ca. 500 km). Gegenüber den Kunden hat Gelsenwasser eine reine »Back-office-Funktion« und tritt direkt nicht mehr in Erscheinung. Es gibt keine Veränderung der Wasserpreise für die Kunden. Sowohl Gelsenwasser als auch GSW konnten ihren bisherigen Personalstand erhalten.

Durch Wasserkauf und -verkauf, Pacht und Dienstleistungsverträge wird der Gewinnanteil aus der Wasserversorgung auf die GSW und Gelsenwasser verteilt.

Aus kommunaler Sicht war diese einvernehmliche Lösung attraktiv, da langwierige Gerichtsverfahren vermieden wurden und die für den Netzkauf bereitgestellten liquiden Mittel für andere Investitionen – u.a. für den Kauf von Windkraftanlagen – eingesetzt werden konnten. Der entscheidende Gesichtspunkt war, dass ab Oktober 2010 gegenüber den Kunden die GSW alleiniger Wasserversorger und Ansprechpartner in den drei Kommunen waren.

Was bringen die Gemeinschaftsstadtwerke für die Region und für Bergkamen?

Die GSW haben sich bis heute ausgesprochen erfolgreich – und für die Stadt gewinnbringend – im Markt behaupten können. Mit gegenwärtig 186 Beschäftigten und 16 Auszubildenden, einer Lohnsumme von 5,2 Mio. Euro und ca. 10 Mio. Euro an Aufträgen i.w. für die heimische Wirtschaft gehören die GSW zu den wichtigeren Unternehmen in der Region.

Die finanziellen Wirkungen für Bergkamen als Gesellschafter sind sehr positiv: Konzessionsabgaben, Bürgschaftsprovisionen u.a. in Höhe von jährlich ca. 2,7 Mio. Euro, eine sehr nennenswerte Gewerbesteuerzahlung und ein städtischer Gewinnanteil von etwa 2,6 Mio. Euro im Jahr (alle Zahlen aus 2011).

Daneben erweitern die GSW die politischen Gestaltungsmöglichkeiten der drei Kommunen. Im Bereich Umwelt- und Klimaschutz bieten die GSW neben einem Ökostromprodukt auch Förderprogramme für Privatkunden für Solarenergienutzung und für den Einsatz von Erdgas-PKWs. Daneben verwirklichen die GSW seit 2001 mit den beteiligten Kommunen Contracting-Modelle für Heizungsanlagen in öffentlichen Gebäuden (zur Zeit fünf Objekte). 2004 begann ein Projekt »Solardächer auf städtischen Gebäuden« mit momentan 120.000 KW jährlicher Energieausbeute. Weitere Punkte sind z.B. familienfreundliche Preise in den Freizeiteinrichtungen sowie ein umfangreiches Sponsoring für Kultur, Sport, Umwelt und Soziales.

Die Beteiligung an der IT-Gesellschaft HeliNet GmbH erlaubte in der Folgezeit die Ausstattung und Versorgung mehrerer benachteiligter Gewerbe- und Wohngebiete im Geschäftsgebiet mit moderner Glasfaser-Breitbandtechnik.

Kommunalisierung von Müllabfuhr und Straßenreinigung

Bereits 2002 hatten wir in Bergkamen die bis dahin privat vergebene Straßenreinigung nach Vertragsende durch den Baubetriebshof der Stadt übernommen, wobei die Straßenreinigungsgebühr dauerhaft um 25% gesenkt werden konnte. Der zweite Schritt im Bereich der Entsorgung in Bergkamen war die Übernahme der Müllabfuhr nach Auslaufen des Vertrages mit dem bisherigen privaten Entsorger. Die Zuständigkeiten im Bereich der Abfallentsorgung sind in Nordrhein-Westfalen in den Landkreisen aufgeteilt einerseits auf die kreisangehörigen Kommunen für Einsammeln und Transport von Siedlungsabfällen (Hausmüll) und andererseits auf den Landkreis für Verbrennung, Deponierung und Kompostierung.

Schon vor der Stadtgründung 1966 wurde die Müllsammlung in Bergkamen durch private Unternehmen durchgeführt. Die letzte Ausschreibung stammte aus dem Jahr 1994 für Sammlung und Transport der Siedlungsabfälle mit einer Laufzeit bis Dezember 2005.

Motiv für eine Veränderung war in Bergkamen nicht etwa eine Unzufriedenheit mit dem privaten Entsorger. Die Leistungen der Firma Rethmann waren vertragsgemäß und die Zusammenarbeit gestaltete sich stets konstruktiv. Die erfolgreiche Gründung und Wirtschaftstätigkeit der Gemeinschaftsstadtwerke hatte aber deutlich gemacht, dass eine kommunale Aufgabenerledigung grundsätzlich machbar ist und zahlreiche Vorteile mit sich bringen kann. Seit der Überführung der Abwasserbeseitigung in einen Eigenbetrieb gab es in Bergkamen auch Erfahrung mit der Gründung und Führung einer solchen Organisationsform.

Ab Ende 2003 begannen die Überlegungen der Stadt zur zukünftigen Organisationsform der Abfallentsorgung. Die zur Überprüfung anstehenden Alternativen waren:

- automatische Vertragsverlängerung durch Nichtkündigung
- europaweite Ausschreibung und Vergabe an das preisgünstigste der teilnehmenden Privatunternehmen
- gemeinschaftliche Abfallentsorgung mit Nachbarkommunen durch einen neu zu gründenden Zweckverband, eine Anstalt öffentlichen Rechts oder durch eine neue gemeinsame GmbH
- Einbeziehung der Müllabfuhr in die bestehenden interkommunalen Gemeinschaftsstadtwerke
- alleinige Eigenerbringung in Bergkamen mit einer eigenen GmbH oder einem städtischen Eigenbetrieb.

Schritte zur Gründung eines städtischen Eigenbetriebes

Eine verwaltungsinterne Arbeitsgruppe unter Beteiligung von Kämmerei, Personalamt, Hauptamt und Baubetriebshof sollte die Entscheidung vorbereiten. Die Personalvertretung war einbezogen. Die Federführung der Arbeitsgruppe oblag dem Leiter des Baubetriebshofs. Die Koordination zur Verwaltungsspitze erfolgte durch den Technischen Beigeordneten der Stadt. Von Anfang an wurde die kommunale Politik durch regelmäßige interfraktionelle Gespräche eingebunden. In den Jahren 2004 und 2005 folgte ein intensiver Erfahrungsaustausch mit Nachbarstädten und mit kommunalen Entsorgungsunternehmen.

Eine eigene Kostenkalkulation durch den städtischen Baubetriebshof und die Kämmerei erbrachte die Prognose, dass die Eigenerbringung durch einen städtischen Eigenbetrieb deutlich preiswerter als der bisherige Vertrag sein müsse. Diese interne Prognose wurde Anfang 2005 extern untermauert durch eine Machbarkeits- und Wirtschaftlichkeitsstudie nach der »Soll-Kosten-Methodik« von Ernst & Young, Dortmund sowie ECONUM Unternehmensberatung, Hamburg.

Im Mai 2005 beauftragte der Stadtrat die Verwaltung mit der fristgemäßen Kündigung des Entsorgungsvertrages zum 31.12.2005 mit dem Ziel der Kommunalisierung der Abfallentsorgung in Bergkamen durch Gründung eines Eigenbetriebs. Vorangegangene intensive Versuche des bisherigen privaten Entsorgers, auf die Entscheidungsfindung in der Verwaltung und im Rat Einfluss zu nehmen, blieben erfolglos.

Im Dezember 2005 folgte dann der Ratsbeschluss über die Satzung zur Gründung des »EntsorgungsBetriebesBergkamen – EBB« zum 1.1.2006 als eigenbetriebsähnliche Einrichtung der Stadt mit den Aufgaben des Einsammelns und Transports von Hausmüll, Bioabfall, Altpapier, Sperrmüll und Grünschnitt sowie der Durchführung der Straßenreinigung.

Tatsächlich begann die eigentliche Arbeit der Abfallsammlung erst im Juli 2006, da sich die Stadt zuvor mit dem bisherigen Entsorger über den Kauf der ca. 35.000 Müllgefäße im Stadtgebiet zu einem sehr fairen Kaufpreis geeinigt hatte. Im Gegenzug war der bisherige Vertrag bis Ende Juni 2006 verlängert worden, d.h. das private Unternehmen durfte noch ein halbes Jahr länger zu den bisherigen Bedingungen in Bergkamen entsorgen.

Ergebnis der Kommunalisierung der Abfallentsorgung

Im Rahmen der Gründung des Eigenbetriebes wurden 1,6 Mio. Euro investiert für den Kauf fünf neuer Fahrzeuge mit Seitenladertechnik und sonstiger Fahrzeuge – nach europaweiter Ausschreibung –, Kauf der Müllgefäße vom bisherigen Entsorger, Ersatzgefäßbeschaffung, Arbeitskleidung, Streugeräte für Winterdienst, Fahrzeugunterstände, Büroeinrichtung, EDV, Logistiksoftware etc. Die Unterbringung erfolgte auf dem Gelände und im Gebäude des Baubetriebshofes der Stadt. Zur Routen- und Einsatzplanung wurde ein Disponent aus der Entsorgungswirtschaft gesucht und eingestellt. Daneben wurden neun Fahrer für die Müllfahrzeuge – darunter zwei vom bisherigen privaten Entsorger – und zwei für die Straßenreinigung eingestellt sowie eineinhalb Verwaltungsstellen für Rechnungswesen, Controlling und Bürgerkontakte geschaffen. Alle Stellen sind nach dem Tarifvertrag für den öffentlichen Dienst – TVöD – eingruppiert.

Der Übergang vom privaten Entsorger zum städtischen Eigenbetrieb geschah vollkommen reibungslos. Die Neugründung war verbunden mit einer deutlichen Kostensenkung gegenüber dem bisherigen Vertrag mit dem Privaten und mit einer daraus folgenden Gebührensenkung für die Grundstückseigentümer um rund 12%. Bis heute sind die Entsorgungsgebühren in Bergkamen die niedrigsten im gesamten Kreisgebiet. Nach Betriebsaufnahme des EBB konnten einige schon länger bestehende Verbesserungswünsche der Bürgerschaft kurzfristig umgesetzt werden: so eine stärkere Vereinheitlichung des Abfuhrrhythmus, die Einführung einer verbilligten »Windeltonne« für Familien mit Kleinkindern sowie Zusatzangebote bei der Sperrmüllabfuhr wie Expressservice – Abholgarantie innerhalb von 48 Stunden – und Vollservice – Räumung von Kellern oder Garagen.

Argumente für die kommunale Aufgabenerledigung

Für eine kommunale Aufgabenerledigung sprechen eine ganze Reihe gewichtiger Gründe: Es werden sozialversicherungspflichtige und tariflich bezahlte Arbeitsstellen vor Ort geschaffen und damit die lokale Arbeitsplatzsituation und die Kaufkraft gestärkt. Gezielte Auftragsvergaben an heimische Unternehmen von Handwerk und Mittelstand sind – im Rahmen des Vergaberechts – möglich und damit örtliche Wirtschaftsförderung. Auf Bürgerwünsche und neue Anforderungen muss nicht erst ein aufwendiges und teueres Vertragsänderungsverfahren durchgeführt werden, sondern es kann bürgernah, flexibel und kurzfristig reagiert werden.

Rat und Verwaltung können direkter steuern. Damit sind Stadtwerke und Eigenbetriebe ein Instrument der Stadtentwicklung und der Kommunalpolitik, z.B. im Umweltschutz, bei Sozialstandards, Verbraucherinteressen, Nachhaltigkeit u.a.

Volkswirtschaftlich wird der Wettbewerb im Versorgungs- und Entsorgungsmarkt gestärkt und der Oligopolbildung durch wenige Großunternehmen entgegen gewirkt.

Es besteht Sicherheit und Verlässlichkeit von Ver- und Entsorgung, da die Kommunen auch in der Zukunft noch existieren werden, während Privatunternehmen schon morgen verkauft oder insolvent sein können.

Bei wirtschaftlicher Tätigkeit erfolgt die Gewinnerzielung zugunsten der Bürgerinnen und Bürger vor Ort und nicht zugunsten von anonymen Aktionären und weit entfernten Konzernzentralen.

Faktoren für eine erfolgreiche Rekommunalisierung

Bei allen Unterschieden aufgrund der Verschiedenheit der örtlichen Situation lassen sich doch aus den Bergkamener Erfahrungen einige allgemeine Grundsätze zur Vorgehensweise ableiten:

- Man muss rechtzeitig vor dem Ende des jeweiligen Konzessions- oder Dienstleistungsvertrags anfangen, sich mit dem Thema zu beschäftigen.
- Innerhalb der Verwaltung ist unter Verantwortung der Verwaltungsführung (»Chefsache«) eine Arbeitsgruppe mit klarer Federführung und konkreten Arbeits- und Zeitvorgaben erforderlich.
- Die Kommunalpolitik und die Personalvertretung sind frühzeitig und kontinuierlich einzubeziehen. Eine breite überparteiliche Mehrheit ist anzustreben.
- Hilfreich ist es, selbst einen gewissen Sachverstand zu erwerben, d.h. von anderen Kommunen und kommunalen Unternehmen zu lernen.
- Unverzichtbar ist die Einholung externen Fachwissens, sowohl technisch als auch rechtlich und wirtschaftlich.
- Der einmal für richtig erkannte Weg muss energisch verfolgt werden.
- Der Öffentlichkeit sind über die Medien die konkreten Chancen – aber durchaus auch die Risiken – der städtischen Zielsetzung zu vermitteln.
- Mit Querschüssen und Einflussnahmen des bisherigen Vertragsinhabers ist zu rechnen.

Stadtwerke und Eigenbetriebe – das Beispiel Bergkamen

- Bei aller Absicherung durch externe Gutachter bleibt es doch eine unternehmerische Entscheidung der Kommune. Das heißt, Mut zur Lücke und die Bereitschaft zu einem gewissen Risiko ist notwendig. Ein »Rundum-Sorglos-Paket mit Vollkasko-Garantie« gibt es nicht. In der kommunalen Praxis sind ideologische Festlegungen unbrauchbar. »Privat vor Staat« ist genau so untauglich wie das umgekehrte »Kommune schlägt Konzern«. Entscheidend ist für eine Stadt, sich ihrer Handlungsalternativen bewusst zu sein und eine abgewogene, nachhaltige Entscheidung in einem transparenten Verfahren zu treffen. Soweit nicht der Gesetzgeber zwingende Festlegungen getroffen hat, gibt es für die Erledigung der Aufgaben der Daseinsvorsorge für die Städte und Gemeinden eine große Bandbreite an Möglichkeiten: von der Eigenerbringung – in unterschiedlichen Rechtsformen – über interkommunale Kooperationen, Öffentlich-Private-Partnerschaften bis hin zur Ausschreibung und Vergabe an ein Privatunternehmen. Letztlich muss immer vor Ort entschieden werden, was in der konkreten Situation der Kommune die beste Lösung für die Bürgerinnen und Bürger ist.

Stimmen allerdings die Rahmenbedingungen – bzw. lassen sie sich stimmig machen –, sollte eine Kommune aber auch keine Angst haben, ihre ureigenen Aufgaben selbst zu übernehmen. Wie die erfolgreichen Kommunalisierungen in Bergkamen und in anderen Städten zeigen, ist die kommunale Eigenerledigung auf jeden Fall eine ernsthaft zu prüfende Alternative, die eine Reihe von Vorteilen für die Bürgerschaft mit sich bringt.

Herman Aden/Ruth Märtin
Rekommunalisierung der Stadtwerke in Springe

Das Auslaufen der Konzessionsverträge zur Stromversorgung bietet vielen Kommunen in Deutschland die Möglichkeit, einen zentralen Bereich der örtlichen Daseinsvorsorge wieder in die eigene Hand zu nehmen. Die 30.000 EinwohnerInnen zählende Stadt Springe in der Region Hannover entschied sich, die eigenen Stadtwerke neu zu beleben und in Kooperation mit leistungsfähigen Partnern die Verantwortung für die örtliche Energieversorgung zu übernehmen – mit vielfältigen positiven Effekten für u.a. die Strompreisentwicklung, den Klimaschutz und den kommunalen Haushalt sowie einem eigenen Beitrag zur Umsetzung der Energiewende. Die Erfahrungen in Springe zeigen, dass es sehr lohnend sein kann, einen auslaufenden Konzessionsvertrag nicht einfach um weitere zwei Jahrzehnte zu verlängern.

Rekommunalisierung der Energieversorgung

Die kommunale Wirtschaft, insbesondere die Stadtwerke, spielen eine entscheidende Rolle beim Umbau der Energiewirtschaft im Zusammenhang mit der Energiewende. Standen noch in den 1990er Jahren die Zeichen oft auf Privatisierung öffentlicher Unternehmen, so liegt heute die Rekommunalisierung im Trend. Immer häufiger entscheiden sich Städte und Gemeinden, die Energieversorgung als Teil der öffentlichen Daseinsvorsorge wieder in die eigenen Hände zu nehmen. Insbesondere die Preispolitik, aber auch die Störfälle in den Erzeugungsanlagen sowie den Verteilnetzen vieler großer überregionaler Energieversorger haben große Zweifel an der Bürgernähe und der Zuverlässigkeit der agierenden Unternehmen aufkommen lassen.

Rekommunalisierte Energieversorgungsstrukturen eröffnen den Kommunen demgegenüber die Möglichkeit, den Ausbau volkswirtschaftlich relevanter Infrastrukturen lokal zu steuern und damit einen stärkeren Einfluss auf ihre Stadtentwicklung auszuüben. In diesem Rahmen spielen beispielsweise die Umsetzung von integrierten Klimaschutzkonzepten, die Realisierung einer nachhaltigen Energieversorgung oder die Ausweisung von Fernwärmevorranggebieten ebenfalls eine wichtige Rolle. Darüber hinaus können eigene Stadtwerke zur Steigerung der regionalen Wertschöpfung beitragen, beispielsweise durch die Schaffung von Arbeits- und Ausbildungsplätzen.

Auf dem Weg zu einer stärkeren Einflussnahme auf die Energieversorgung stehen die Kommunen im Wesentlichen vor folgenden Schwierigkeiten:

- Sie verfügen heute nicht mehr über das notwendige Know-how einer eigenständigen Energieversorgung.
- Die Netzübernahme birgt ein gewisses Risiko hinsichtlich des Kaufpreises sowie zukünftig zu erzielender Netznutzungsentgelte.
- Auch die Teilnahme am Energieversorgungsmarkt ist nicht ganz ohne kaufmännische Risiken, auch wenn dort die größten Ertragsaussichten bestehen.

Mit diesen Schwierigkeiten war und ist auch Springe bei seinem Modell der Rekommunalisierung konfrontiert. Die Erfahrungen zeigen, dass die Rekommunalisierung letztlich dadurch wirtschaftlich effizient gestaltet werden kann, dass zur Durchführung der operativen Tätigkeiten ein erfahrener Partner und Betriebsführer einbezogen wird. Durch eine partnerschaftliche Kooperation zwischen kommunalen Unternehmen und privaten Dienstleistern lassen sich Synergieeffekte erzielen, wobei die kommunalpolitische Steuerung und Flankierung aufrechterhalten wird.

Die Reaktivierung der Stadtwerke mit strategischen Partnern

Die Ausgangssituation der Stadt Springe im Jahr 2004 war durchaus typisch: Die Stromversorgung leistete seit vielen Jahrzehnten der Regionalversorger Eon Avacon. Überdies wurde 1988 auch die Gas- und Wasserversorgung an die damalige Hastra übertragen. Seit dieser Zeit hatte Springe keinen Einfluss mehr auf die örtliche Energieversorgung, einziger Bezugspunkt der Stadt war die gesetzlich reglementierte Zahlung der Konzessionsabgabe.

Daher wurde mit Blick auf den im März 2006 auslaufenden Konzessionsvertrag zur Stromversorgung intensiv über wirtschaftliche Alternativen zu einer reinen Verlängerung der Stromkonzession nachgedacht. Als eine dieser Alternativen wurde eine Übertragung der Stromkonzession an die eigenen Stadtwerke gesehen – ob mit oder ohne Einbindung von Partnern aus dem Bereich der Energieversorgung. Schnell wurde deutlich, dass dabei die Unterstützung externer Berater erforderlich ist. So wurde neben einer kommunalwirtschaftlich versierten Rechtsanwaltskanzlei auch ein energiewirtschaftlich-technisches Beratungsbüro beauftragt. Deren Wertermittlungen, Wirtschaftlichkeitsberechnungen und -betrachtungen, die Prüfung von Vertragsunterlagen in juristischer, wirtschaftlicher und technischer Hinsicht sowie die Begleitung von Verhandlungen mit den Energieversorgungsunternehmen hätten durch eigenen Sachverstand nicht bzw. nicht in der notwendigen Qualität erfolgen können.

Im Jahr 2007 lag dem Rat der Stadt Springe ein Gutachten vor, welches eindeutig belegte: Eine Übernahme der Stromkonzession durch die Stadtwerke Springe ist auch wirtschaftlich realisierbar. Wesentlich war die Aussage im Gutachten, dass eine Netzübernahme nur gemeinsam mit einem strategischen Partner wirtschaftlich sei. Schon durch die Betrachtung der Anforderungen der aktuellen Gesetzgebung (Energiewirtschaftsgesetz, Anreizregulierungsverordnung, etc.) war klar: Bei einer Lösung im Alleingang hätte eine Vielzahl von Kompetenzen bereitgehalten oder extern eingekauft werden müssen. Das ließe sich aus den Erlösen des Stromnetzbetriebes bei »nur« ca. 30.000 zu versorgenden EinwohnerInnen schwer finanzieren. Mehr noch: Schon bei der Übernahme eines Versorgungsnetzes, so die Empfehlung, sollte ein fachlich versierter Partner eingebunden sein, der ein wirtschaftliches Interesse an einer effizienten Netzübernahme und einem wirtschaftlichen Netzbetrieb habe – denn spätestens bei den Verhandlungen über die Herausgabe der Daten und der Netzinfrastruktur baue der abgebende Konzessionär oft Hindernisse auf, die sich nur mit entsprechender Unterstützung ausräumen lassen.

Pacht oder Betriebsführung?

Basierend auf dem Gutachten beschloss der Rat der Stadt Springe ein entsprechendes Auswahlverfahren. Daran beteiligten sich neben dem damaligen Konzessionär Eon Avacon die Stadtwerke Hameln sowie die Bietergemeinschaft aus den Stadtwerken Braunschweig (BSIENERGY) und Veolia Wasser. Im Laufe des Verfahrens und der sich konkretisierenden Angebote schlossen sich die Stadtwerke Hameln der Bietergemeinschaft an. Schließlich gab es drei Angebote: Eine von der Eon Avacon präferierte Pachtvariante sowie zwei Betriebsführungslösungen, welche von beiden Bietern unterbreitet wurden.

Die abgegebenen Angebote wurden dann anhand einer zuvor im Stadtrat festgelegten Bewertungsmatrix ausgewertet. Entscheidungserheblich war insbesondere der kommunale Einfluss auf die Investitionstätigkeit, das Engagement im Klimaschutz, das Engagement vor Ort und die unmittelbaren (Preis-)Vorteile für die BürgerInnen.

Bei der Pachtlösung der Eon Avacon hätte die Kommune nur sehr eingeschränkt Einfluss auf die Investitionstätigkeit oder die sonstige Geschäftspolitik des Pächters nehmen können. Die hohe kalkulatorische Bewertung des Anlagevermögens hätte einen Ausstieg aus diesem Modell zum Ende der Konzessionszeit erschwert. Im Ergebnis stellte sich die von der Bietergemeinschaft BSIENERGY, Stadtwerke Hameln und Veolia Wasser vorgelegte Variante als die attraktivere heraus. Nach kritischer Würdigung der Vertragsangebote und unter Berücksichtigung der vorgenannten Bewertungsmatrix sprachen sich die Berater im Juli 2008 eindeutig für das Angebot der Bietergemeinschaft aus. Der Rat folgte mit einer breiten Mehrheit dieser Empfehlung und beauftragte den Bürgermeister damit, die notwendigen Verträge abzuschließen.

Die schlummernden Stadtwerke werden geweckt

Als Ergebnis entstand eine Minderheitsbeteiligung der Partner an der Stadtwerke Springe GmbH, bei der die Beteiligten auf Augenhöhe zusammenarbeiten. Dabei bringt der Umweltdienstleister Veolia Wasser langjährige Erfahrung als Partner von Kommunen ein, während BSIENERGY sein umfangreiches energiewirtschaftliches Know-how zur Verfügung stellt. Grundlage des Vertragswerkes ist der Erwerb des Stromnetzes zum Ertragswert. Mit der Bewirtschaftung des Stromnetzes wurde BSIENERGY über einen Betriebsführungsvertrag beauftragt.

Den so neu aufgestellten Stadtwerken wurde die Konzession für die Stromversorgung übertragen. Mit entsprechender Unterstützung der Partner begannen die Stadtwerke Springe umgehend mit dem Aufbau einer technischen Infrastruktur zum Netzbetrieb sowie den Verhandlungen zur Netzübernahme. Dazu wurde neben einem Betriebsstützpunkt auch ein Kundenbüro in der Innenstadt eröffnet. Parallel wur-

Abbildung 1

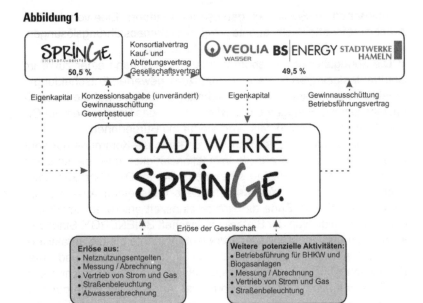

de zum 1. Oktober 2008 mit dem Vertrieb von Strom und Gas unter der Markenbezeichnung »Stadtwerke Springe« begonnen, mit einem Preisniveau von rund 5% unter den bisherigen Grundversorgungstarifen. Anfang 2012 konnte bereits ein Marktanteil von 42% der Stromlieferverträge sowie von 52% der Gaslieferverträge erreicht werden. Insgesamt versorgen die Stadtwerke aktuell rund 12.000 Kunden.

Streitfall Netzübernahme

Beim Thema Netzübernahme zeigt das Beispiel Springe, dass der Weg zu eigenen Stadtwerken auch steinige Teilstücke bereithält: Die Verhandlungen zur Übernahme des Stromnetzes von der Eon Avacon gestalteten sich wie erwartet zäh. Eon Avacon verweigert bislang unter Hinweis auf die auslegungsfähige Formulierung des § 46 Absatz 2 Energiewirtschaftsgesetz (EnWG) die Übertragung des Eigentums des Stromnetzes auf die Stadtwerke Springe GmbH. Aktuelle Vertragsgrundlage ist ein unter Vorbehalt angenommener Pachtvertrag über das Stromnetz auf Basis des von Eon vorgegebenen Sachzeitwerts. Die Gerichte müssen nun entscheiden, sowohl über die Zulässigkeit der von Eon Avacon angebotenen Pachtlösung als auch über die Höhe des angemessenen Werts des Stromnetzes. Klage ist erhoben, die ersten Verhandlungstermine stimmen optimistisch.

Dass sich die gerichtlichen Klärungen länger hinziehen als zunächst geplant, muss bilanziell abgebildet werden und beeinflusst die aktuelle Ertragsituation der Stadtwerke Springe: Um die überhöhten Pachtzahlungen bis zur finalen Entscheidung durch die Gerichte zu tilgen, haben die Stadtwerke als Vorsorge entsprechende Rückstellungen gebildet.

Mit einer abschließenden Klärung vor Gericht wird nicht vor 2014 gerechnet, entsprechend lange verschiebt sich die Anpassung der Pachtkosten an die tatsächlichen Verhältnisse. Nach Abschluss der gerichtlichen Klärung gehen die Stadtwerke von deutlichen Gewinnen aus, da nicht nur die überhöhten Pachten von Eon Avacon an die Stadtwerke zurückgezahlt werden müssen, sondern auch nur der angemessene Pachtpreis gezahlt werden muss.

Stadtwerke als Klimaschützer und Dienstleister

Das Angebot der Bietergemeinschaft für die Stadtwerke Springe enthielt verbindliche Projektzusagen im Bereich der erneuerbaren Energien, die seither umgesetzt werden. Bereits im Dezember 2009 wurde beispielsweise eine Photovoltaikanlage mit einer Fläche von über 1.000 Quadratmetern und 871 Solarmodulen in Betrieb genommen. Die erzeugte Strommenge reicht zur Versorgung von etwa 50 Zwei-Personen-Haushalten. Mit dem damit verbundenen Ausbau der Stromerzeugung aus erneuerbaren Energien leisten die Stadtwerke einen wichtigen Beitrag zur CO_2-Vermeidung in Springe. Im Vergleich zu fossiler Stromerzeugung werden 600 Gramm Kohlendioxid pro erzeugter Kilowattstunde eingespart.

Ausbau und Optimierung von Blockheizkraftwerken (BHKWs) mit Wärmeversorgung sind ein weiterer Schwerpunkt: Im Juli 2010 übernahmen die Stadtwerke Springe den Betrieb des Strom- und Nahwärmenetzes im Wohngebiet »Großer Graben«. Die Wärme wird in einem Blockheizkraftwerk erzeugt und über eine rund 1.000 Meter lange Leitung an rund 50 Haushalte verteilt, weitere Hausanschlüsse sind je nach weiterer Bebauung geplant. Von der eingesetzten Kraft-Wärme-

Kopplung (KWK) profitieren Anwohner und Umwelt gleichermaßen: Die Anwohner sparen je nach Verbrauch bis zu 18% Heizkosten. Für potenzielle Bauherren gibt es darüber hinaus den zusätzlichen Anreiz, dass sie die Vorgaben des Erneuerbare-Energien-Wärmegesetzes (EEWärmeG) ohne weitere Investitionen erfüllen können. Im März 2012 wurde das BHKW durch ein moderneres Modell ausgetauscht und dazu ein Wärmespeicher gebaut, der die Effizienz weiter steigert.

Die Stadtwerke Springe legen großen Wert auf den Bezug nachhaltig produzierter Energie, die ressourcenschonend und mit hohem Wirkungsgrad erzeugt wird. Seit April 2011 bieten sie einen neuen, kernkraftfreien Energieträgermix an. Der bisherige Kernenergieanteil in Höhe von rund 18% beim Basistarif »SpringelStrom« wurde komplett durch Strom aus erneuerbaren Energien ersetzt, ohne dass der Strompreis erhöht wurde. Damit reagierten die Stadtwerke schnell und konsequent auf Wünsche der Bevölkerung sowie Forderungen der Politik nach der Katastrophe in Fukushima und nahmen bundesweit eine Vorreiterrolle ein.

Bereits seit ihrer Gründung bieten die Stadtwerke auch ein reines Naturstrom-Produkt aus regenerativen Energiequellen an und investieren für jede verbrauchte Kilowattstunde Strom einen Cent in den Neubau von Anlagen zur Erzeugung von Strom aus erneuerbaren Energien. Zusätzlich können umweltbewusste Kunden auch ein klimaneutrales Erdgas-Produkt beziehen.

Zum Selbstverständnis der Stadtwerke gehört auch die Investition in Zukunftstechnologien wie Elektromobilität als Teil eines nachhaltigen Mobilitätskonzepts. Seit April 2011 stellen die Stadtwerke der Stadt Springe im Rahmen eines fünfjährigen Nutzungsvertrages ein Elektroauto zur Verfügung. Das E-Mobil wird im städtischen Fuhrpark zur Kontrolle der öffentlichen Verkehrswege genutzt und ist täglich im Einsatz.

Im Mai 2011 wurde die erste öffentliche Elektro-Tankstelle vor dem Kundenbüro eröffnet, an der bis auf weiteres kostenlos aufgeladen werden kann. Der dort »getankte« Strom stammt vollständig aus erneuerbaren Energiequellen. Die Ladestation ist rund um die Uhr zugänglich und an das Tankstellennetz »Ladenetz« angeschlossen. Um auch den Einsatz von Elektro-Fahrrädern auf Springes Radwegen zu unterstützen, kooperieren die Stadtwerke Springe seit April 2012 mit einem örtlichen Fahrradhändler: Stadtwerke-Kunden bekommen einen Rabatt von 200 Euro beim Kauf eines E-Rads beim Kooperationspartner.

Kraft-Wärme-Kopplung mit Biogas

Um die Herausforderungen der Energiewende und des Kernenergieausstiegs zu bewältigen, sind grundlastfähige Technologien erforderlich, zum Beispiel die Stromerzeugung aus Biomasse. Die Stadtwerke Springe begannen im Mai mit dem Bau von zwei Biogas-BHKWs in Springe Süd, die im Dezember 2011 bereits den Testbetrieb erfolgreich bestanden haben und für rund 3.000 Haushalte Bio-Strom produzieren sollen. Um diesen in das bestehende Netz einzuspeisen, werden außerdem zwei Mittelspannungsstationen gebaut. Die erzeugte Bio-Wärme würde ausreichen, um rund 500 Haushalte zu versorgen. Im März 2012 wurde mit dem ortsansässigen DRK-Blutspendedienst ein langfristiger Wärmeliefervertrag unterzeichnet, der eine Auslastung von 60% des Bio-BHKWs sichert. Kurz danach begannen die Bauarbeiten für zwei Nahwärmenetze, um die anfallende Prozesswärme zu nutzen.

Die beiden BHKWs arbeiten mit Kraft-Wärme-Kopplung und nutzen Biogas als CO_2-neutralen Brennstoff. Somit stehen sie für eine umweltfreundliche und sehr effiziente Art der Energieerzeugung, da hier die bei der Stromerzeugung entstehende Wärme zum Heizen genutzt wird. Deshalb werden sowohl Kraft-Wärme-Kopplung als auch die Nutzung erneuerbarer Energien nach dem KWK- bzw. EEG-Gesetz gefördert.

Im Oktober 2008 starteten die Stadtwerke Springe die Belieferung der städtischen Gebäude mit Gas. In der aktuellen Sammelausschreibung der Kommunalen Wirtschafts- und Leistungsgesellschaft des Niedersächsischen Städte- und Gemeindebundes (KWL) konnten die Stadtwerke ebenfalls den Zuschlag für Stromversorgung bekommen und beliefern seit Oktober 2010 57 städtische Gebäude mit einer Abnahme von knapp 10 Millionen Kilowattstunden. Auch die staatlichen Liegenschaften werden seit Oktober 2011 von den Stadtwerken beliefert.

Darüber hinaus sind die Stadtwerke Springe mittlerweile als Dienstleister für die Abwasserabrechnung sowie für die Betriebsführung der Straßenbeleuchtung zuständig.

Engagement vor Ort sichert Arbeitsplätze und schafft sozialen Mehrwert

Bei zentralen Versorgungsstrukturen fließt Kaufkraft aus der Region ab und durch den Einfluss überregionaler Entscheider wird es schwer, konsequent kommunale Interessen umzusetzen. Dagegen stärken Stadtwerke die lokale Wertschöpfung und Kaufkraft vor Ort: Die Wertschöpfung bleibt weitgehend in der Kommune, sodass sich lokale Investitionen in nachhaltige und effiziente Energieerzeugung und -nutzung realisieren lassen, Preis- und Qualitätskontrollen erfolgen vor Ort. Die Verbindung von Kompetenz und Kundennähe schafft Wettbewerbsfähigkeit und sichert einen nachhaltigen Markterfolg. Dabei behalten die Kommunen ihre Unabhängigkeit und den Einfluss auf die Grundversorgerpreise und können den BürgerInnen so eine günstigere Energieversorgung bieten. Durch die Einsparungen der BürgerInnen gegenüber dem Grundversorgungstarif des ehemaligen Konzessionärs spart jeder Stadtwerke-Kunde in Springe pro Jahr rund 90 Euro an Kosten für Strom bzw. über 60 Euro für Gas. Daraus ergibt sich ein Mehrwert von über 870.000 Euro, der der Wertschöpfung vor Ort zu Gute kommt (Preisstand 6/2012). Dazu kommen weitere positive Effekte durch die Gewinnabflüsse an die Stadt, Steuerabgaben und die Vergabe von Aufträgen an lokale Unternehmen. Durch die Neugründung der Stadtwerke werden Arbeitsplätze in der Region geschaffen bzw. gesichert.

Rekommunalisierung kann also zu einem Motor der Wirtschaftsförderung werden (insbesondere in ländlichen Gebieten), wenn lokale Akteure die entsprechenden Rahmenbedingungen schaffen. Die Region profitiert, da viele Dienstleistungen sowie die Installation und Wartung von Energieversorgungsanlagen meist Aufträge für lokale Betriebe bedeuten. Daraus resultieren regionale Wertschöpfung und eine wirtschaftliche Dynamik, wie sie auch in Springe zu beobachten ist.

Bei den Stadtwerken Springe werden die Arbeitnehmerinteressen zwar durch kein Gremium vertreten, aber stets berücksichtigt. Die Vergütung erfolgt nach dem Tarifvertrag für Versorgungsbetriebe (TV-V), auch die Arbeitsbedingungen entsprechen den üblichen Standards für Versorgungsbetriebe. Arbeitsschutz und -sicherheit haben höchste Priorität, sind gemäß ISO 9001 und ISO 14001 zertifiziert und als Teil der Unternehmensphilosophie in den Unternehmens- und Umweltleitlinien festgeschrieben. Diese sind auch auf der Homepage veröffentlicht und beinhalten unter anderem eine Verpflichtung zur Verantwortung gegenüber den Mitarbeitern durch die Einhaltung sämtlicher Gesetze, Verordnungen und sonstigen Auflagen der Gesetzgeber und Behörden sowie der Berufsgenossenschaften. Die Stadtwerke Springe wirken präventiv für eine möglichst unfallfreie Tätigkeit ihrer MitarbeiterInnen sowie für deren Gesundheitsschutz. Die MitarbeiterInnen werden für Arbeitssicherheit, Gesundheits- und Umweltschutz motiviert – und das mit Erfolg: Seit Gründung der Stadtwerke gab es keinerlei Arbeitsunfälle.

Auch beim Engagement vor Ort hat sich die Situation in Springe im Vergleich zu früher deutlich verbessert: Im Kundenbüro in der Innenstadt können die KundInnen alle Fragen zum Netzanschluss, zu Rechnungen oder Lieferverträgen direkt im persönlichen Gespräch klären.

Außerdem sind die Stadtwerke Springe beim gesellschaftlichen Engagement und beim Sponsoring ein verlässlicher Partner: Sie haben dem NABU-Ortsverein ein Insektenhotel gespendet, unterstützen verschiedene Sportvereine sowie die örtliche Musikschule und andere soziale und kulturelle Einrichtungen. Auch die gemeinnützige Unternehmensstiftung des Partners Veolia ist am Standort Springe aktiv. Das Engagement wird abgerundet durch ein langfristiges und kostenloses Umweltbildungsangebot an Springer Grundschulen.

Beim alljährlichen Klimaschutztag sowie beim Klimaschutz-Aktionsprogramm Springe sind die Stadtwerke ein wichtiger Akteur. Insgesamt erfahren die städtischen Klimaschutz-Bestrebungen durch die eigenen Stadtwerke und deren Partner einen nachhaltigen Schub.

Fazit: Es ist mühsam – aber es lohnt sich

Die Stadt Springe hat mit der Übertragung der Stromkonzession auf die eigenen Stadtwerke ihre Ziele erreicht. Insofern hat sich hier bestätigt, dass im Auslaufen von Konzessionen eine Chance liegt, in Verbindung mit einem geeigneten Partner die Aufgabe der öffentlichen Daseinsvorsorge im Energiebereich wieder zu übernehmen und davon zu profitieren.

Das Modell Springe verdeutlicht, dass heute Partnerschaften gefragt und umsetzbar sind, in denen Kommunen und Fachunternehmen ihre Stärken auf Augenhöhe bündeln. Der Nutzen für die Städte und Gemeinden liegt auf der Hand: Eine solche Partnerschaft bietet die Chance, die Effizienz in allen Infrastrukturbereichen zu verbessern und langfristig hochwertige Dienstleistungen zu sichern. Die bisherigen Erfahrungen in Springe haben gezeigt, dass eine gute Balance zwischen dem Einfluss der Kommune vor Ort sowie der technischen und kaufmännischen Kompetenz der Partner im Bereich der Energiewirtschaft erreicht werden kann.

Insgesamt sieht die Stadt Springe die Reaktivierung der Stadtwerke auch im Rückblick als richtige Entscheidung, der der Erfolg seither Recht gibt. Die BürgerInnen vertrauen heute ihren lokalen Stadtwerken und identifizieren sich wieder mit ihrem Energieversorger. Auch wenn die Entscheidungsprozesse für eine Entwicklung von Alternativen zur einfachen Verlängerung bestehender Konzessionsverträge langwierig und komplex sind, kann man aus Springer Perspektive deshalb auch anderen Kommunen dazu raten, solche Alternativen zumindest zu untersuchen und ergebnisoffen zu prüfen – und dabei auch solche Modelle in Betracht zu ziehen, bei denen Dienstleister und kommunale Unternehmen partnerschaftlich zusammenarbeiten.

Harald Wolf
Zähes Ringen um den Rückkauf der Berliner Wasserbetriebe

Die Teilprivatisierung der Berliner Wasserbetriebe (BWB) im Jahr 1999 ist bis heute Gegenstand intensiver politisch-parlamentarischer und gesellschaftlicher Auseinandersetzungen. Mehrere Verfassungsgerichtsverfahren, ein erfolgreicher Volksentscheid zur Offenlegung der damals vertraulich geschlossenen Privatisierungsverträge, ein parlamentarischer Sonderausschuss, ein Verfahren des Bundeskartellamts wegen Preismissbrauchs und schließlich Bestrebungen zur Rekommunalisierung markieren die Meilensteine dieser nun seit fast 15 Jahren dauernden Auseinandersetzung um die Privatisierung von Deutschlands größtem Wasserunternehmen.

Wurde die Beteiligung privater Investoren 1999 von der damals Berlin regierenden Koalition von CDU und SPD noch als »Modellvorhaben im öffentlich-rechtlichen Wirtschaftsbereich« und als »Pilotprojekt und ein Vorbild für andere Privatisierungsvorhaben in der Republik« gefeiert[1] und allein von den damaligen Oppositionsparteien PDS und Bündnis90/GRÜNE abgelehnt, so gilt heute diese Privatisierungsentscheidung bei allen im Berliner Abgeordnetenhaus vertretenen Parteien als verfehlt. Sie gilt bundesweit als abschreckendes Beispiel einer Beteiligung Privater im Bereich der öffentlichen Daseinsvorsorge.

Die Auseinandersetzung um Teilprivatisierung und Rekommunalisierung der BWB ist nicht nur wegen dieser langen und aufregenden Geschichte interessant. Sie zeigt beispielhaft, wie Kommunen unter dem Druck der Finanznot fatale Privatisierungsentscheidungen treffen, sich durch einen verengten Blick auf kurzfristig erzielbare hohe Privatisierungserlöse nachhaltiger und größerer Finanzierungsmöglichkeiten begeben und wie Public-Private-Partnership-Modelle die Kom-

---

[1] Volker Liepelt (CDU), Abgeordnetenhaus von Berlin, 69. Sitzung, 29.10.1999, ähnlich auch der Fraktionsvorsitzende der SPD, Klaus Böger, der davon spricht, dass Berlin »eine Pilotfunktion« dafür übernimmt, »wie private Unternehmen und privates Kapital beteiligt werden können, ohne öffentlichen Einfluss und Verantwortung zu verlieren'«.

mune des Einflusses und der Gestaltungsmöglichkeiten auf Unternehmen der Daseinsvorsorge berauben.

Die Vorgeschichte der (Teil-)Privatisierung

Berlin stand nach der Wiedervereinigung vor dramatischen finanzpolitischen Herausforderungen. Die hohe Subventionierung (West) Berlins als »Schaufenster des Westens« wurde nach der Vereinigung rasch abgebaut.[2] Die industrielle Basis kollabierte – im Osten im Gefolge der Wirtschafts- und Währungsunion, im Westen aufgrund des Wegfalls der Berlinförderung. Dies und eine verfehlte Ausgabepolitik führten dazu, dass der Berliner Haushalt 1994 ein strukturelles Finanzierungsdefizit von 7,4 Mrd. DM und 1999 von immer noch 4,1 Mrd. DM aufwies.

Die nach den Wahlen 1995 erneut gebildete CDU/SPD-Koalition mit der neu ins Amt gekommenen Finanzsenatorin Fugmann-Hesing (SPD) reagierte auf diese katastrophale Haushaltssituation mit einer groß angelegten Privatisierungsoffensive unter dem euphemistischen Stichwort »Vermögensaktivierung«: Die beiden Energieversorger BEWAG und GASAG und die Wohnungsbaugesellschaft GEHAG wurden privatisiert, kommunalen Wohnungsbaugesellschaften Eigenkapital zugunsten des Landeshaushaltes entzogen. In diesem politischen Umfeld gerieten in der zweiten Hälfte der 1990er Jahre auch die Berliner Wasserbetriebe (BWB) ins Visier der Privatisierer.

Allerdings stellte sich dabei ein besonderes Problem. Nach der Wende wurden die Eigenbetriebe Berlins – die BWB, die Stadtreinigung BSR und das Verkehrsunternehmen BVG – in Anstalten des öffentlichen Rechts (AöR) umgewandelt, um ihnen größere wirtschaftliche Eigenständigkeit zu ermöglichen. Zuvor war die ursprüngliche Absicht von CDU und SPD, bis 1995 alle Eigenbetriebe in Aktiengesellschaften umzuwandeln, zu Gunsten eines Kompromisses mit der ÖTV und den kampfstarken Belegschaften der Eigenbetriebe aufgegeben worden. Die ÖTV band ihre Zustimmung an die Umwandlung in eine AöR daran, dass die Besitzstände der Beschäftigten gewahrt bleiben, die paritätische Mitbestimmung gesichert wird und die Beschäftigten ein Rückkehrrecht zum Land Berlin im Falle einer weiteren Rechtsformänderung

---

[2] Ca. 50% der Einnahmen des letzten Westberliner Landeshaushaltes bestanden aus Zuweisungen des Bundes.

erhalten. Die Regierungskoalition stand damit vor dem Dilemma: Die Rechtsform »Anstalt des öffentlichen Rechts« ist nicht »privatisierungsgeeignet«, da sie eine direkte Beteiligung Privater nicht erlaubt. Eine erneute Umwandlung – z.b. eine AG – hätte den erst vor wenigen Jahren gefundenen Kompromiss aufgekündigt, mit der Gefahr, den Senat in die direkte Konfrontation mit der Belegschaft und der ÖTV zu bringen und das Rückkehrrecht der Beschäftigten zum Land auszulösen.[3] Nach längerer Diskussion entschied sich die Koalition für ein Holdingmodell: Die BWB AöR sollte einer privatrechtlich organisierten Holding unterstellt werden, an der das Land 50,1% der Anteile und private Investoren 49,9% halten.[4] Dieses Modell war der Konstruktion der Bankgesellschaft Berlin nachempfunden – auch hier war die Landesbank Berlin AöR (mit der Sparkasse) der privatrechtlich organisierten Bankgesellschaft Berlin untergeordnet worden.[5]

Mit dieser Konstruktion konnten Personalrat und ÖTV eingebunden werden: Der Besitzstand einschließlich paritätischer Mitbestimmung war gesichert, darüber hinaus wurden betriebsbedingte Kündigungen bis 2014 ausgeschlossen. Die unmittelbaren betrieblichen Interessen der Belegschaft waren damit weitgehend gewahrt, die verheerenden Folgen einer Privatisierung der Daseinsvorsorge aber nicht verhindert, wie die weitere Entwicklung zeigen sollte.

Die (Teil-)Privatisierung und das Vertragswerk

Im Juni 1999 erhielt ein Konsortium aus RWE, Vivendi (heute: Veolia) und Allianz den Zuschlag für einen Kaufpreis von ca. 1,63 Mrd. Euro. Grundlage des Geschäfts war das »Gesetz zur Teilprivatisierung der

---

[3] Darüber hinaus bot die AöR eine Reihe weiterer Vorteile, die bei privater Rechtsform entfallen wären: bessere Finanzierungskonditionen aufgrund der Gewährträgerhaftung des Landes und das Steuerprivileg für den Entwässerungsbereich.

[4] Zu den Details dieser Konstruktion siehe Lederer: Die Teilprivatisierung der Berliner Wasserbetriebe: Erfolgsmodell oder Abwicklungsfall? In: Zeitschrift für öffentliche und gemeinwirtschaftliche Unternehmen, 34. Jg., 4/2011, S. 453f.

[5] Diese Konstruktion endete 2001 im »Berliner Bankenskandal« und kostete die Berliner Steuerzahler Milliarden.

Berliner Wasserbetriebe«[6] und ein umfangreiches Vertragspaket, mit dem die Unterstellung der Anstalt öffentlichen Rechts unter eine privatrechtliche Holding ermöglicht und konkretisiert wurde. Gleichzeitig wurden die Kalkulationsgrundsätze für die künftigen Wasserpreise festgelegt und damit letztlich die zu erwartenden Gewinne der privaten Investoren. Diese wiederum waren ausschlaggebend für die Höhe des Kaufpreises. Im Landeshaushalt des Jahres 1999 waren 1,7 Mrd. Euro Einnahmen aus »Vermögensaktivierung« eingeplant. Also setzte die Finanzsenatorin alles daran, den Kaufpreis zu »optimieren« – und damit musste an der Stellschraube »Wasserpreis« gedreht werden. So sah das Teilprivatisierungsgesetz u.a. vor, dass das betriebsnotwendige Kapital der BWB mit einem hohen kalkulatorischen Zinssatz verzinst werden sollte: der durchschnittlichen Rendite zehnjähriger deutscher Bundesanleihen in einem Zeitraum von 20 Jahren vor der jeweiligen Kalkulationsperiode zuzüglich 2% (so genannte R+2 Klausel). Zudem sollten die BWB zusätzliche Gewinne aus Effizienzsteigerungen für drei Jahre einbehalten dürfen, erst danach mussten die gesunkenen Kosten als Preissenkung an die Kunden weitergegeben werden.

Die Opposition aus PDS (heute: DIE LINKE) und Bündnis90/Die Grünen kritisierten diese Konstruktion scharf. Die PDS wies darauf hin, dass dies nichts anderes sei »als über die Verzinsungsregelung im Teilprivatisierungsgesetz garantierte Monopolrenditen an einen privaten Investor zu veräußern«.[7] Indem das Land »ein öffentliches Monopolunternehmen einer privatwirtschaftlichen Leitung (unterstelle) und den privaten Investoren eine feste Verzinsung ihres eingesetzten Kapitals (garantiere)«, bilde man eine »Gemeinschaft von Staat und Investoren zur Ausplünderung der Berliner Gebührenzahlerinnen und Gebührenzahler«.[8] Die Opposition rechnete vor: Bislang wurde das Stammkapital der BWB in Höhe von ca. 3,5 Mrd. DM (ca. 1,7 Mrd. Euro) mit 5,2% verzinst. Mit dem Teilprivatisierungsgesetz wurde aber vorgeschrieben, das betriebsnotwendige Kapital in Höhe von ca. 6 Mrd. DM (ca. 3 Mrd. Euro) mit ca. 9% zu verzinsen. Nach der alten Regelung wurden im Jahr 1998 ca. 182 Mio. Zinsen erwirtschaftet, nach der Teilprivatisie-

---

[6] Gesetz zur Teilprivatisierung der Berliner Wasserbetriebe vom 17. Mai 1999, GVBl. S. 183.

[7] Harald Wolf (PDS), Abghs. von Berlin, 13. Wahlperiode, 66. Sitzung vom 1. Juli 1999, S. 4803.

[8] Harald Wolf, ebd.

Zähes Ringen um den Rückkauf der Berliner Wasserbetriebe

rung sollten kalkulatorische Zinsen in Höhe von ca. 540 Mio. DM (ca. 270 Mio. Euro) erwirtschaftet werden. Abzüglich der Fremdkapitalzinsen in Höhe von 180 Mio. DM (ca. 90 Mio. Euro) käme es immer noch zu einer Verdoppelung der in die Gebührenkalkulation eingehenden Rendite auf 360 Mio. DM (ca. 180 Mio. Euro).[9] Die Regierungskoalition dagegen ließ durch den wirtschaftspolitischen Sprecher der CDU unbeeindruckt von Zahlen und Fakten erklären: »Klar ist: Auch diese Privatisierung wird dafür sorgen, dass die Wasserpreise in Berlin genau wie die Tarife für Straßenreinigung, genau wie die Preise für Strom, genau wie die Preise für Gas, in den nächsten Jahren sinken.«[10] Damit diese Behauptung in den nächsten Jahren nicht mehr überprüft werden konnte und um die Öffentlichkeit und die eigenen Fraktionäre zu beruhigen, beschloss man, die Preise bis zum 31.12.2003 festzuschreiben. Das bittere Erwachen sollte erst 2004 kommen.

Die Verfassungsklage der Opposition gegen die Teilprivatisierung

Parallel zur parlamentarischen Auseinandersetzung hatten die Oppositionsparteien PDS und Bündnis90/Die Grünen eine Normenkontrollklage vor dem Landesverfassungsgericht gegen das Teilprivatisierungsgesetz vorbereitet. Sie griffen vor allem zwei Punkte an: Die Unterstellung einer Anstalt öffentlichen Rechts unter eine privatrechtliche Holding mit privater Beteiligung verstoße gegen das so genannte Demokratieprinzip, wonach der bestimmende Einfluss der demokratisch legitimierten Vertreter der Kommune auf ein öffentlich-rechtlich verfasstes Unternehmen gesichert sein muss. Darüber hinaus griffen sie die Kalkulationsgrundsätze des Teilprivatisierungsgesetzes für den Wasserpreis an, weil diese nicht den Grundsätzen der Verhältnismäßigkeit und Äquivalenz entsprechen.

Die Oppositionsparteien bekamen nur teilweise Recht. Das Verfassungsgericht erklärte die Holdingkonstruktion grundsätzlich mit der Verfassung für vereinbar: Durch die Rechtsaufsicht des Landes und die Tatsache, dass Weisungen der Holding an die AöR nur mit Zustimmung eines Weisungsausschuss der mehrheitlich mit vom Land benannten

---

[9] Harald Wolf, ebd.
[10] Frank Steffel (CDU), Abghs. von Berlin, 13. Wahlperiode, 66. Sitzung vom 1. Juli 1999, S. 4805.

Vertretern besetzt sei, erteilt werden kann, sei die demokratische Legitimation gewährleistet. Für verfassungswidrig und deshalb nichtig erklärte das Gericht jedoch die R+2-Regel und die »Effizienzsteigerungsklausel«, da sie dem Grundsatz der Verhältnismäßigkeit widersprechen. Mit dem Wegfall dieser beiden Regelungen waren der Teilprivatisierung eigentlich die wesentlichen Grundpfeiler entzogen. Die Gewinnerwartung und der damit korrespondierende Kaufpreis wären Makulatur gewesen, hätten Senat und Privatinvestoren nicht auf skandalöse Weise vorgesorgt: Nach der Ankündigung des Normenkontrollverfahrens wurde in den Konsortialvertrag eine Klausel aufgenommen, mit der sich das Land verpflichtete, für den Fall einer gänzlichen oder teilweisen Nichtigerklärung der Kalkulationsgrundsätze entweder alle rechtlichen und wirtschaftlichen Maßnahmen zu ergreifen, um den wirtschaftlichen Nachteil auszugleichen – sollte dies nicht möglich sein, verpflichtete sich das Land Berlin, den privaten Investoren den entgangenen Gewinn direkt auszugleichen.[11]

Die Opposition versuchte noch in einer turbulenten Sondersitzung des Abgeordnetenhauses, den Vollzug der Teilprivatisierung zu verhindern,[12] und verlangte, dass dem Parlament alle Konsequenzen und notwendigen Vertragsänderungen in Folge des Verfassungsgerichtsurteils zur Entscheidung vorgelegt werden. Sie appellierte an die Abgeordneten der Regierungsfraktionen, wenigstens ihren Abgeordnetenpflichten nachzukommen: »Können Sie das wirklich verantworten, heute, (...) ohne zu wissen, welche Regelungen der Senat mit den Investoren vereinbart, wie die Nachschussregelung aussieht, ohne zu wissen, welche finanziellen Folgen auf das Land Berlin zukommen, über 28 Jahre hinweg, zu sagen, diese Verträge werden einfach vollzogen?«[13] Der Appell verhallte weitgehend ungehört, lediglich sieben Abgeordnete aus dem Regierungslager stimmten dem Antrag der Opposition zu und zehn weitere enthielten sich.

---

[11] Vgl. Konsortialvertrag zur Teilprivatisierung der Berliner Wasserbetriebe (nicht konsolidierte Fassung), § 23.7, www.berlin.de/sen/finanzen/vermoegen/beteiligungen/berlinwasser1.html

[12] Siehe den Antrag der Oppositionsfraktionen PDS und Bündnis90/Die Grünen: »Kein Vollzug der Veräußerung der Berliner Wasserbetriebe ohne Nachbesserung der Verträge gemäß der Entscheidung des Verfassungsgerichtshofes«, Abghs. von Berlin, Drs. 13/4170.

[13] Harald Wolf (PDS), Abghs. von Berlin, 13. Wahlperiode, 69. Sitzung vom 29. Oktober 1999, S. 2984.

Gesetzliche Neuregelung in Folge des Verfassungsgerichtsurteils und die »5. Änderungsvereinbarung«

Da zur Beruhigung der Öffentlichkeit mit der Privatisierung die Wasserpreise für fünf Jahre festgeschrieben waren und damit die Ausgleichsverpflichtung für finanzielle Nachteile gegenüber den Investoren erst 2004 griff, bestand für die CDU/SPD-Koalition kein unmittelbarer Handlungsdruck – die nötige Novellierung des Teilprivatisierungsgesetzes blieb erst einmal liegen. Und seit dem Jahreswechsel 2000/2001 wurde die politische Agenda durch den Berliner Bankenskandal geprägt. Die Berliner Bankgesellschaft – deren Konstruktion in der Debatte um die BWB noch als erfolgreiches Beispiel gepriesen wurde – geriet wegen unseriöser Fondsgeschäfte in die Schieflage und konnte nur durch eine Kapitalspritze des Landes und umfangreiche Garantien vor der Insolvenz bewahrt werden. Dies führte 2001 zu vorgezogenen Neuwahlen und zur Bildung einer rot-roten Koalition aus SPD und PDS.

Damit stand die neu gebildete Regierung vor der Aufgabe, vor Ablauf des Jahres 2003 eine Lösung für die Nachteilsausgleichsklausel des Privatisierungsvertrages zu finden. Weiterhin nichts zu tun, hätte bedeutet, dass das Haushaltsnotlagenland Berlin zu Lasten des Landeshaushaltes RWE und Veolia einen Ausgleich für entgangene Gewinne auf Grund der von der Vorgängerregierung vertraglich vereinbarten faktischen Gewinngarantie hätte zahlen müssen. Es ist eine Ironie der Geschichte, dass mit dem Regierungseintritt der PDS ausgerechnet diejenigen, die die Teilprivatisierung immer abgelehnt und vor der Garantieklausel eindringlich gewarnt hatten, nun dieses fatale Erbe antreten mussten.[14]

Die vom Verfassungsgericht für nichtig erklärte Verzinsungsregel (R+2, s.o.) wurde durch eine Regelung ersetzt, wonach die Verzinsung des betriebsnotwendigen Kapitals vom Senat jährlich durch Rechtsverordnung festgesetzt wird. Für die Höhe der Verzinsung legt das Gesetz fest, dass der Senat bei der Festlegung des Zinssatzes die Durchschnittsrendite konservativer Vermögensanlagen in einem langfristigen,

---

[14] »Dass ausgerechnet Herr Wolf, einst einer der schärfsten Kritiker dieses Deals, ihn nun umsetzen und vertreten muss, ist Ironie der Geschichte.« Jochen Eßer (Grüne), Abghs. von Berlin, 15. Wahlperiode, 37. Sitzung vom 30. Oktober 2003.

mindestens zehnjährigen Zeitraum zugrunde zu legen hat.[15] Gleichzeitig wurde die Abschreibungsmethode von Anschaffungswerten auf Wiederbeschaffungszeitwerte geändert. Durch die höheren (kalkulatorischen) Abschreibungen auf Wiederbeschaffungszeitwerte entstehen durch die Differenz zu den handelsrechtlichen Abschreibungen zusätzliche Gewinne, die die ebenfalls für verfassungswidrig erklärten Effizienzgewinne kompensieren sollten.

Mit der neuen Verzinsungsregel erhielt der Senat rechtlich einen nicht unbeträchtlichen Spielraum bei der Festlegung des Zinssatzes. Durch die Gewinngarantieklausel besteht der faktische Handlungsspielraum aber nur in der Alternative, den Zinssatz so festzusetzen, dass die ursprüngliche Gewinnerwartung der Privaten erfüllt wird, und damit die Wasserkunden zu belasten, oder ihn niedriger festzusetzen und eine Ausgleichszahlung leisten zu müssen. Tatsächlich hat der Senat, um den Anstieg der Wasserpreise zu dämpfen, bis zum Jahr 2007 einschließlich einen Zinssatz festgelegt, der unterhalb der vertraglichen Garantie lag, und aus seinem Gewinnanteil dafür einen Ausgleich an die privaten Investoren gezahlt. Mit anderen Worten: Entweder die Berliner/innen zahlen für die Folgen der Teilprivatisierung in ihrer Eigenschaft als Kunde der Berliner Wasserbetriebe oder als Steuerzahler.

Mit dem Ende der fünfjährigen Preisdeckelung 2004 wurden die Folgen der Teilprivatisierung für die Kunden offensichtlich: Der Wasserpreis stieg mit einem Schlag um 15,3%, 2005 um 5,4%, trotz erheblicher Ausgleichszahlungen des Landes an RWE und Veolia, um einen noch höheren Preisanstieg zu verhindern.

Exkurs: Warum die Teilprivatisierung auch finanziell betrachtet ein schlechtes Geschäft war

Wesentlicher Grund für die Teilprivatisierung war, einen Beitrag zur Haushaltssanierung zu leisten. Aber auch unter diesem Gesichtspunkt hat das Land ein schlechtes Geschäft gemacht. Der Verkaufserlös von 1,63 Mrd. Euro, von dem 1,543 Mrd. Euro in den Landeshaushalt flos-

---

[15] Vgl. Gesetz zur Änderung des Teilprivatisierungsgesetzes vom 11.12.2003, GVBl. S. 591. Das Berliner Verfassungsgericht hat in zwei Entscheidungen die Verfassungsmäßigkeit dieser Bestimmung bestätigt, vgl. BerlVerfGH 29/07 und 39/09.

sen, führt zu einem niedrigeren Schuldenstand und dementsprechend zu einer Zinsersparnis für das Land. Geht man von einem durchschnittlichen Zinssatz für Kommunalkredite von 4% aus, so beträgt diese Zinsersparnis 62 Mio. Euro jährlich. Gleichzeitig haben aber die privaten Anteilseigner allein von 1999 bis 2009 einschließlich 784 Mio. Euro Gewinne (nach Steuern) erzielt. Dazu kommen 263 Mio. Euro aus einer Kapitalherabsetzung im Jahr 2008 – insgesamt also 1,047 Mrd. Euro, die RWE und Veolia in zehn Jahren zuflossen. Berlin hatte im gleichen Zeitraum durch den Verkauf lediglich eine Zinsersparnis von 620 Mio. Euro. Hätte das Land die BWB zu 100% im Landesbesitz gehalten, hätten aus dem Ertrag auf die 49,9% die 620 Mio. Zinsen bedient werden können und 427 Mio. Euro als Preissenkung an die Kunden weitergegeben werden können. Kurz: Der Verzicht auf eine dauerhafte Einnahmequelle zugunsten des schnellen Geldes durch Privatisierung rechnet sich in der Regel nicht.

Die Diskussion um die Rekommunalisierung der BWB und die Offenlegung der Verträge

Während der fünfjährigen Preisdeckelung war die öffentliche Diskussion um die Privatisierung der Wasserversorgung weitgehend zum Erliegen gekommen, 2004 sollte sich das jedoch ändern. Der drastische Preisanstieg um 15% und die in den Folgejahren kontinuierlich weiter steigenden Preise führten zu wachsendem Unmut bei den Kunden. Mieterorganisationen, Haus- und Grundbesitzerverband, Kleingärtner, Industrie- und Handelskammer beklagten sich über die stetig steigenden Wasserpreise. In dem Maße, wie die Folgen der Privatisierung von 1999 offensichtlich wurden, sank die Akzeptanz. Bereits in der Diskussion um die Änderung des Teilprivatisierungsgesetzes in Folge des Verfassungsgerichtsurteils und angesichts der Ausgleichsklausel verteidigte keine der Abgeordnetenhausfraktionen mehr die Privatisierung.

Bei der Neubildung der rot-roten Koalition 2006 setzen sich SPD und Linkspartei die Rekommunalisierung als Ziel. Dies war jedoch zunächst nicht mehr als eine bloße Willensbekundung – eine Antwort auf die Frage, wie zu vertretbaren Konditionen RWE und Veolia dazu gebracht werden könnten, ihre finanziell lukrative, vertraglich abgesicherte, weitgehend risikolose und für Veolia obendrein strategisch bedeutsame Beteiligung an den BWB aufzugeben, hatte zum damaligen Zeitpunkt niemand. Die Auseinandersetzung zwischen den Vertretern des Landes und der privaten Investoren erschöpften sich im Klein-Klein, in Versuchen, Kalkulationsspielräume unterhalb einer Vertragsverletzung zugunsten der Wasserkunden zu nutzen. Das führte lediglich zu einem Anwachsen ungelöster Konflikte zwischen den Gesellschaftern, die alle einen Hintergrund hatten: Ist es Unternehmensziel, eine möglichst hohe Rendite für die Gesellschafter zu erzielen, oder müssen in der Unternehmenspolitik Qualität der Wasserversorgung und eine moderate Preispolitik im Interesse der Kunden Vorrang haben?

Mittlerweile hatte der Unmut über die Teilprivatisierung zur Bildung der Bürgerinitiative »Berliner Wassertisch« geführt, die Mitte 2007 das Volksbegehren »Schluss mit den Geheimverträgen – Wir Berliner wollen unser Wasser zurück« initiierte. Ziel war die Offenlegung der 1999 mit einer Vertraulichkeitsklausel versehenen Privatisierungsverträge und ihre öffentliche Überprüfung durch das Abgeordnetenhaus. Im Februar 2008 nahm das Volksbegehren mit mehr als 36.000 Unterschriften die erste Hürde, im November 2010 mit mehr als 280.000 die zweite.

Der Senat und die Koalitionsfraktionen SPD und Linke teilten das Ziel der Initiative nach Offenlegung der Verträge. Mehrfache Versuche, von RWE und Veolia die Zustimmung zu einer Veröffentlichung zu erreichen, scheiterten. Gleichzeitig hatten alle Fraktionen des Abgeordnetenhauses verfassungsrechtliche Bedenken gegen die konkreten Formulierungen des Gesetzentwurfes des Wassertisches. Verhandlungen mit den Initiatoren des Volksbegehrens mit dem Ziel, sich auf eine einvernehmliche, verfassungskonforme Gesetzesformulierung zu einigen, scheiterten. Das Abgeordnetenhaus übernahm den Gesetzentwurf des Wassertischs nicht, sondern verabschiedete im Juli 2010 das »Zweite Gesetz zur Änderung des Berliner Informationsfreiheitsgesetzes (IFG)«. Dieses legte fest, dass im Falle einer Übertragung von Aufgaben der öffentlichen Daseinsvorsorge an Private die entsprechenden Verträge nach einer verfassungsrechtlich gebotenen Abwägung der schutzwürdigen Interessen Dritter zu veröffentlichen sind.[16] Damit war rechtlich der Weg zur Veröffentlichung der Verträge frei und der Senat leitete das gesetzlich vorgeschriebene Veröffentlichungsverfahren ein. Dem kam jedoch die taz zuvor, sie veröffentlichte die Verträge am 30. Okto-

---

[16] Gesetz zur Änderung des Gesetzes zur Förderung der Informationsfreiheit im Land Berlin (Berliner Informationsfreiheitsgesetz – IFG), Abghs. v. Berlin, Drucksache 16/2939.

Zähes Ringen um den Rückkauf der Berliner Wasserbetriebe 105

ber 2010, bevor der Senat sie nach Abschluss des Verfahrens am 10. November ebenfalls veröffentlichen konnte. Da aber bereits der »Wassertisch« die gesammelten Unterschriften eingereicht hatte, fand der Volksentscheid am 13. Februar 2011 statt. Trotz – oder vielleicht auch gerade wegen der bereits erfolgten Veröffentlichung und der damit verbundenen erneuten Skandalisierung der Gewinngarantie – entfaltete sich eine unerwartete Dynamik, die von allen im Abgeordnetenhaus vertretenen Parteien und vielen Beobachtern unterschätzt wurde. 678.507 Stimmen für den Volksentscheid dokumentierten auf eindrucksvolle Weise die breite Ablehnung der Wasserprivatisierung.

Unterdessen drohte eine weitere Entwicklung RWE und Veolia einen Strich durch die profitable Rechnung der Teilprivatisierung zu machen. Am 2.2.2010 entschied der Bundesgerichtshof, dass auch die Wasserversorgung einer kartellrechtlichen Überprüfung unterliegt. Dass dies für die überhöhten Berliner Wasserpreise und die Monopolrendite der BWB mit einer Umsatzrentabilität von 23-25% Konsequenzen haben musste, lag auf der Hand. Die Berliner Senatsverwaltung für Wirtschaft, der die Landeskartellbehörde untersteht, setzte sich daraufhin mit dem Bundeskartellamt in Verbindung, um die Konsequenzen für den Berliner Fall zu besprechen. Im Ergebnis kam man überein, dass aufgrund eines möglichen Interessenkonflikts (das Land genehmigt die Tarife) Berlin die Zuständigkeit für die kartellrechtliche Überprüfung an das Bundeskartellamt abgibt. Dies geschah am 15.3.2010. Das Kartellamt leitete eine umfangreiche Untersuchung an. Im Februar 2011 teilte das Kartellamt den BWB das vorläufige Ergebnis mit. Im Vergleich zu den anderen deutschen Millionenstädten Hamburg, München und Köln sei der Wasserpreis um 50 Cent pro m³ überhöht. Nach umfangreichen Stellungnahmen der BWB und zwei Abmahnschreiben des Kartellamtes erließ dieses am 4.6.2012 eine Preissenkungsverfügung von 18,2% auf den Trinkwasserpreis.[17]

Zuvor jedoch hatte sich RWE angesichts einer drohenden Preissenkungsverfügung des Bundeskartellamts und des Drucks des Volkentscheids im November 2010 bereit erklärt, dem Land seine Anteile wieder zu verkaufen. Man sei zwar »unternehmerisch grundsätzlich weiter daran interessiert, das Engagement in Berlin fortzusetzen«, man wolle sich aber »den von der Politik gewünschten Gesprächen nicht verschlie-

---

[17] Siehe die umfangreiche Darstellung des Verfahrens in www.bundeskartellamt.de, Gesch.-Z. B8-4010.

ßen«.[18] Veolia erklärte daraufhin, man sei nicht bereit zu verkaufen, aber bereit, über eine »Modernisierung« der Verträge zu reden. Damit war endlich eine reale Option für eine Rekommunalisierung entstanden.

Der Rückkauf der RWE-Anteile 2012

Anfang 2011 begannen die Verhandlungen mit RWE. Ein erstes Angebot von RWE in Höhe von 844 Mio. Euro wurde vom Land Berlin als überhöht abgelehnt. Im Laufe der Verhandlungen konnten weitere Zugeständnisse von RWE erreicht werden, angesichts der im September anstehenden Wahlen wurden die Gespräche jedoch unterbrochen. Nach der Bildung des neuen Senats aus SPD und CDU wurden sie 2012 wieder aufgenommen, im Mai vermeldete der Senat, dass man handelseinig geworden sei. Der Kaufpreis für die Anteile betrug 618 Mio. Euro plus Zinsen in Höhe von ca. 30 Mio. ab dem 1.1.2012. Im Gegenzug steht dem Land der gesamte Jahresgewinn 2012 auf den RWE-Anteil zu.

Mit diesem Kauf erwirbt Berlin jedoch keinen direkten Anteil an den BWB, sondern übernimmt den 50%igen RWE-Anteil an der Berlinwasser Beteiligungs GmbH, der Gesellschaft, die RWE und Veolia gründeten, um ihre Beteiligung an der Berlinwassergruppe zu halten. Der Konsortialvertrag mit dem Land bleibt damit weiter in Kraft und damit alle in der Kritik stehenden Regelungen wie die garantierte Verzinsung und die Ausgleichspflicht des Landes. Der Kaufpreis soll nach dem Willen des Senats über die Gewinne aus dem zurückgekauften Anteil ohne Haushaltsbelastung refinanziert werden. Am 25. Oktober stimmten im Abgeordnetenhaus SPD und CDU dem Rückerwerb der RWE-Anteile gegen die Stimmen der Opposition aus GRÜNEN, LINKEN und Piraten zu.

Die Opposition kritisierte, dass mit der Vorgabe, den Kaufpreis vollständig aus dem Unternehmen zu refinanzieren, die missbräuchlich überhöhten Wasserpreise auf Dauer zementiert werden. Zwar konnte die Senatsverwaltung für Finanzen in einem »Stressszenario« darstellen, dass auch bei Umsetzung der Preissenkungsverfügung des Bundeskartellamts eine Refinanzierung aus den Gewinnen darstellbar ist. Die Verfügung des Kartellamtes bezieht sich aber allein auf die Trinkwasserversorgung, da nach herrschender Meinung die Abwasserver-

---

[18] Tagesspiegel, 21.11.2010, Stefan Jacobs: »RWE lässt mit sich reden«.

sorgung nicht dem Kartellrecht unterliegt. Die Abwasserpreise (die den größeren Anteil am Gesamtwasserpreis ausmachen) beinhalten aber die gleichen überhöhten kalkulatorischen Kosten wie beim Trinkwasser. Was beim Trinkwasserpreis als missbräuchlich überhöht gilt, kann dann beim Abwasserpreis kaum als angemessen gelten. Nicht nur die Kalkulationsprinzipien für Trinkwasser, sondern auch für Abwasser müssten also mit der Konsequenz einer Preis- und Gewinnsenkung korrigiert werden. Mit der Vorgabe, den Kaufpreis vollständig aus dem Unternehmen zu finanzieren, ist aber eine Senkung des Abwasserpreises nicht mehr möglich – es sei denn, die Kosten der Wasser- und Abwasserentsorgung werden deutlich gesenkt. Damit ist die Gefahr verbunden, dass dies zu Lasten der Beschäftigten und/oder der Qualität der Wasserver- und -entsorgung geht. Diese Sorge äußerte auch die ver.di-Landesbezirksleiterin Susanne Stumpenhusen bei grundsätzlicher Befürwortung einer Rekommunalisierung: Angesichts des Kaufpreises seien »die Beschäftigten in den betroffenen Unternehmen (...) daher besorgt, dass sie zur Finanzierung der Rückkäufe herangezogen werden. Ihre Leistungen für die hervorragend funktionierende Wasserversorgung in Berlin würden damit konterkariert«, dies wäre mit ver.di nicht verhandelbar.[19] Ver.di verlangte vom Land Berlin und den politisch Verantwortlichen »möglichst schnell eindeutige Aussagen darüber, wie und unter welchen Bedingungen eine Rekommunalisierung ablaufen soll. So wäre es dringend notwendig, den Beschäftigten zu signalisieren, dass ihre Tarifverträge zukünftig weiter gelten, eine Absenkung des Einkommensniveaus nicht vorgesehen sei und ein über die derzeitigen Planungen hinausgehender Arbeitsplatzabbau nicht stattfinden würde«.[20]

Stattdessen ließ die Koalition die Zukunft der BWB und der Beschäftigten weiter im Unklaren. Zwar wurde mit dem Beschluss über den Rückkauf der RWE-Anteile auch eine Entschließung mit den Stimmen von CDU und SPD beschlossen, mit der eine 15%ige Reduktion der Trinkwasserpreise im Jahr 2013 oder (!) 2014 verlangt wurde. Die Koalition blieb aber jede Antwort schuldig, wie dies erreicht werden soll: Schon 2012 war es wegen einer Blockade zwischen dem Land und den privaten Anteilseignern nicht möglich, die eigentlich gesetzlich vorgeschriebene Neukalkulation der Preise vorzunehmen, stattdessen wur-

---

[19] Ver.di mahnt Detailplanung an, in: ver.di-Pressemitteilung vom 25.9.2012
[20] Ebd.

de der Preis des Jahres 2011 fortgeschrieben. Da auch nach Erwerb der RWE-Anteile der Privatisierungsvertrag weiter gilt, kann sich Veolia gegenüber dem Land auf diesen berufen und ihn einklagen. Gleichzeitig ist die Preissenkungsverfügung des Kartellamts noch nicht rechtskräftig, da sie von den BWB mit Unterstützung des Landes beklagt wird. Die von der Koalition geforderte 15%ige Preissenkung könnte entweder nur durch ein Zugeständnis von Veolia, für das sie sicher an anderer Stelle Kompensation verlangen werden, oder durch eine weitere Senkung der Kosten im Unternehmen erfolgen. Der ursprünglichen Ankündigung einer Preissenkung folgte dann lediglich eine 14%ige *vorläufige* – und damit widerrufbare – Gutschrift auf den Trinkwasserpreis des Jahres 2012. Der Senat erklärte gleichzeitig, dass auch die Wasserpreise der Jahre 2013 und 2014 weiterhin mit der bisherigen, zum Preismissbrauch führenden Kalkulationsgrundlage berechnet werden. Dabei hatte das Kartellamt einen klaren und unmissverständlichen Hinweis gegeben, über welchen Hebel die Senkung der missbräuchlich überhöhten Preise erfolgen müsste: Ursächlich für die hohen Preise sind nicht die hohen *realen* Kosten der Wasserversorgung, sondern dass »die kalkulatorischen Kosten sowohl absolut als auch relativ überdurchschnittlich hoch sind«. Kalkulatorische Kosten, das sind zum einen der hohe garantierte Zinssatz und hohe kalkulatorische Abschreibungen u.a. durch sehr kurze Abschreibungszeiträume und eine »sehr hohe Bewertung des Anlagevermögens«.[21] Eine Senkung dieser hohen kalkulatorischen Kosten käme den Verbrauchern durch gesunkene Wasserpreise zu Gute und die Beschäftigten bräuchten nicht zu befürchten, dass die Wasserpreissenkung zu Lasten ihrer Lohn- und Arbeitsbedingungen geht.

Eine solche Entwicklung ist gegenwärtig noch nicht absehbar. Sie wird wohl nur realisierbar, wenn es dem Land gelingt, auch die Veolia-Anteile wieder zu erwerben, sodass der Privatisierungsvertrag mit seinen Fesseln hinfällig wird. Veolia will weiter über die »Modernisierung der Verträge« und nicht über einen Rückzug aus den BWB verhandeln. Und innerhalb der Koalition scheint in dieser Frage auch Uneinigkeit zu bestehen. So erklärte der CDU-Abgeordnete Garmer im Abgeordnetenhaus: »Der Senat wird Verhandlungen mit Veolia mit

---

[21] www.bundeskartellamt.de/wDeutsch/entscheidungen/Missbrauchsaufsicht/EntschMissbrauchsaufsichtW3DnavidW2661.php, Gesch-Z. B 8-40/10, S. 109ff.

dem Ziel aufnehmen, die vertragliche Grundlage der Zusammenarbeit zu modernisieren. Veolia ist im Wassergeschäft weltweit tätig und hat eine immense Erfahrung in diesem Geschäft. Von dieser immensen Erfahrung haben die Berliner Wasserbetriebe und damit auch die Verbraucherinnen und Verbraucher in Berlin in den letzten 13 Jahren massiv profitiert. Das ist der Grund, warum wir Veolia auch in Zukunft an Bord halten wollen.«[22]

Veolia hat in der Vergangenheit mehrfach deutlich gemacht, dass für sie die Beibehaltung der unternehmerischen Führung unverzichtbar ist. Angesichts dessen ist eine klare politische Zielbestimmung notwendig: Statt neoliberale Mythen vom Nutzen einer privaten Beteiligung für die Verbraucherinnen und Verbraucher wiederaufleben zu lassen, muss es um die Wiederherstellung der vollständigen öffentlichen Kontrolle über das Unternehmen gehen, also um eine 100%ige Rekommunalisierung. Der erste Schritt dahin wäre, dieses Ziel von Seiten der Berliner Politik gegenüber Veolia klar zu kommunizieren und deutlich zu machen, dass man die »Partnerschaft« für gescheitert hält, und die Konflikte um eine Senkung der Wasserpreise bei Wahrung der Interessen der Beschäftigten offensiv zu führen. Um dies zu erreichen, wird weiterer öffentlicher Druck notwendig sein.

---

[22] Dr. Michael Garmer (CDU), Abghs. v. Berlin, Plenarprotokoll 17/18, S. 1716.

Matthias Schrade
Rekommunalisierung in der Landeshauptstadt Hannover

Das Thema Rekommunalisierung hat in der Landeshauptstadt Hannover eine mehrjährige Tradition. Bis es dazu kam, musste jedoch zunächst belegt werden, dass private Unternehmen städtische Dienstleistungen nicht zwangsläufig billiger erledigen. Außerdem bedurfte es intensiver Debatten und erheblichen Drucks von Seiten der Personalräte.

Vergleich der Wirtschaftlichkeit von städtischen und privaten Unternehmen

Im Rahmen des fünften Haushaltskonsolidierungsprogramms der Landeshauptstadt Hannover kamen im Jahr 2005 alle internen Dienstleistungen der Stadtverwaltung auf den Prüfstand. Die damalige Idee zielte darauf ab, städtische Dienstleistungen in den direkten Wettbewerb mit privaten Anbietern zu stellen, indem die Verpflichtung der städtischen Dienststellen zur Inanspruchnahme von städtischen Dienstleistern wie z.B. der Rathausdruckerei aufgehoben wurde. Bei einer verwaltungsweiten Abfrage kamen so gut 150 Aufgaben zusammen, die ggf. auf ein privates Unternehmen übertragen werden könnten. Um eine Systematik zu entwickeln, wie Wirtschaftlichkeitsüberprüfungen bei der Landeshauptstadt Hannover standardisiert durchgeführt werden können, wurde seinerzeit eine Projektgruppe unter Beteiligung des Personalrats eingerichtet. Das Ergebnis ist der »Kriterienkatalog« für Wirtschaftlichkeitsvergleiche (s. Übersicht 1 auf der folgenden Doppelseite).

Mit dem Kriterienkatalog hat die Landeshauptstadt Hannover den Begriff der »Wirtschaftlichkeit« für sich definiert und dokumentiert, dass Wirtschaftlichkeit nicht bei der Frage nach dem Preis aufhört, sondern weitere Aspekte wie Steuerung, Qualität und Unternehmenskultur beinhaltet. Dies sieht das Beratungsunternehmen »Price Waterhouse Coopers«, das mit der Überprüfung dieses Kataloges beauftragt wurde, genauso und kommt zu folgendem Fazit: »Insgesamt ist der vorgelegte Kriterienkatalog sehr gut geeignet, zu untersuchen, welche Organisationsform besonders für die Leistungserbringung geeignet ist. Positiv ist zu bemerken, dass die Kriterien eine mehrdimensionale Betrachtungsweise berücksichtigen. Dabei werden aus gutachterlicher Sicht die relevanten Entscheidungskriterien sowohl monetärer als auch nicht monetärer Art berücksichtigt. Insgesamt ist, unter Berücksichtigung der vergaberechtlichen Aspekte, der Vergleichscharakter der Prüfung positiv zu bewerten, sodass die Durchführung von Leistungsabfragen auch einen wettbewerbsfördernden Charakter sowohl für weiterhin intern zu erbringende Leistungen als auch für künftig zu berücksichtigende weitere Kernaufgaben der Landeshauptstadt Hannover erbringt. Dies betrifft zum einen den Vergleich zwischen kommunalen und privaten Anbietern, zum anderen aber auch die Möglichkeit eines interkommunalen Vergleichs. So können die vorliegenden Untersuchungskriterien zum Wirtschaftlichkeitsvergleich als Grundlage für ein Benchmarking herangezogen werden. Weiterentwicklungsmöglichkeiten bzw. Verbesserungsmöglichkeiten ergeben sich zum einen aus einer Verbesserung der Datengrundlage durch Einführung der Doppik und zum anderen in geeigneten Fällen aus einer weiteren Strukturierung der Entscheidungssituation durch eine Operationalisierung und Gewichtung von Kriterien, soweit im Einzelfall mehr Transparenz erforderlich ist. Darüber hinaus sollte bei der Anwendung zukünftig eine einheitliche Herangehensweise bei der Berücksichtigung von Gemeinkosten vorgenommen werden. Zusammenfassend lässt sich feststellen, dass die erarbeiteten Kriterien für eine Überprüfung der Form der Leistungserbringung insgesamt als vollständig zu bewerten sind. Daher steht einer weiteren Anwendung des Wirtschaftlichkeitsvergleichs, unter Prüfung unserer Vorschläge zur Weiterentwicklung, nichts im Wege.«

Überprüfung der Wirtschaftlichkeit städtischer und privater Dienstleister

Der Kriterienkatalog zur Bestimmung der Wirtschaftlichkeit wurde in den fünf folgenden Pilotbereichen einem ersten Praxistest unterzogen:
- Planung und Betrieb von Brandmeldeanlagen
- Erstellung und Zustellung von Lohnsteuerkarten
- Statikprüfungen im Bereich Bauordnung
- Versorgung mit Essen (Mensen) in städtischen Schulen
- Pflege öffentlicher Grünflächen

Übersicht 1: Kriterienkatalog für die Bestimmung der Wirtschaftlichkeit ausgewählter Dienstleistungen

Teil A: Beschreibung der Leistungen und monetäre Kriterien

1.	**Beschreibung und Qualität der Leistungen**
1.1	Allgemeine Beschreibung der Aufgabe/Leistung
1.2	Lässt sich die Leistung eindeutig beschreiben (Ist-Zustand)?
1.3	Gibt es besondere Qualitätsanforderungen?
2.	**Die Kosten der eigenen Leistung**
2.1	Wie hoch sind die Kosten pro Jahr im Ist-Zustand?
2.2	Werden durch die Leistungen Einnahmen erzielt?
2.3	Wie hoch sind die in der Verwaltung bei einer Vergabe der Leistungen verbleibenden Kosten?
2.4	Welche zusätzlichen Kosten (Transaktionskosten) entstehen in der Verwaltung bei einer Vergabe?
2.5	Übersicht der Ergebnisse der Vergleichsberechnung

Teil B: Überwiegend nicht-monetäre Kriterien

3.	**Bedeutung der Aufgabe/Leistung in der Verwaltung**
3.1	Handelt es sich bei der zu erbringenden Leistung um eine Kernkompetenz/ergänzende Leistung?
3.2	Erfolgt die Leistungserbringung regelmäßig/unregelmäßig?
3.3	Besteht bezüglich der Leistungserbringung eine besondere Sensibilität/eine erhöhte Vertraulichkeit/ein gesteigertes Sicherheitsbedürfnis?
3.4	Bestehen Verzahnungen bzw. Zuständigkeitsabgrenzungen im eigenen Fachbereich/mit anderen Fachbereichen?
3.5	Gibt es eine Trennung zwischen der anordnenden Stelle und der ausführenden Stelle?
3.6	Wie schätzen Sie die künftige Leistungsentwicklung aufgrund technischer Neuerungen oder gesetzlicher Änderungen ein (mengenmäßig und qualitativ)?
4.	**Auswirkungen auf das eigene Personal**
4.1	Ist das betroffene Personal in anderen Verwaltungsbereichen einsetzbar?
4.2	Welcher Schulungs-/Umschulungsaufwand ist zu erwarten?
4.3	Wie wird gegebenenfalls speziell ausgebildetes Personal zukünftig eingesetzt?
4.4	Welche speziellen Kenntnisse gehen möglicherweise verloren?
4.5	Zusatzkosten bei Leistungsminderungen (Unternehmenskultur)

Rekommunalisierung in der Landeshauptstadt Hannover 113

5.	**Anbieter/Markt**
5.1	Welche Marktgegebenheiten sind vorhanden (Monopol, Oligopol, freier Markt)?
5.2	Ergeben sich durch die Marktgegebenheiten möglicherweise Abhängigkeiten?
5.3	Kann ein Markttest durchgeführt werden?
5.4	Besteht die Möglichkeit der direkten Preisabfrage?
5.5	Sind realistische Preise zu erwarten (Einstiegspreise), Qualität der abgefragten Preise, Problembeschreibung Vergaberecht?
5.6	Anbieter (Tarifbindung, Zuverlässigkeit, Rahmenbedingungen, Vergleichbarkeit der Tarife)
5.7	Haftung des Auftraggebers bei Vergabe
6.	**Erfahrungen anderer Fachbereiche und anderer Kommunen**
6.1	Gibt es verwaltungsinterne Erfahrungen im eigenen FB oder in anderen FB mit entsprechenden Vergaben?
6.2	Gibt es Erfahrungen anderer Kommunen mit entsprechenden Auslagerungen?
7.	**Reduzierung der Ist-Kosten (Möglichkeiten der internen Optimierung)**

Die Aufgaben wurden anhand des Kriterienkataloges auf die wirtschaftlichste Form der Wahrnehmung überprüft. Was als ein Aufschlag für eine flächendeckende Privatisierung von städtischen Dienstleistungen angelegt war, hat sich am Ende als Startschuss für eine breit angelegte Rekommunalisierungsdiskussion herausgestellt. Lediglich im Bereich der Essensversorgung in den städtischen Schulen hat sich die private Form dieser Aufgabenwahrnehmung als die wirtschaftlichere Variante herausgestellt – was nicht ganz verwunderlich war, da es sich hierbei um ein ehrenamtliches Modell handelte, bei dem Elterninitiativen die Essenausgabe unentgeltlich organisieren.

Trotz dieses deutlichen »4:1-Erfolges« für die städtische Form der Aufgabenwahrnehmung bedurfte es massiver Aktivitäten der Personalvertretung, um aus dieser Erkenntnis Rekommunalisierungsaktivitäten abzuleiten. Während eine verwaltungsseitige Abfrage, welche stadtinternen Dienstleistungen in Anspruch genommen werden und künftig ggf. privatisiert werden könnten, auf Anhieb ca. 150 Hinweise ergab, führte eine erste Abfrage nach extern vergebenen Dienstleistungen nur zu einer Handvoll Rückmeldungen. Selbst Fachbereiche, von denen bekannt war, dass sie jedes Jahr Aufträge in Millionenhöhe vergeben, meldeten Fehlanzeige. Das zeigte, dass auch hier die jahrelange »Privat vor Staat«-Debatte ihre Wirkung nicht verfehlt hat und eine umgekehrt angelegte Verfahrensweise auf der Verwaltungsseite zunächst nicht ernst genommen wurde. Diese Haltung hat sich bis heute nicht geändert, was insbesondere auch dadurch belegt wird, dass es in der Landeshauptstadt Hannover nicht eine einzige Rekommunalisierungsmaßnahme gibt, die nicht auf eine Personalratsinitiative zurückzuführen ist, obwohl es ja eigentlich auch im Interesse von Verwaltung und Politik liegen müsste, dass die jeweils wirtschaftlichste Form der Aufgabenwahrnehmung gewählt wird.

Als Konsequenz aus der Überprüfung der oben genannten fünf Pilotbereiche wurden zunächst drei Ingenieurstellen im Bereich der Prüfstatik eingerichtet. Mit jeder dieser Stellen erwirtschaftet die Stadtverwaltung einen Überschuss von jährlich mehr als 30.000 Euro.

Rekommunalisierungsprojekt im Bereich Gebäudemanagement

Personalratsseitig wurde nach und nach die Rekommunalisierung von weiteren Aufgabenbereichen vorgeschlagen. Um die jeweilige Wirtschaftlichkeit der Eigenwahrnehmungsvariante nachzuweisen, werden jeweils so genannte Rekommunalisierungsprojekte aufgelegt. Der Projektrahmen wird einzelfallbezogen in einer »Projektvereinbarung« zwischen Verwaltung und Personalvertretung festgeschrieben (siehe Kasten, S. 115f.).

Das in dieser Vereinbarung beschriebene Rekommunalisierungsprojekt wurde inzwischen erfolgreich beendet und die vier Bautechnikerstellen unbefristet eingerichtet. Der Kostenvorteil der Eigenfertigungsvariante betrug bei den Referenzprojekten 5,2% und ist seitdem sogar noch gestiegen. Würde das Projekt neu aufgelegt bzw. weitergeführt, müsste mit den seit 1.1.2010 geltenden Honorarsätzen für Leistungen nach der Honorarordnung für Architekten und Ingenieure (HOAI) gerechnet werden. Diese liegen im Bereich der Technischen Gebäudeausrüstung um 30% über den alten Sätzen, im Bereich des Hochbaus ca. 20%. Die Kostenersparnis für die Stadt würde sich also um diese Sätze erhöhen.

Vereinbarung zum Rekommunalisierungsprojekt im Fachbereich 19

Um den wirtschaftlichen Vorteil einer Rekommunalisierung im Fachbereich 19 (Gebäudemanagement) für die Landeshauptstadt Hannover nachzuweisen, vereinbaren die Unterzeichner folgendes Projekt:

1. Zielsetzung
Durch die Erhöhung der Eigenfertigung zu Lasten der Vergabe an Dritte sollen Gebäudesanierungen und Neubauten wirtschaftlicher erfolgen.

2. Projektbeschreibung
Durch den zusätzlichen Einsatz von Technikern/innen für die bauliche Unterhaltung von städtischen Gebäuden werden zeitliche Kapazitäten für die bisher mit diesen Aufgaben betrauten Bauingenieure/innen bzw. Architekten/innen frei. Diese Kapazitäten werden stattdessen in den vier Objektzentren (19.11, 19.12, 19.21, 19.22) zur Realisierung von noch zu benennenden Projekten eingesetzt. Dadurch wird der Anteil der Eigenerstellung von Planungs- und Projektsteuerungsaufwand gesteigert und gleichzeitig die Vergabe an externe Büros verringert. Die Projekte werden nach Vorlage des Fachbereichs 19 (Projektbeschreibung, Zeitdauer, finanzielles Volumen) durch die Unterzeichner festgelegt. Die Vergleichsprojekte umfassen die HOAI*-Leistungsphasen 1 bis 9.

3. Zeitrahmen, Zeitraum, Umfang des zusätzlichen Personaleinsatzes
Der Zeitrahmen umfasst drei Jahre (01.01.2008 bis 31.12.2010). In den Objektzentren 19.11, 19.12, 19.21, 19.22 wird nach Einvernehmen über die Projekte (vgl. Ziffer 2 S. 4) innerhalb dieses Zeitrahmens außerplanmäßig zusätzlich je ein/e Techniker/in für die bauliche Unterhaltung eingestellt. Die Einstellung der vier Techniker/innen erfolgt gemäß § 14 Abs. 2 TzBfG (Teilzeit- und Befristungsgesetz) sachgrundlos befristet für die Dauer von 2 Jahren, sofern diese noch nie bei der Landeshauptstadt Hannover in einem Beschäftigungsverhältnis gestanden haben, oder nach § 14 Abs. 3 TzBfG sachgrundlos befristet für die Dauer von 3 Jahren, sofern die Techniker/innen bei Beginn des Arbeitsverhältnisses das 52. Lebensjahr vollendet haben und unmittelbar vor Beginn des Arbeitsverhältnisses mindestens 4 Monate beschäftigungslos i. S. v. § 119 Abs. 1 Nr. 1 SGB III gewesen sind, Transferkurzarbeitergeld bezogen oder an einer öffentlich geförderten Beschäftigungsmaßnahme nach SGB II oder SGB III teilgenommen haben.

4. Ausschreibung, Eingruppierung
Die Einstellung erfolgt nach den derzeit geltenden Bewertungskriterien gemäß der vorliegenden Arbeitsplatzbeschreibung mit zurzeit Entgeltgruppe 9 (bisherige Bewertung nach Vergütungsgruppe BAT Vb, Fg.

---

* Honorarordnung für Architekten und Ingenieure

16 TEC). Die Personalgewinnung soll über die Arbeitsagentur oder die Jobcenter mit Bewerbern/innen, die vorrangig die Voraussetzungen nach § 14 Abs. 3 TzBfG erfüllen, erfolgen. Gleichfalls ist auch die Besetzung mit Personen nicht ausgeschlossen, die die Voraussetzungen nach § 14 Abs. 2 TzBfG erfüllen.

5. Personalkosten

Die Personalkosten von jährlich ca. 212.000 Euro (4x 53.000 Euro)* werden vom Fachbereich 19 getragen und belasten den Erfolgsplan des Fachbereichs Gebäudemanagement. Das weitere haushaltsmäßige Verfahren hinsichtlich der Bereitstellung der erforderlichen Personalkosten und deren Auswirkungen auf den Wirtschaftsplan des Fachbereichs Gebäudemanagement klären die Fachbereiche 19 und 20 abschließend.

6. Nachweis der Wirtschaftlichkeit

4 Bauingenieure/innen bzw. Architekten/innen (vgl. Ziffer 2 S. 1) werden mit Sanierungsprojekten und Neubauten mittlerer Größenordnung betraut. Zum Nachweis der Wirtschaftlichkeit werden die Kosten von Projekten in Eigenerstellung ermittelt. Diese Ermittlung enthält die Zeitaufschreibung der eigenen Arbeitsleistung und die tatsächlichen Personalkosten einschließlich der Kosten des Arbeitsplatzes gemäß der Berechnungsmethode, die in der Dezernentenkonferenz vom 26.05.2004 zum Projekt »5 Pilotbereiche« gebilligt wurde. Diese Methode ist auch Grundlage für die Berechnungen im Zusammenhang mit der Rekommunalisierung von Serviceleistungen. Das Ergebnis der Kostenberechnung für die Projekte in Eigenerstellung wird den Vergleichswerten aus einer fiktiven Kostenberechnung auf Grundlage der Sätze der Honorarordnung für Architekten und Ingenieure (HOAI) und der Sätze der Honorarordnung für Projektsteuerung (AHO) sowie der fiktiven Remanenzkosten gegenübergestellt.

7. Auswertung

Auf der Grundlage der Nachweise legt der Fachbereich 19 dem Fachbereich 18 und dem Gesamtpersonalrat drei Monate vor Ablauf des ersten unter Ziffer 4 genannten befristeten Arbeitsverhältnisses einen Kostenvergleich entsprechend der Ziffer 6 zur Prüfung vor.

Wird von den Unterzeichnern der wirtschaftliche Vorteil der städtischen Eigenerstellung anerkannt, wird eine Verstetigung der Maßnahme angestrebt.

Hannover, 14.11.2007

---

* Sachkosten für Vergaben werden für die Eigenwahrnehmung umgewandelt in Personalkosten.

Fazit

Die Landeshauptstadt Hannover hat die Erfahrung gemacht, dass es sich insbesondere im technischen Bereich lohnt, nach Rekommunalisierungspotenzialen zu suchen: Im Tiefbaubereich wurden zwei Ingenieurstellen und eine Zeichnerstelle rekommunalisiert – jährlicher Kostenvorteil: mehr als 130.000,- Euro. Die Feuerlöscherwartung in städtischen Gebäuden wird inzwischen von der eigenen Berufsfeuerwehr wahrgenommen. Für Baugrunduntersuchungen wurde eine halbe Stelle eingerichtet; jährliche Ersparnis: mehr als 10.000,- Euro. Für die »Städtischen Häfen« wurde eine Verladeanlage – ein so genannter Reach-Stacker angeschafft, um eine ehemals an eine Privatfirma vergebene Dienstleistung wieder von städtischen Beschäftigten erbringen zu lassen. Bereits im ersten Jahr konnte ein Überschuss von 40.000,- Euro für den städtischen Haushalt erwirtschaftet werden.
Weitere Rekommunalisierungsprojekte laufen bzw. sind in Vorbereitung. Insgesamt ist festzuhalten, dass die Suche nach Rekommunalisierungspotenzialen eine Daueraufgabe – nicht nur für Personalräte – ist.

Auswirkungen der Rekommunalisierung auf die Beschäftigten

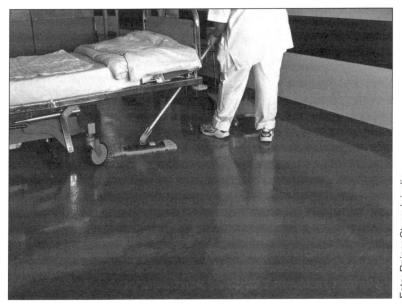

»Beschäftigte sind auch VerbraucherInnen und BürgerInnen«
(Claudia Falk)

Claudia Falk
Bedeutung von Gewerkschaften und Betriebsräten im Prozess der Rekommunalisierung

»*Privatisierte öffentliche Einrichtungen sollen der privaten Gewinnerzielung dienen und verlieren damit ihre solidarische Hilfsfunktion für die sozial Schwachen. Öffentliche Dienstleistungen können deshalb auch nicht nur nach rein betriebswirtschaftlichen Gesichtspunkten beurteilt werden. Privatisierung scheidet als Lösungsmöglichkeit aus.*«[1]

Herbert Wehner, 1976

Rekommunalisierungen gewinnen immer mehr Anhänger. In einer forsa-Umfrage zu Themenbereichen des öffentlichen Dienstes 2012 im Auftrag des Deutschen Beamtenbunds (dbb) und der Tarifunion[2] stimmten 79% der Bevölkerung der Auffassung zu, dass es einen starken Staat braucht, der die BürgerInnen vor ausufernden Entwicklungen schützen kann. Das sind 13% mehr als noch 2007 – vor der Wirtschafts- und Finanzkrise sowie dem Gau in Fukushima. Dafür, dass privatisierte Leistungen wieder in den öffentlichen Dienst überführt werden sollten, sprechen sich 27% aus – acht Prozent mehr als 2007. Unter den repräsentativ Befragten sind auch viele Gewerkschaftsmitglieder, die in den unterschiedlichsten Branchen und zu sehr verschiedenen Arbeitsbedingungen arbeiten.

Doch für Gewerkschaften und Betriebsräte ist Rekommunalisierung Neuland und beileibe kein Selbstgänger. Gemeint ist der Vorgang, unter dem grundsätzlich verstanden wird, dass Bereiche der öffentlichen Daseinsvorsorge, die zuvor (teil)privatisiert waren, zurück in die öffentliche Hand geholt werden. Es stellt sich die Frage: Unter welchen Bedingungen ist eine Rekommunalisierung gerade auch unter Berücksichti-

---

[1] www.wehnerwerk.de/das-wehnerwerk/herbert-wehner/zitate-herbert-wehner

[2] www.dbb.de/fileadmin/pdfs/themen/forsa_2012_.pdf (Letzter Zugriff: 11.12.2012).

gung der Arbeitnehmerinteressen sinnvoll und wie können Betriebsräte und Gewerkschaften diesen Prozess begleiten? Natürlich sind Gewerkschaften in erster Linie dafür da, die Rechte der Beschäftigten zu wahren und auszubauen. Sie verhandeln Tarifverträge und sorgen für gute Arbeitsbedingungen. Die Betriebsräte nutzen die Mitbestimmungsrechte in den Betrieben und achten darauf, dass Tarifverträge auch eingehalten werden, gestalten ggf. hauseigene Regeln. Aber Gewerkschaften haben seit jeher auch einen gesellschaftspolitischen Auftrag. Zuletzt wurde auf dem DGB-Kongress 2010 ein Antragstext zu Wirtschaftspolitik in Krisenzeiten beschlossen, in dem konstatiert wird, dass »die bisherige Privatisierungs- und Liberalisierungsbilanz nicht überzeugt« habe. Es müsse »neu diskutiert und entschieden werden, in welchen Bereichen privates, staatliches, vergesellschaftetes oder genossenschaftliches Eigentum höchste ökonomische und gesellschaftliche Effizienz« bringe. Übergeordnet zählt dazu auch, sich für ökologische, soziale und energiepolitische Ziele einzusetzen, sich stark zu machen für gute, bezahlbare öffentliche Dienstleistungen, für die Teilhabe an Bildung und bezahlbaren Wohnraum, gegen die weitere Privatisierung. Dazu gehört auch die Diskussion um Rekommunalisierung. Viele Beschäftigte sehen in Rekommunalisierungen die Chance, endlich wieder zu tariflichen Bedingungen arbeiten zu können. Andere fürchten jedoch – je nach Branche unterschiedlich – um die Arbeitsplätze und Arbeitsbedingungen.

Mögliche Vorteile der Rekommunalisierung für die Beschäftigten

Aus der Perspektive der Beschäftigten lässt sich eine Vielzahl möglicher Vorteile identifizieren, die mit Rekommunalisierungen verbunden sein können:

- *Bessere Unternehmens- und betriebliche Mitbestimmung:* Kommunalparlamente können Arbeitnehmervertretungen und Betriebsräte über entsprechende Regelungen in den Gemeindeordnungen und Unternehmens-Satzungen stärken. Wird die betriebliche Mitbestimmung ausgebaut, ist es natürlich einfacher, bessere Arbeitsbedingungen, Altersteilzeit/Arbeitszeitkonten etc. auszuhandeln.
- *Entstehung von sozialversicherungspflichtiger, angemessen entlohnter Arbeit und ggf. Zurückdrängen von Leiharbeit und Werkver-*

trägen: Gewinnt die Kommune politische Steuerungsmöglichkeiten, kann sie der prekären Beschäftigung einen Riegel vorschieben und reguläre, sozialversicherungspflichtige Arbeitsplätze schaffen. Auch die (tarifliche) Bezahlung kann – je nach Branche – bei einem öffentlichen Arbeitgeber besser sein als bei privaten Arbeitgebern. Dafür ist z.B. die Abfallwirtschaft ein gutes Beispiel. Oft können Private ihre Dienstleistungen nur auf Kosten ihrer Beschäftigten günstiger anbieten als Öffentliche. In der Gesamtschau liegt es im Interesse der Kommune, in ihrem Einflussbereich für gute Arbeit und faire Löhne zu sorgen, da somit auch die Belastungen der öffentlichen Hand für Sozialleistungen sinken und die Steuereinnahmen steigen.

- *Arbeitsplatzsicherheit, Arbeitsplatz vor Ort, Ausbildung von Nachwuchskräften für den eigenen Betrieb:* Die verantwortlichen Politiker und die Kommune als Arbeitgeber sind den BürgerInnen und Arbeitsplätzen vor Ort verpflichtet und stehen unter genauer Beobachtung. Sie sind also gut beraten, auf Nachhaltigkeit und Arbeitsplatzsicherheit zu setzen. Dazu zählt, rechtzeitig für Nachwuchs, Weiterbildungsangebote, alternsgerechte Arbeitsplätze und einen umfassenden Arbeitsschutz zu sorgen.
- *Höhere Arbeitszufriedenheit:* Oben beschriebene Aspekte sowie der kurze Weg zur Arbeit (keine dezentralen Einsätze wie z.B. bei privaten Müllentsorgern) führen zu besserer Planbarkeit des Lebens, zu höherer Motivation und Zufriedenheit. Das wirkt sich nicht nur positiv auf Arbeitsergebnisse aus, sondern kann auch niedrigere Krankenstände bedeuten.
- *Wertschöpfungskette vor Ort wird genutzt:* Auch die Zuliefererbetriebe profitieren von Rekommunalisierungen durch zusätzliche Aufträge. Das sichert weitere Arbeitsplätze vor Ort.
- *Beschäftigte profitieren von der Rekommunalisierung auch als VerbraucherInnen:* Nimmt eine Kommune im Rahmen der Rekommunalisierung etwa die Energieerzeugung selbst in die Hand, kann sie nicht nur über die Art der Energieerzeugung bestimmen, sie müsste (und dürfte) auch keine Extra-Profite wie private Betreiber erzielen. Sie hätte also die Mittel, Rücklagen zu bilden für Instandhaltung und technische Neuerungen. Bleiben Überschüsse, ließen sie sich sinnvoll in defizitäre Bereiche öffentlicher Daseinsvorsorge investieren, die der Bevölkerung (zu denen auch die Beschäftigten am Ort zählen) zu Gute kommen. So könnten das stillgelegte Schwimmbad reanimiert oder die Gebühren anderer öffentlicher Dienstleistungen

gesenkt werden (z.B. Kitas). Verknüpft man die Bereiche Wasserver- und -entsorgung, Energieerzeugung, Müllentsorgung miteinander in einem Stadtwerk, lassen sich Synergien nutzen, die nicht nur einen Beitrag zur Energiewende leisten können, sondern auch wohnort- und bürgernahe Dienstleistungen ermöglichen und den Beschäftigten tariflich entlohnte und sichere Arbeitsplätze in der Region bieten. Dabei ist klar, dass die Bedingungen und damit die Umsetzungsmöglichkeiten in Großstädten völlig andere sind als in ländlichen Räumen. Keinesfalls darf eine Rekommunalisierung jedoch den Zweck haben, mit den Erlösen einfach nur Haushaltslöcher zu stopfen.

■ *Rekommunalisierung als Schutz der Beschäftigten vor weiteren Liberalisierungsbestrebungen der EU:* Die aktuelle Gesetzgebung zu Vergabe und Dienstleistungskonzessionen auf der europäischen Ebene hat Auswirkungen auf die Beschäftigten und Verbraucher hierzulande und legt nahe, dass möglichst die Kommunen selbst die Dienstleistungen aus Kernbereichen der öffentlichen Daseinsvorsorge erbringen. Derzeit wird versucht, die Liberalisierung unter dem Etikett »Wettbewerb sichern und ausbauen« auch auf die Bereiche auszudehnen, die bisher als so genannte Dienste von allgemeinem wirtschaftlichen Interesse nicht den Wettbewerbskriterien der Privatwirtschaft unterlagen. Das betrifft etwa die Bereiche Wasser, Energie, Abfall und Verkehr, für die nun engere Ausschreibungskriterien gelten sollen. Früher genügte die Diskriminierungsfreiheit und Transparenz.
Der Entwurf zur EU-Richtlinie zu Dienstleistungskonzessionen sieht vor, dass Dienstleistungskonzessionen, mit denen staatliche oder kommunale Aufgaben an Privatunternehmen übertragen werden, künftig vom europäischen Vergaberecht erfasst werden und damit Wettbewerbsregeln unterliegen, die wenig Spielraum für soziale Kriterien lassen. Im Ergebnis drohen den Verbrauchern höhere Kosten und Qualitätseinbußen, den Beschäftigten schlechtere Arbeitsbedingungen. Zudem kommen Direktvergaben von Dienstleistungskonzessionen an Wunschpartner unter Druck. Wenn aber die öffentliche Hand Dienstleistungen der öffentlichen Daseinsvorsorge zu 100% selbst erbringt, schützt das vor Dumpingprozessen, die bei europaweiter Ausschreibung drohen. Und so sollten bei auslaufenden Konzessionsverträgen noch stärker Inhouse-Vergaben oder die Zusammenarbeit mit Nachbargemeinden angestrebt werden. Denn auch nach geplantem neuem EU-Recht ist die interkommunale Zusammenarbeit möglich, solange kein Privater mit im Boot ist.

Mögliche Probleme der Rekommunalisierung aus Sicht der Beschäftigten

Rekommunalisierung zu planen und umzusetzen ist mühsam, langwierig und nur mit viel Fachwissen zu bewerkstelligen. Es sind rechtliche Rahmenbedingungen zu beachten, Laufzeiten von Konzessionen, (scheinbare) Sparzwänge – z.B. das in der Schuldenbremse verankerte Verbot für die Kommunen, ab 2020 neue Schulden aufzunehmen, wenn sie nicht durch Einnahmen gedeckt sind. Dazu kommt die tatsächliche, strukturelle Unterfinanzierung der Kommunen. Vielen Verwaltungen mangelt es nach Jahrzehnten der Privatisierungen, Sparrunden und des Outsourcings auch an Fachleuten für den Umgang mit eigenen Unternehmen.

Aus Arbeitnehmersicht lassen sich ebenfalls einige Probleme identifizieren, die mit einer Rekommunalisierung verbunden sein können:

- *Mangelnde Transparenz des Vorgangs der Rekommunalisierung für Beschäftigte:* Nicht immer werden die Betriebsräte frühzeitig und umfassend in die Pläne einer möglichen Rekommunalisierung eingebunden. Das zerstört Vertrauen und führt eher zu Abwehrhaltungen auf der Arbeitnehmerseite. Denn wer sonst, wenn nicht diejenigen, die die Gewinne erwirtschaften, müssen von Anfang an in geplante Strukturveränderungen einbezogen werden?
- *Drohen angesichts der Schuldenbremse und chronischer Unterfinanzierung der Kommunen Arbeitsplatzverlust, Verschlechterungen bei Tarifen oder Arbeitsbedingungen?* Beispiel Stromversorger Vattenfall: Hier arbeiten nur vergleichsweise wenige MitarbeiterInnen im Kerngeschäft (Netze), die meisten KollegInnen sind jedoch in ausgelagerten, eigenständigen Gesellschaften beschäftigt, die Vattenfall als Dienstleister zuarbeiten (Marketing, Vertrieb, Service etc.). Es ist eine Herausforderung, im Falle einer Rekommunalisierung etwa der Stromnetze nicht nur die »Kern«-Beschäftigten, sondern alle entlang der Wertschöpfungskette tätigen KollegInnen zu übernehmen und ihnen Beschäftigungssicherung zu garantieren. Es gibt zudem leider auch Beispiele, wo kommunale Arbeitgeber bei den Beschäftigten sparen wollen und nach der Rekommunalisierung nicht den früheren Tarif des öffentlichen Dienstes zahlen.
- *Nicht alle politischen Akteure in der Kommune verfügen über ausreichend Wissen, um eine Rekommunalisierung gut über die Bühne zu bringen:* Nach Jahrzehnten der Privatisierung sind die Verwaltungen

personell ausgedünnt und verfügen nicht mehr über ausreichendes Know How im Umgang mit kommunalen Unternehmen. Kann und wollen sie sich den Neuerungen stellen? Nimmt die Kommune – wo nötig – ausreichend Geld für gute, externe Fachberater in die Hand, die auch das Wohl der Beschäftigten im Auge behalten?

- *Klamme Kommunen wollen auf dem Weg der Rekommunalisierung wohlmöglich nur (Haushalts-)Löcher stopfen:* Wird Geld aus rekommunalisierten Unternehmen womöglich entnommen, um andere defizitäre Bereiche damit quer zu subventionieren, wird es den Beschäftigten also »weggenommen«? Werden Überschüsse gar dafür benutzt, um zu einem ausgeglichenen Haushalt zu kommen? Ein kommunales Unternehmen nur als Melkkuh zu benutzen, würde im Kontrast zur Nachhaltigkeit stehen, die Investitionen in Arbeitsplätze, Maschinen und Forschung erfordern.
- *Sorge um ausreichend Kunden im rekommunalisierten Unternehmen:* Spielen die Verbraucher und Bürger mit und bleiben sie auch einem rekommunalisierten Unternehmen als Kunden treu oder werden sie womöglich vom privatwirtschaftlichen Betrieb oder anderen Konkurrenten abgeworben? Ein Unternehmen ist natürlich nur mit einem ausreichend großen Kundenstamm tragfähig.

Alle diese Fragen und Sorgen sind berechtigt, man muss sorgfältig Vor- und Nachteile gegeneinander abwägen. Ist die Entscheidung für Rekommunalisierung gefallen, gilt es im Detail hart zu verhandeln, um die ArbeitnehmerInnen zu schützen. Zudem gibt es zahlreiche Themen, an denen Gewerkschaften im Sinne ihres übergeordneten, gesellschaftspolitischen Auftrags m.E. noch stärker mitwirken sollten. Auch deshalb, damit nicht nur das Verbraucherinteresse »vor allem billig« Geltung erlangt, sondern auch die Stärkung der Arbeitnehmerrechte sowie die demokratische Kontrolle und Steuerung in Bereichen der öffentlichen Daseinsvorsorge.

Kontroverse Einschätzungen von Betriebsräten in der Energiewirtschaft

Die Beschäftigten sind keineswegs immer begeistert von der Vorstellung, dass künftig die Kommune ihr neuer Arbeitgeber sein soll. Insbesondere die KollegInnen bei den vier großen Energieunternehmen E.ON, Vattenfall, RWE und EnBW verdienen relativ gutes Geld. Warum sich also auf das Abenteuer Rekommunalisierung einlassen, auf eine klamme Kommune als Arbeitgeber?

Nun: Sicher ist auch bei den Oligopolen nichts. Im Zuge der Atomkatastrophe in Fukushima und der daraus resultierenden Politikwende zum endgültigen Atomausstieg müssen sich die Geschäftsmodelle der großen Vier endlich ändern. Zunächst haben sie – unterschiedlich ausgeprägt – mit Gewinneinbußen zu kämpfen, kündigten massiven Arbeitsplatzabbau an oder vollziehen ihn bereits. Betriebsräte solcher Unternehmen stehen häufig in einem Spannungsfeld. Sie wollen Errungenschaften für ihre Kollegen retten und ausbauen und sind z.t. weniger geneigt, gewinnbringende Geschäftsmodelle der Vergangenheit in Frage zu stellen. Gleichzeitig erkennen sie, dass sich das politische Umfeld und die Stimmung in der Gesellschaft verändert haben, und wissen, dass ein »Weiter so« langfristig nicht haltbar ist. Diese Prozesse vollziehen sich bei den Beteiligten unterschiedlich schnell und intensiv.

Auch innerhalb eines Unternehmens sind sich die Betriebsräte nicht immer einig in der Bewertung von Rekommunalisierungsplänen. So äußerte der Gesamtbetriebsratsvorsitzende Thies Hansen von E.ON Hanse im Januar 2012 auf der Fachtagung der Hans-Böckler-Stiftung in Zusammenarbeit mit den DGB »Zurück zur Öffentlichen Hand – Chancen und Formen der Rekommunalisierung« heftige Bedenken. Er sei ein deutlicher Gegner von Rekommunalisierung.

Thies Hansen: »Wir sehen uns diesem Trend der Rekommunalisierung im Moment gegenüber und stellen deutlich fest, dass es bei der Frage von Sicherung von Arbeitsplätzen und Arbeitsbedingungen sehr schnell ziemlich hart wird in der Diskussion. Und das hat mich dazu bewogen, dass ich mich deutlich für meine Kollegen positioniere und damit auch deutlich gegen Rekommunalisierung positioniere. ... Ich erlebe Rekommunalisierungsprojekte in Schleswig-Holstein, wo es bestehende Gemeindewerke und Stadtwerke gibt, die Konzessionsgebiete übernehmen wollen, die sich mit Händen und Füßen gegen die Übernahme von Mitarbeitern wehren. Die nehmen nicht irgendeinen Rellinger Wald-und-Wiesen-Anwalt dafür, dafür bedienen sie sich bei Büttner-Held, einem renommierten Anwaltsunternehmen hier aus Berlin. ... da wird von vornherein auf den rechtlichen Rahmen versucht zu agieren, dass gar keine Mitarbeiter übertragen werden.«[3]

---

[3] S.a. den Beitrag von Thies Hansen und Peter Grau in diesem Band.

Bedeutung von Gewerkschaften und Betriebsräten

Anders als Thies Hansen beurteilt sein Betriebsrats-Kollege Karsten Lenz von E.ON Mitte Rekommunalisierungspläne in seiner Region. Er begrüßt die geplante Mehrheitsbeteiligung der Landkreise und Kommunen an dem Energieriesen in Hessen, warnt jedoch vor der Zerschlagung in viele kleine Versorger. So heißt es in der Zeitung »Hessische Niedersächsische Allgemeine« (HAN) vom 18.6.2012:[4] »Der Energiekonzern E.ON hatte angekündigt, seinen Anteil von 73,3% an E.ON Mitte verkaufen zu wollen. Die zwölf Landkreise in Nordhessen, Südniedersachsen, Ostwestfalen und Thüringen sowie die Stadt Göttingen, die Minderheitseigner sind, haben ein Vorkaufsrecht. Sie wollen den früheren kommunalen Energieversorger EAM (Elektrizitäts-Aktiengesellschaft Mitteldeutschland) auferstehen lassen. ›Aus dieser Welt sind wir gekommen, und wir sehen darin eine gute Chance, dass unsere Arbeitsplätze so besser gesichert werden können‹, sagte Lenz gegenüber der HNA. Erst im vergangenen Jahr war bei den Mitarbeitern in der Region die Angst umgegangen, als der Mutterkonzern angekündigt hatte, bis zu 10.000 Stellen abbauen zu wollen. Eon Mitte war davon zwar letztlich nicht betroffen. Die Suche nach Synergieeffekten und damit einem möglichen Arbeitsplatzabbau sei bei einem öffentlichen Arbeitgeber nicht so ausgeprägt wie im Konzern: ›Das haben wir dann ein Stück weit besser in der Hand‹, sagte Lenz. ... Aus den Erfahrungen der Vergangenheit wünscht er sich aber die Rückkehr zum alten kommunalen Versorgungsverbund. Damit könnten auch die Herausforderungen der Energiewende besser gemeistert werden als von einem gewinnorientierten Konzern wie E.ON. Lenz warnt allerdings davor, E.ON Mitte bei der Rekommunalisierung in mehrere kleinere Versorger zu zerschlagen. Das wäre ein Rückschritt vor die Zeit von EAM. ›Wir sind damals entstanden, weil kleine Gemeindewerke den Netzbetrieb nicht mehr allein stemmen konnten‹, sagt Lenz.«

Die Zersplitterung ist ein kritischer, aber auch vermeidbarer Punkt: Kommunen können selbst Anteilseigner werden oder mit anderen kooperieren. Im Rahmen der interkommunalen Zusammenarbeit können mehrere Gemeinden einen gemeinsamen Zweckverband gründen und an einem Strang ziehen, dabei Synergien nutzen und größere Kundenströme erfassen. Das bedeutet auch für die Arbeitnehmer mehr Sicherheit.

---

[4] www.hna.de/nachrichten/wirtschaft-finanzen/wirtschaft-lokal//betriebsrat-rueckkehr-alten-2356938.html (Letzter Zugriff: 3.9.2012).

Natürlich muss man die lokalen Unterschiede auch innerhalb eines Unternehmens berücksichtigen wie etwa bei E.ON Hanse und E.ON Mitte. Aber dieses Beispiel zeigt: Die Reaktionen auf Rekommunalisierungspläne von Betriebsräten selbst innerhalb eines Unternehmens können sehr unterschiedlich ausfallen, sind häufig Ausdruck von Angst und Hoffnung zugleich bei diesem Vorgang, der oft von schwammigen Begriffen und Vorstellungen geprägt ist.

Private Arbeitgeber sind nicht per se besser als der öffentliche Dienst

Auch wenn mancher kommunale Arbeitgeber versucht, an den Beschäftigten zu sparen, auch wenn die Arbeitsverdichtung im öffentlichen Dienst zugenommen hat: Private sind nicht bessere Arbeitgeber als öffentliche. Auch im Energiebereich nicht. Beispiel Fukushima: Dort hat ein privater Energiekonzern nicht nur die Öffentlichkeit belogen, die Umwelt und Bewohner verseucht, sondern auch seine Mitarbeiter der Verstrahlung ausgesetzt. In Deutschland würde das nicht passieren? Erinnert sei hier an die Firma Vattenfall, die mehrere Störfälle im Hamburg-nahen Kernkraftwerk Krümmel zunächst vertuschte. Was wäre, wenn eine echte Krisensituation einträte?

Dass ein (halb)städtischer Arbeitgeber durchaus etwas zu bieten haben kann, zeigte das Beispiel »Hein Gas«, heute E.ON Hanse: In den 1990er Jahren kämpften die Beschäftigten der Hamburger Gaswerke massiv gegen die Privatisierung – denn sie hatten nicht nur geregelte Arbeitszeiten, ein gutes Gehalt plus Sonderzahlungen und eine ansehnliche Betriebsrente, sondern genossen auch eine ganze Reihe von Sozialleistungen wie etwa betriebseigene Sportstätten und günstige Familienreisen, die von dem städtischen Gaswerk angeboten wurden. Sie hatten also etwas zu verlieren und rangen lange darum, dass die Stadt ihre Mehrheitsanteile an »Hein Gas« hielt. Vergeblich. Betrachtet man die unten stehenden Studien-Ergebnisse des Instituts für Verbraucherpolitik im Auftrag der Hans-Böckler-Stiftung, wird rasch deutlich, dass auch die KollegInnen in den Energieunternehmen durch die Privatisierung in mehrfacher Hinsicht verloren haben.

Vor die Wahl gestellt, bevorzugen Beschäftigte in bestimmten Bereichen auch heute noch den öffentlichen Arbeitgeber: So nahmen etliche Krankenschwestern und Pfleger des privatisierten Hamburger

Landesbetriebs Krankenhaus (LBK) ihr Rückkehrrecht zur Stadt wahr. Sie klagten über unzumutbare Arbeitsbedingungen in der privaten Asklepiosklinik und wollten nicht länger in einem Krankenhaus arbeiten, das allein unter der Prämisse steht, Gewinne zu erzielen.

Diese Beispiele machen deutlich, dass in den Gewerkschaften gemeinsam mit den Betriebs- und Personalräten der Diskussionsprozess über Rekommunalisierung stärker und auch fachbereichsübergreifend vorangetrieben werden sollte. Damit könnte das gegenseitige Verständnis für die unterschiedlichen Bedingungen der Branchen erhöht werden. Das scheint eine Voraussetzung dafür zu sein, um im Konsens grundsätzliche Bedingungen und gewerkschaftliche Strategien für Rekommunalisierungen zu erarbeiten.

Entscheidend für den Diskussionsprozess ist es zudem, dass sich Gewerkschaften und Betriebsräte vor Augen halten: Beschäftigte agieren nie isoliert in der Rolle der ArbeitnehmerIn. Sie sind auch VerbraucherInnen und BürgerInnen. Und als solche profitieren sie von einer nachhaltigen Wirtschaftspolitik, die schonend mit Ressourcen umgeht und ihnen ein lebenswertes Umfeld ermöglicht: gute Infrastruktur vor Ort – auch in der Fläche – bezogen auf Mobilität, Energieversorgung, Bildungseinrichtungen, Krankenversorgung. Aber auch eine saubere Umwelt. Und das alles zu bezahlbaren Preisen.

Beschäftigte sind auch VerbraucherInnen und BürgerInnen

Die Analyse des Instituts für Verbraucherpolitik Conpolicy im Auftrag der Hans Böckler Stiftung vom Januar 2012[5] zeigt, dass sich Kooperationsfelder zwischen Verbrauchern und Beschäftigten dort ergeben, wo schlechte Arbeitsbedingungen zu unsicheren Produkten und Dienstleistungen führen. Spannungsfelder ergäben sich hingegen dort, wo niedrige Preise verbraucherpolitisch gewollt seien oder aber Maßnahmen des Verbraucherschutzes zu hohen Kostenbelastungen ausgewählter Unternehmen oder Branchen führten.

In der Studie werden auch die Wirkungen der Liberalisierung auf den Elektrizitätsmarkt bezogen auf Verbraucher und Beschäftigte untersucht. Hier seien negative Auswirkungen auf das Beschäftigungsniveau und auf die Tarifverträge festzustellen.

---

[5] www.boeckler.de/pdf_fof/S-2011-481-1-1.pdf (Letzter Zugriff: 9.8.2012).

Die Zahl der sozialversicherungspflichtig Beschäftigten sank von 1992 bis 2006 um rund 30%! Zudem seien die Tarifstrukturen völlig fragmentiert, die Unterschiede zwischen den vier Energieriesen betrügen um die 40% bezogen auf das Jahreseinkommen. Das kann Betriebsräten nicht gefallen, droht doch die Gefahr, dass in schlechten Zeiten (und die scheinen den Unternehmen zufolge auf Grund der Energiewende und des Atomausstiegs ja angebrochen zu sein) eher eine Orientierung nach unten erfolgt. Das wäre bei einem geltenden Flächentarifvertrag nicht ganz so einfach.

In Bezug auf das Entgelt sei zu konstatieren, dass bei einer durchschnittlichen Produktivitätssteigerung von 6% die 2,4% Lohnsteigerungen eher bescheiden seien. Zudem wurde bei der betrieblichen Altersvorsorge sowie bei den übertariflichen Leistungen gespart. Die Gewinnquote, von der die Anteilseigner profitieren, stieg jedoch kräftig von 18% 1998 auf 29% im Jahr 2005 – ein Zuwachs der Gewinne von rund elf Prozentpunkten.

Zudem hätte sich auch die Art der Arbeit bei den Energieversorgern stark verändert, sodass mehr als die Hälfte der Beschäftigten eine andere Tätigkeit ausübt als vor der Liberalisierung. Zum Beispiel im Callcenter oder Marketing, also den klassischen Tätigkeiten eines Wettbewerbsmarkts. Das erfordere Mobilität und Flexibilität – Belastungen, die bei der Bilanz der Privatisierung nicht vergessen werden dürften. Zudem habe die Arbeitszeit und -verdichtung stark zugenommen – 64% der Beschäftigten gaben bei einer Befragung an, dass sich ihre Arbeitsbedingungen seit 1998 stark verschlechtert hätten.

Das Fazit der Analyse spricht stark für Rekommunalisierung: Von der Privatisierung des Strommarktes haben nicht in erster Linie die Arbeitnehmer, sondern die Anteilseigner profitiert. Die Verbraucher zählen hier nicht zu den Gewinnern: Sie leiden unter steigenden Strompreisen, unzureichender Service- und Dienstleistungsqualität. Auch der Anbieterwechsel – der unter dem Stichwort Wettbewerb ja eigentlich selbstverständlich sein müsste – klappt nicht reibungslos. Laut der oben zitierten Forsa-Umfrage aus dem Jahr 2012 geben 77% der Befragten an, dass die Energieversorgung nach der Privatisierung teurer wurde. 28% klagen über schlechtere Leistungen nach der Privatisierung (Abbildung 1).[6]

---

[6] www.dbb.de/fileadmin/pdfs/themen/forsa_2012_.pdf (Letzter Zugriff: 11.12.2012).

Bedeutung von Gewerkschaften und Betriebsräten

Abbildung 1: Qualität von Dienstleistungen nach der Privatisierung

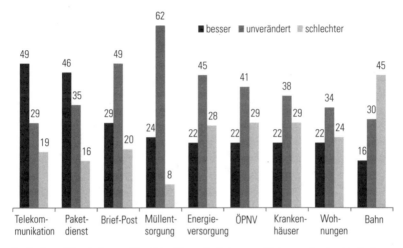

Quelle: forsa »Bürgerbefragung öffentlicher Dienst« im Auftrag von dbb beamtenbund und tarifunion, Juli 2012

Der Ansatz für Rekommunalisierung wäre im Energiebereich der bürgernahe Service und eine bessere demokratische Kontrolle: Der Energieversorger vor Ort könnte die Fehler schlechter Dienstleistung vermeiden. Beschäftigte könnten davon profitieren, dass es bei einem öffentlichen Stadtwerk nicht vorrangig darum geht, Shareholder-Interessen zu bedienen, also jährlich kräftige Gewinne auszuschütten. Das erwirtschaftete Geld könnte in Innovationen und bessere Arbeitsbedingungen investiert werden. Und die Kommune mit ihren gewählten Vertretern könnte Einfluss nehmen auf die Art der Energieversorgung. Gerade mit Blick auf breite, heterogene Bündnisse, mit denen Beschäftigte und Gewerkschaftsvertreter gemeinsam weitere Privatisierungen vereiteln oder Rekommunalisierungen erreichen wollen, muss man stets alle Stakeholder-Interessen berücksichtigen.

Privatisierungen und Rekommunalisierung – ein Stimmungsbild aus den Berliner Stadtreinigungsunternehmen BSR

Der langjährige Personalrat und Aufsichtsrat der Berliner Stadtreinigungsbetriebe (BSR), Rolf Wiegand, beschreibt aus seiner Sicht, warum es wichtig ist, die Unternehmen der öffentlichen Daseinsvorsorge in öffentlicher Hand zu behalten:[7]

Nach dem Zweiten Weltkrieg habe es einen Konsens gegeben, Bereiche der öffentlichen Daseinsvorsorge staatlich zu organisieren. Dem öffentlichen Dienst sei als tragender Säule der Gesellschaft in der sozialen Marktwirtschaft eine wichtige Steuerungs- und Vorbildfunktion zuerkannt worden. So seien auch wesentliche Arbeitnehmerrechte und gute Arbeitsbedingungen verankert worden. »Es ging nicht um maximalen Profit, sondern um Versorgungssicherheit für die Bevölkerung, gute Qualität und soziale Sicherheit für die Beschäftigten.«

Die Tendenzen der letzten Jahrzehnte, die sich auch in weite Bereiche des öffentlichen Dienstes hineingefressen haben, stehen dem ursprünglichen Grundgedanken entgegen. Zunehmend wurde auch der öffentliche Dienst nach betriebswirtschaftlichen Maßstäben gemessen – unter anderem mit der Folge des Outsourcings, Lohndumpings und prekären Beschäftigungsverhältnissen. So schreibt Colin Crouch,[8] dass vom Neoliberalismus beeinflusste Regierungen vielerorts versucht hätten, klassische staatliche Aufgaben nach dem Vorbild privatwirtschaftlicher Unternehmen erbringen zu lassen bzw. sie sogar ganz an den privaten Sektor abzutreten. Regierungen hätten öffentliche Körperschaften gedrängt, wie Unternehmen auf dem Markt zu agieren: Mit Einführung interner Märkte, eines Wettbewerbs zwischen Abteilungen sowie der Übernahme von Leistungszielen in den öffentlichen Dienst.

Auch in Berlin habe es massive Versuche gegeben, Bereiche wie die Stadtreinigung zu privatisieren, so Wiegand. Wegen der besonderen Stellung Berlins mit seinen Doppelstrukturen in Ost und West standen die Arbeitnehmervertreter nach der Wiedervereinigung vor besonderen Schwierigkeiten, die sie sozial abzufedern versucht hätten.

Dennoch gab es massiven Arbeitsplatzabbau im öffentlichen Dienst Berlins, und auch die BSR musste Teile ihrer Aufgaben, die nicht rein

---

[7] Gespräch mit Rolf Wiegand am 20.6.2012.
[8] Colin Crouch: Das befremdliche Überleben des Neoliberalismus. Berlin 2011, S. 109, 134.

hoheitlich sind, ausgliedern (z.B. die Wertstoffentsorgung). Jedoch sei durch geschickte Verhandlungen erreicht worden, dass die Kernbereiche wie Müllabfuhr und Straßenreinigung weiterhin vom öffentlichen Unternehmen erledigt werden und gute Tarifverträge für Einkommens- und Arbeitsbedingungen für die Beschäftigten erhalten werden konnten. Rolf Wiegand hebt dabei besonders die in der BSR stark genutzten Mitbestimmungsmöglichkeiten hervor – sowohl in der betrieblichen wie in der Unternehmensmitbestimmung: »Die Mitbestimmung ist in öffentlichen Unternehmen wie unserem weitaus besser geregelt als bei den Privaten.«

So ist im Berliner Betriebegesetz die paritätische Mitbestimmung verankert. Das Gesetz gilt für alle öffentlichen Unternehmen wie die Berliner Stadtreinigung, Berliner Verkehrsbetriebe und Berliner Wasserbetriebe als Anstalten öffentlichen Rechts. Zudem hat der Aufsichtsratsvorsitzende (immer ein Vertreter des Senats) kein Doppelstimmrecht, sondern nur ein Beanstandungsrecht. Das bedeutet, dass ein Beschluss des Aufsichtsrats, den der Aufsichtsratsvorsitzende beanstandet, nur schwebend unwirksam ist. Nach weiteren Diskussionen entscheidet schließlich zeitnah die Gewährträgerversammlung, in der drei vom Senat benannte Mitglieder sitzen.

Rolf Wiegand hält es für richtig, dass bei einem öffentlichen Unternehmen letztlich auch die Politik die Verantwortung dafür trägt, wie der Betrieb aufgestellt ist. Politiker können steuern, müssen sich aber mit ihrem Handeln der Öffentlichkeit stellen. Nur so sei Transparenz und demokratische Kontrolle möglich.

Das sind Argumente, die aus seiner Sicht auch für die Rekommunalisierung ehemals (teil)privatisierter Unternehmen sprechen. »Wer glaubt, sich nur an kurzfristigen Zielen orientieren zu können wie etwa einmaligen Einkommensverbesserungen, die nicht selten von Privaten als Lockmittel versprochen werden, liegt falsch. Wir dürfen uns unsere Rechte nicht abkaufen lassen. Auch wenn Rekommunalisierungen im Einzelfall und für gewisse Zeiträume mit Einkommenseinbußen verbunden sein könnten – strukturell haben wir bei Privatisierungen in der Regel nur zu verlieren, in öffentlichen Unternehmen können wir als Arbeitnehmer größeren Einfluss gewinnen!«

Die Arbeitnehmervertretungen haben mit der BSR langfristige Verträge verhandelt – etwa zur Altersteilzeit mit Wirkung bis 2038. »Wir haben Vorstand und Politik wirtschaftlich in die Pflicht genommen«, sagt Wiegand, »es lohnt sich nicht, uns zu privatisieren. Hier gibt's keine

Gewinne und Vermögen auszuschütten. Wesentlich ist: Unsere Substanz ist gesund und wir haben Handlungsspielraum!«

Breites Bündnis für den Rückkauf der Berliner Energienetze

Der Berliner Energietisch (Trägerkreis: attac Berlin, Bund Berlin, Grüne Liga, Bürgerbegehren Klimaschutz e.V., Fels) arbeiten seit 2010 an dem Ziel einer demokratischen, ökologischen, sozialen Energieversorgung für Berlin. Sie wollen eine Netzgesellschaft als Anstalt öffentlichen Rechts errichten, um die Stromnetze bis Januar 2015 zu übernehmen. Einen entsprechenden Gesetzentwurf legte das inzwischen von vielen Gruppen und Organisationen (Kirchen, SPD, Die Linke, Grüne, Volkssolidarität etc.) unterstützte Bündnis im Sommer 2011 vor. Mit über 36.000 Stimmen haben sich die Berliner eindeutig für diesen Gesetzentwurf im Rahmen der ersten Stufe des Volksbegehrens ausgesprochen – 20.000 wären in dieser Stufe nur nötig gewesen.

Die Zeichen stehen gerade in Berlin vor dem Hintergrund der für die BürgerInnen nachteiligen Teilprivatisierung der Berliner Wasserbetriebe auf mehr Transparenz, soziale und ökologische Steuerungsmöglichkeiten – und zwar demokratisch legitimiert. Aber der Gesetzentwurf berücksichtigt auch deutlich die Interessen und Bedürfnisse der Beschäftigten, die sich bei einem Übergang der Netze in die öffentliche Hand nicht um ihre Arbeitsplätze und Arbeitsbedingungen sorgen sollen. Die Besonderheit aus Sicht der Beschäftigten ist § 12 (2) des Gesetzentwurfs mit einer Übernahmegarantie für die bisherigen Beschäftigten von Vattenfall *und* auch der Beschäftigten, die als Zulieferer in eigenständigen Gesellschaften mit dem Netzbetrieb verbunden sind.

Hier der Wortlaut aus dem Entwurf eines Gesetzes für die demokratische, ökologische und soziale Energieversorgung in Berlin (EnergieVG) in der Fassung vom 1.8.2012:[9][98]

§ 12 (2) EnergieVG: »Die Netzgesellschaft gemäß § 1 Abs. 1 Ziff. 2 bietet allen im Netzbetrieb beschäftigten Mitarbeitern des Netzbetreibers, mit dem zuvor der Konzessionsvertrag abgeschlossen war, und den im Netzbetrieb beschäftigten Mitarbeitern der mit dem Netzbetrei-

---

[9] http://berliner-energietisch.net/images/gesetzesentwurf_final.pdf (Letzter Zugriff: 9.8.2012).

Bedeutung von Gewerkschaften und Betriebsräten

ber vertraglich verbundenen Konzernunternehmen entlang der Wertschöpfungskette ab dem Zeitpunkt der Netzübernahme die Übernahme in ein Arbeitsverhältnis gemäß § 613 a BGB an, also mit den Rechten und Pflichten, wie sie zum Zeitpunkt der Netzübernahme bestehen. Über die Rechte des § 613 a BGB hinaus wird jedem so übernommenen Arbeitnehmer individuell der Ausschluss einer betriebsbedingten Kündigung bis zum 31. Dezember 2020 garantiert. Jedem der übernommenen Arbeitnehmer wird individuell für die Dauer von drei Jahren ab der Übernahme die Anwendung des auf das Arbeitsverhältnis bei der früheren Arbeitgeberin jeweils geltenden Tarifvertrags und/ oder Betriebsvereinbarung gemäß § 4 Abs. 3, 2. Alt. TVG (›Günstigkeitsprinzip‹) zugesichert, für den Fall, dass ein Tarifvertrag und/oder eine Betriebsvereinbarung im Betrieb der Netzgesellschaft dem gegenüber ungünstigere Bedingungen enthalten sollte. Für alle Arbeitnehmer gelten zur Wahrung des Besitzstandes die bisher maßgebenden Vorschriften hinsichtlich der materiellen Arbeitsbedingungen bis zum In-Kraft-Treten neuer Regelungen. Die Netzgesellschaft wird während der Laufzeit des nächsten Konzessionsvertrages, mindestens jedoch bis zum 31. Dezember 2020, die Beschäftigung am Standort Berlin mit mindestens so vielen Beschäftigen erhalten, wie sie zum Zeitpunkt der Netzübernahme beschäftigt sind. Die Netzgesellschaft beschäftigt eigene Beschäftigte für die Aufgaben eines Netzbetreibers.«

Diese Formulierung sichert den Beschäftigten nicht nur die Übernahme zu, sondern auch, dass alte Tarifverträge weiter angewandt werden, sofern sie besser sind als neue Regelungen. Bemerkenswert ist auch das so wichtige wie ehrgeizige Ziel, mit diesem Gesetz die Beschäftigten entlang der gesamten Wertschöpfungskette in die Schutzregeln einzubeziehen. Damit wird ein neuer, vorbildlicher Weg beschritten, das Ziel ist allerdings noch nicht erreicht.

Ein Wermutstropfen in diesem Gesetzentwurf zur Übernahme der Stromnetze ist die Arbeitnehmervertretung im Verwaltungsrat. Sie ist nicht paritätisch geregelt, wie sie im Betriebegesetz von Berlin für öffentliche Unternehmen in der Rechtsform der Anstalt öffentlichen Rechts vorgesehen ist. Die Initiatoren begründen die Gestaltung hier damit, dass auch die Bürger als Verbraucher ihr Gewicht im Aufsichtsrat erhalten sollen – neben der Stadt und Beschäftigten. Das ist das Ergebnis eines – kompromisshaft ausgehandelten – breiten Bündnisses.

Rekommunalisierung ist nicht nur ein Thema für die großen Player – Beispiel Baubetriebshof

Um zu zeigen, dass sich Rekommunalisierungen nicht nur auf große Versorgungsunternehmen beziehen und mit extremen Summen verbunden sein müssen, soll hier noch das kleinteilig wirkende, für Kommunen aber wichtige Beispiel eines Bauhofs umrissen werden.

Viele Baubetriebshöfe haben aufgrund knapper kommunaler Kassen Personal abgebaut und Teilaufgaben privatisiert. Auch hier gibt es teilweise Bestrebungen, Aufgaben wieder verstärkt mit kommunalem Personal zu erledigen. In dem konkreten Beispiel war der Personalrat von Anfang an aktiv mit eingebunden und nahm eine zwar kooperierende Rolle ein, war aber selbstverständlich Sprachrohr der zunächst besorgten Belegschaft, die Verschlechterungen für ihre gewohnten Arbeitsbedingungen befürchtete. Der Personalrat sah seine Rolle vor allem darin, die KollegInnen vor unzumutbaren Zugeständnissen zu schützen.

Um die Rekommunalisierung zu ermöglichen, sollten Arbeitsabläufe besser miteinander verzahnt und Ressourcen gewonnen werden. Mit diesen Ressourcen sollten neue oder zuvor ausgelagerte Aufgaben in den kommunalen Bereich integriert werden. Dazu wurden drei Bausteine besprochen und umgesetzt:
1. bessere Nutzung der Zeit
2. bedarfsgerechte Arbeitszeitmodelle
3. bessere Kommunikation und Zusammenarbeit

Zentraler und umstrittenster Vorschlag zur besseren Zeitausnutzung war es, im Sommer länger, im Winter kürzer zu arbeiten. Nach vielen Diskussionsrunden in Arbeitsgruppen wurden schließlich unter Mitwirkung der Beschäftigten Vorschläge für flexible Arbeitszeitmodelle vorgelegt, die für den Sommer nennenswerte Plusstunden ergaben.

Zusammen mit weiteren Elementen wie besserer Vereinbarkeit von Familie und Beruf, effektivere Teamarbeit sowie koordinierterer Zusammenarbeit mit der Kommune entstand ein Gesamtpaket, mit dem die Rekommunalisierung realistisch und bezahlbar angegangen werden konnte. Ähnliche »kleine« Beispiele gibt es auch im Bereich der Grünflächenpflege, der Schulreinigung etc., die in diesem Buch auch z.T. beschrieben werden.

Ob großer Versorger oder kleine kommunale Einheit: In allen Fällen sind Betriebs- und Personalräte stark gefordert, den Prozess zu begleiten. Je kleiner jedoch der zu rekommunalisierende Bereich, umso unmittelbarer sind einzelne Arbeitnehmervertreter eingebunden. In kleinen kommunalen Einheiten obliegt dem Personalrat der Großteil der Verantwortung, ob und wie die Belegschaft »mitzieht«. Dabei braucht er in der Regel Unterstützung von seiner Gewerkschaft. Ver.di hat das unlängst erkannt und stellt fachkundige Juristen an die Seite von Belegschaften, die eine Rekommunalisierung ernsthaft prüfen wollen.

Fazit

Es gibt viele gute Gründe für Rekommunalisierungen, aber auch berechtigte Ängste und Zweifel. Die Bereitschaft und die Kenntnisse der Betriebs- und Personalräte, sich auf Rekommunalisierungen einzulassen, sind sehr unterschiedlich ausgeprägt und abhängig von Branchen, örtlichen Gegebenheiten (Länder-Gesetzen, Finanzen, politischen Akteuren etc.), Größe der Betriebe und den Erfahrungen aus der Vergangenheit.

Um einschätzen zu können, was Rekommunalisierung im Einzelfall für alle Beteiligten bedeutet, braucht es Kenntnisse. Die Gewerkschaft ver.di, in deren Organisationsbereich der Großteil der Rekommunalisierungen fällt oder fallen könnte, bietet Tagungen und Fortbildungen für Betriebs- und Personalräte an. Zudem werden den Belegschaften auf Wunsch von ver.di entsandte Experten zur Seite gestellt. Diese Schulungs-Angebote für alle beteiligten gewerkschaftlichen Akteure könnten gewerkschaftsübergreifend ausgebaut werden.

Erstrebenswert wäre ein gewerkschafts- und fachbereichsübergreifender Konsens zum Thema Rekommunalisierung: eine Art Kriterien- und Umsetzungskatalog für Rekommunalisierung, in dem die Bedingungen geklärt werden müssten, unter denen Gewerkschaften, Betriebs- und Personalräte Rekommunalisierungen für erstrebenswert und machbar erachten. Ein solcher Kritierienkatalog sollte berücksichtigen: die unmittelbaren Beschäftigteninteressen (Entgelte und Arbeitsbedingungen), den Ausbau der Mitbestimmungsmöglichkeiten, aber auch übergeordnete gesellschaftspolitische Ziele wie mehr Demokratie (u.a. auch Bürgerbeteiligung über Volksgesetzgebung) und politische Steuerungsmöglichkeiten sowie Umwelt- und Klimaschutz.

Dabei ist stets mitzudenken, dass Beschäftigte (gerade auch diejenigen außerhalb der Bereiche, in denen Rekommunalisierungen denkbar sind) immer auch Verbraucher und Bürger sind und in diesen Rollen interessiert sind an bezahlbaren Preisen, guter Qualität der Dienstleistungen, politischer Teilhabe und einer lebenswerten Umwelt.

Bei Rekommunalisierungsvorhaben sind Transparenz und Mitbestimmungsmöglichkeiten wichtig. Beschäftigte sollten also über jeden Rekommunalisierungsschritt informiert und nach Möglichkeit eingebunden werden (siehe Beispiel Baubetriebshof).

Klar ist: Rekommunalisierungen gibt es nicht immer zum »Nulltarif«, und nicht alles muss danach für die Beschäftigten (sofort) besser sein. Der Abwägungsprozess zwischen den Interessen der Beschäftigten, Verbraucher, Kommunen und Bürger unter rechtlich hoch komplexen Rahmenbedingungen dürfte nicht immer leicht fallen. Hier sei an die Worte des Personalratsvorsitzenden der Berliner Stadtreinigung erinnert, der manche Abwehrkämpfe gegen Privatisierungsvorhaben begleitet hat: Bei Rekommunalisierungen könne es unter Umständen zu gewissen Einbußen kommen, jedoch gewinne man in der Regel ein deutliches Mehr an Mitbestimmung und Gestaltungsmöglichkeit auch auf der Arbeitnehmerseite. Man solle sich nicht von kurzfristigen Versprechungen privater Arbeitgeber blenden lassen, müsse immer das Gesamtpaket im Blick behalten.

Für den Bereich Energie hat die ver.di Bundesfachgruppe Energie und Bergbau bereits im Februar 2010 eine Art Bedingungen-Papier verabschiedet. Dort heißt es u.a.:

»Bei einer politischen ›Rückentwicklung‹ der Tendenz kommunaler Entscheidungsträger zur Privatisierung müssen den gestiegenen Anforderungen an Qualität, Versorgungssicherheit und -zuverlässigkeit sowie den regulatorischen Vorgaben der Bundesnetzagentur Rechnung getragen werden. Hinzu kommen sämtliche Aspekte des Klima- und Umweltschutzes wie im Energiebereich der flächendeckende Ausbau der Stromnetze zur verstärkten Einspeisung von Wind- und Solarenergie, die zukünftige Einspeisung von Biogas in die Gasnetze und nicht zuletzt die dezentrale Energieversorgung durch umweltschonende Blockheizkraftwerke. Es muss darüber hinaus allen betroffenen Beschäftigten von vorne herein ein sicherer Arbeitsplatz am Standort zu branchenüblichen tariflichen Bedingungen garantiert werden.«

Daran ließe sich – allgemeiner formuliert, damit es auf alle Branchen passt – anknüpfen. Dabei sollte ein Kriterien- und Umsetzungskatalog den Akteuren vor Ort mit den spezifischen Falllagen Handlungsspielräume lassen; die Hürden dürfen auch nicht zu hoch liegen.

Mit dem Gesetzentwurf, den etwa der Energietisch Berlin für eine demokratische, ökologische und soziale Energieversorgung für Berlin vorgelegt hat, gibt es ebenfalls eine gute Orientierung zur konkreten Ausgestaltung der Schutzrechte für Beschäftigte bezogen auf die Übernahme der MitarbeiterInnen, Tarif- und Standortsicherung.

Und auch das ist ein wichtiger Punkt: Gewerkschaften können Rekommunalisierungsprozesse und die Mobilisierung gegen weitere Privatisierungen für die Mitgliedergewinnung nutzen – gerade auch in Organisationsbereichen, in denen sie (noch) schwach aufgestellt sind. Die Umfragen zeigen: Die Stimmung in der Bevölkerung hat sich während der Wirtschafts- und Finanzkrise und nach der Atomkatastrophe in Fukushima gewandelt. Viele wünschen sich den Schutz des Staates, dezentrale, kommunale Energieversorger, die politische Einflussnahme in Richtung erneuerbare Energien. Und sie lehnen mit übergroßer Mehrheit weitere Privatisierungen ab.

Gesamtgesellschaftlich könnten sich Gewerkschaften also einen guten Ruf als Anwälte dieser Bevölkerungsmehrheiten erarbeiten, indem sie sich aktiv in breiten Bündnissen und nicht nur isoliert betriebsspezifisch dieser Themen annehmen. Das ist nicht unumstritten bei vielen KollegInnen. Denn die Entscheidung etwa für die Initiierung oder Teilnahme an Volks- und Bürgerbegehren geht auch einher mit Kontrollverlust. Bündnisse mit anderen Organisationen, Verbänden und Vereinen für Rekommunalisierungen oder gegen Privatisierungen sind heterogen, es stoßen verschiedenste politische Kulturen aufeinander, und meist erfordert es zähe Aushandlungsprozesse über die Ziele. Aber würde es nicht auch Gewerkschaften gut tun, eigene Arbeitsweisen, Hierarchien und politische Ausrichtungen zu hinterfragen?

Thies Hansen/Peter Grau
Ein kritischer Blick auf Rekommunalisierungsprojekte in der Energiewirtschaft

Rekommunalisierungsprojekte im Bereich der Energiewirtschaft bedürfen einer kritischen Auseinandersetzung. Wir beziehen uns hierbei auf Erfahrungen aus dem Netzgebiet der E.ON Hanse AG, einem Netzbetreiber, der den Großteil der Strom- und Gasnetze in Schleswig-Holstein und die Gasnetze in Hamburg und Mecklenburg-Vorpommern sowie Teilen von Nordniedersachsen betreibt.

Im Allgemeinen stehen Betriebsräte, gerade in der Energiewirtschaft, nicht im Verdacht, der Privatisierung das Wort zu reden. Schließlich waren Proteste der Arbeitnehmervertreter gegen Privatisierungsmaßnahmen an der Tagesordnung. Es wäre folglich zu erwarten, dass Betriebsräte in tosenden Jubel ausbrechen, wenn es darum geht, Netzbetriebe in die öffentliche Hand zurückzuführen. Schließlich galten in Arbeitnehmerkreisen Privatisierung und Wettbewerbsideologie mit als Hauptursache für Arbeitsplatzvernichtung in der Energiewirtschaft. Bei genauerem Hinsehen zeigt sich aber, dass diese Gleichung so nicht mehr stimmt. Denn die Sachverhalte stellen sich im Angesicht von staatlicher Regulierung, Marktliberalisierung und Energiewende deutlich komplexer dar.

Dabei spielt nicht nur die vorrangigste Aufgabe des Betriebsrats, Beschäftigung zu fördern und zu sichern, eine Rolle, sondern auch die Frage, ob ein substanzieller »Mehrwert« für die Bevölkerung durch Netzkommunalisierung zu erwarten wäre. Es darf zu Recht davon ausgegangen werden, dass Betriebsräte, vor allem aber die Gewerkschaften, wirtschaftspolitisch Einfluss nehmen, und zwar nicht nur zu Gunsten der Beschäftigten, sondern im Sinne einer Politik, die dem Gemeinwohl dient, ökologisch vertretbar ist und soziale Aspekte ausreichend einbezieht. Eine Positionierung des Betriebsrats ist damit unausweichlich.

Befürworter einer Rekommunalisierung führen häufig als Begründung für ihre Forderungen an, dass dadurch die Möglichkeit bestünde, den Anstieg der Energiepreise abzuschwächen bzw. lokale Energiepolitik im

Sinne der Energiewende zu betreiben. Gleichzeitig verlieren sie häufig die Rahmenbedingungen und Zwänge der Regulierung sowie die wirtschaftlichen Risiken des Netzbetriebs aus den Augen. Gerade in diesen Bereichen kann sich nach Meinung vieler unabhängiger Experten eine Rekommunalisierung als kontraproduktiv und nicht im Interesse der Beschäftigung erweisen.

Rekommunalisierung und Energiepreise

Ob eine Rekommunalisierung zu einer Senkung der Energiepreise führt, ist bei vielen Experten umstritten. So hat die Monopolkommission – in ihrer Funktion als unabhängiges Beratungsgremium für die Bundesregierung auf den Gebieten der Wettbewerbspolitik und Regulierung – in einer großen Untersuchung festgestellt, dass in 7.323 untersuchten Postleitzahlengebieten nur elfmal ein kommunales Vertriebsunternehmen den niedrigsten Strompreis angeboten habe. In drei Viertel aller Gebiete finde sich kein einziger kommunaler Anbieter in der preislichen Spitzengruppe.[1] Der vorherige Chef der Monopolkommission, Justus Haucap, befürchtet sogar, dass die fortschreitende Rekommunalisierung – entgegen der intendierten Wirkung – eine Schlechterstellung des Kunden zur Folge hätte.[2] Diese Meinung teilt auch sein Nachfolger Daniel Zimmer: »Kommunale Stadtwerke wollen ihren Anteil an der Stromerzeugung bis 2020 verdoppeln. Auch wenn ich gegen die Mode argumentiere: Wer so auf billige Strompreise hofft, könnte in den nächsten Jahren sein blaues Wunder erleben.«[3]

Doch auch eine weitere Zersplitterung der Netze durch eine vollständige Rekommunalisierung geht zu Lasten neuer Energielieferanten und damit zu Lasten günstigerer Endkundenpreise. Schon heute klagt der Bundesverband der neuen Energieanbieter – der Unternehmen vertritt, die ohne eigene Netze zu besitzen bundesweit Energie verkaufen – über zu hohe Eingangshürden für seine Unternehmen. So müssten diese, wenn sie bundesweit Strom und Gas anbieten wollen, Durchleitungsverträge mit 1561 Strom- und Gasnetzbetreibern abschlie-

---

[1] Rekommunalisierung geht auf Kosten der Bürger«, Börsenzeitung vom 31.7.2012.
[2] Haushalte zahlen für Strom Milliarden zu viel«, FAZ vom 14.9.2011.
[3] Unser Wohlstand ist in Gefahr«, Süddeutsche Zeitung vom 11.9.2012.

ßen. Zum Vergleich: Großbritannien kommt laut dem Verband mit nur zwölf Verteilnetzen aus.[4] Eine weitere Zersplitterung der Netze durch Rekommunalisierung bedeutet zwangsläufig aber auch eine Erhöhung der Strompreise in strukturschwachen Gebieten, denn Rekommunalisierungstendenzen sind im Wesentlichen in Gebieten mit hoher Anschlussdichte zu beobachten (Stadtgebiete und deren Peripherie). Diese könnten durch eine Abkopplung vom Flächenversorger ihre Netzbetriebskosten wegen der günstigeren Struktur tatsächlich senken. Die Folge: In den abgekoppelten Gebieten steigen die Netzbetriebskosten umso mehr – der ländliche Raum zahlt die Zeche.

Rekommunalisierung und Energiewende

Ein Ziel der Rekommunalisierungsbefürworter ist es, durch den vollständigen Netzrückkauf lokale Energiepolitik im Sinne der Energiewende zu betreiben. Aber auch diese Ambitionen sehen viele Experten kritisch. So warnte der ehemalige Chef der Bundesnetzagentur, Matthias Kurth, vor finanziellen Abenteuern: »Viele Städte und Gemeinden denken, sie haben ein Huhn, das goldene Eier legt, wenn sie ihr Netz zurückkaufen.« Dabei würden die notwendigen Investitionen in die Netzqualität oft unterschätzt. Zu Kapitalspritzen für den Netzbetrieb werden viele der klammen Kommunen nicht in der Lage sein. Die Rekommunalisierungswelle könnte somit sogar zu einer Gefahr für die Energiewende werden.[5] Der Grund: Die Energiewende und die daraus resultierende Zunahme dezentraler Erzeugungseinheiten werden einen kompletten Umbau der Verteilnetze erfordern. Diese müssen in der Lage sein, Strom nicht nur vom Kraftwerk zum Verbraucher zu leiten, sondern vor Ort erzeugte Strommengen auch wieder zurück ins Verteilnetz und von dort auf die höher gelegenen Spannungsebenen zu transportieren. Dass diese technische Herausforderung, die Entwicklung eines intelligenten Netzes (Smart Grid), mit einer Vielzahl von Netzbetreibern und daraus resultierender Kleinteiligkeit schwieriger zu gestalten ist, versteht sich von selbst. Immerhin schätzt der Verband der Netzbetreiber die dafür notwendigen Investitionskosten auf bis zu 40 Mrd. Euro bis 2020.

---

[4] Teure Netze«, Frankfurter Rundschau vom 13.5.2011.
[5] Kommmunen droht Investitionsfalle«, Financial Times Deutschland vom 23.12.2011.

Außerdem sind zum weiteren Ausbau der Erneuerbaren Energien leistungsstarke und stabile Netze mit hoher Kurzschlussleistung, hohem Vermaschungsgrad und einheitlicher Betriebsführung erforderlich. Nur mit einem die Mittelspannungsnetze vollständig umfassenden Ansatz in der Netzplanung sowie der Realisierung von Smart Grid, z.b. mit regelbaren Netzstationen, können zukünftig erforderliche Steigerungen der Übertragungskapazität effizient sichergestellt werden. Eine Schwächung des Mittelspannungsnetzes durch das Herauslösen einzelner Netzteile in Abhängigkeit von kommunalen Gebietsgrenzen läuft den klimapolitischen Zielsetzungen und damit dem Anliegen des EEG diametral entgegen.[6] Dementsprechend sagte auch der Präsident der Bundesnetzagentur, Jochen Homann, im Frühjahr 2012:»Ich sehe keine sinnvolle Entwicklung darin, unsere Energienetze immer weiter zu zersplittern. Ich weiß auch nicht, was sich die Kommunen davon versprechen.«[7]

Rekommunalisierung und Anreizregulierung

Was von den Befürwortern einer vollständigen Rekommunalisierung der Netze häufig nicht bedacht wird, sind die großen wirtschaftlichen Risiken der Anreizregulierung, die mit der Zersplitterung einher gehen und die im Zweifelsfall auf die Beschäftigten abgewälzt werden oder sich negativ auf die Beschäftigungsverhältnisse auswirken.

Das Energiewirtschaftsgesetz (EnWG) schreibt das Prinzip der Anreizregulierung fest. Dessen Ziel besteht in der Steigerung der Effizienz beim Betrieb der Strom- und Gasnetze. Hierbei werden den Netzbetreibern seit dem 1. Januar 2009 Obergrenzen für ihre Erlöse vorgegeben, die auf der Grundlage eines bundesweiten Effizienzvergleichs ermittelt wurden. Maßstab für die Effizienzvorgaben ist die Gruppe der jeweils strukturell vergleichbaren besten Unternehmen. Die Netzbetreiber haben zehn Jahre Zeit erhalten, um ihre vorgegebenen Effizienzziele zu erreichen. Bleiben sie mit ihren Kosten unter diesen Obergrenzen, können sie sogar die Differenz als Gewinn einbehalten – liegen sie

---
[6] Volker Nehrdich, ew, 2011 Heft 13, Technisch/betriebliche Bewertung der Mittelspannungsebene.
[7] Jochen Homann: Rekommunalisierung der Netze wenig sinnvoll, Dow Jones Energy weekly vom 27.4.2012.

allerdings darüber, müssen sie ihre Kosten senken. Mit der Anreizregulierung sollen im Monopolbereich der Netze vergleichbare Bedingungen wie im echten Wettbewerb geschaffen werden. Die Verbraucherinnen und Verbraucher sollen über faire Netzentgelte von der Anreizregulierung profitieren.

Im Rahmen der Anreizregulierung müssen selbst Netzbetreiber, die im bundesweiten Effizienzvergleich gut abgeschnitten haben, jedes Jahr weitere Effizienzsteigerungen erwirtschaften. Die Anreizregulierungsverordnung (AnRegV) gibt eine jährliche Verbesserung der Effizienz um 1,5% vor (so genannter Sektoraler Produktivitätsfaktor). Damit ist schon ein systemimmanenter Kostendruck für Netzbetreiber vorgegeben, der sich in der Regel negativ auf die Beschäftigten auswirkt. Ein Blick in die Geschäftsberichte der meisten Stadtwerke zeigt auf, wie stark dieser Druck aktuell empfunden wird. So findet man beispielsweise folgende Aussage im aktuellen Geschäftsbericht der Stadtwerke München: »Mit einer Initiative für mehr Wettbewerb auf den Strom- und Gasmärkten versucht der europäische Gesetzgeber bereits seit einigen Jahren, den stetigen Anstieg der Energiepreise für die Verbraucher zu dämpfen. Ein wesentliches Element dieser Initiative ist die im Jahr 2009 in Kraft getretene Anreizregulierung. In deren Rahmen wurden allen Netzbetreibern von der Regulierungsbehörde individuelle, schrittweise sinkende Erlösobergrenzen vorgegeben. Die Folge: Künftig im Netzbereich eingesetztes Kapital erwirtschaftet nach der heutigen Rechtslage keine adäquate Verzinsung mehr. Dies betrifft insbesondere die umweltfreundliche Sparte Erdgas, in der Netzerweiterungen oder -sanierungen damit im Grunde nicht mehr wirtschaftlich umsetzbar sind.«[8]

Dieser Effekt wird bei einer Übertragung des Netzes an einen neuen Netzbetreiber aber noch verstärkt. Der Kaufpreis eines Netzes darf nicht in die Berechnungen der Erlösobergrenze mit einfließen; das bedeutet, dass die ggf. anfallenden Zins- und Tilgungszahlungen für den Netzerwerb zusätzlich zu den Vorgaben der Anreizregulierung durch den Netzerwerber erwirtschaftet werden müssen.

Die Betreiber von Energienetzen stehen also durch die Anreizregulierung unter einem hohen Effizienzdruck. Netzbetreiber mit schlechten Effizienzwerten trifft dieser Druck besonders hart. Sie versuchen deshalb teilweise mittels Rekommunalisierung neue Aufgaben

---

[8] www.swm.de/dms/swm/dokumente/unternehmen/swm/geschaeftsbericht-2011.pdf

Abbildung 1: Durch die Finanzierung sind unsere Arbeitsplätze gefährdet

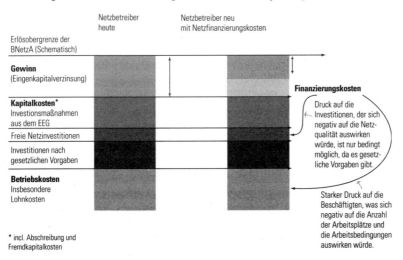

Vereinfachte Darstellung aus Sicht des Betriebsratsvorsitzenden von EON Hanse Hamburg, Th. Hansen

und Gebiete zu akquirieren, die sie mit ihrem vorhandenen Personal bewirtschaften wollen. Dies geht auf Kosten des Personals des jeweils verdrängten Netzbetreibers, das in diesem Fall konkret vom Arbeitsplatzverlust bedroht wäre. Im Hinblick auf die Wahrung von Arbeitnehmerinteressen und die Sicherung von Arbeitsplätzen sind Vorschläge für eine Rekommunalisierung in ihrer Wirkung also nicht einseitig positiv zu beurteilen. Dies wird am konkreten Beispiel der Gutachten zur Rekommunalisierung der Energienetze in Hamburg deutlich: Hier wird explizit darauf hingewiesen, dass mit der Übernahme der Energienetze eine »Hebung von Synergien durch den Querverbund zwischen Strom, Gas, Fernwärme und ggf. Wasser sowie die Erschließung von Synergiepotenzialen im Konzern FHH« verbunden wäre. Im Klartext heißt das: gezielter Arbeitsplatzabbau.[9]

---

[9] Rödl & Partner: Kurzgutachten zur Rekommunalisierung des Strom-, Gas- und Fernwärmenetzes der Freien und Hansestadt Hamburg, Nürnberg, 15.11.2011, S. 26 und 41.

Rolle der Betriebsräte bei Rekommunalisierungen

Sollte es zu einer Rekommunalisierung kommen, müssen wir als Betriebsräte mehrere Ziele verfolgen. So dürfen sich für die von der Rekommunalisierung betroffenen Beschäftigten, die wir als Betriebsräte vertreten, die vorhandenen tariflichen Niveaus, die Betriebs- und Dienstvereinbarungen, die freiwilligen sozialen Leistungen und die Altersversorgung beim Betriebsübergang nicht dauerhaft verschlechtern. Dies bedeutet für die von Rekommunalisierungsmaßnahmen betroffenen Beschäftigten in der Energiewirtschaft in der Regel die Übernahme und Weiterführung der Vereinbarungen aus der Privatwirtschaft. Ergänzend dazu sind tarifliche Regelungen zur Beschäftigungs- und Standortsicherung abzuschließen. Es ist darüber hinaus aber auch sicherzustellen, dass die wirtschaftliche Zukunftsfähigkeit des Unternehmens gewährleistet bleibt.

Bei der Beurteilung der Erreichbarkeit dieser Ziele aus der Sicht des Betriebsrats spielt es eine wesentliche Rolle, welche Größenordnung das Rekommunalisierungsvorhaben hat und was für eine Unternehmensstruktur vorliegt.

Die Größenordnung des Rekommunalisierungsvorhabens spielt im Zusammenhang mit der Zuordnung von Mitarbeitern im Hinblick auf einen Betriebsübergang nach § 613 BGB eine wesentliche Rolle. So wird es unstrittig sein, dass bei einer größeren Netzübernahme auch Mitarbeiter dem Teilbetrieb zuzuordnen sind, die sich in klassischen Verwaltungsfunktionen des Netzbetreibers befinden; eine andere Beurteilung haben wir bei der Frage von Netzübernahmen in Gebieten mit wenigen Zählpunkten. Dort wird es nicht gelingen, einem Teilbetrieb auch übergeordnete Funktionen zuzuordnen.

Die Unternehmensstruktur ist im Zusammenhang mit zur Leistungserbringung bereits separierten Unternehmensteilen zu betrachten (z.B. Abrechnungsgesellschaften). Dort gibt es Beschäftigungsgruppen, die einem Netzbetrieb ggf. gar nicht zuzuordnen wären und so bei einer Netzübernahme von einem neuen Netzbetreiber unter Umständen nicht mehr beauftragt werden könnten.

Fazit

Aus unserer Sicht besteht die Hauptaufgabe einer Gewerkschaft darin, die Interessen ihrer Mitglieder zu vertreten. Das macht ver.di, indem sie für den Fall einer Rekommunalisierung soziale Mindeststandards und Absicherungen der Arbeitsplätze für die heutigen Beschäftigten einfordert. Die Aufgabe eines Betriebsrats ist es unter anderem, Beschäftigung zu fördern und zu sichern. In der Beurteilung der Risiken für die von uns zu vertretenden Kolleginnen und Kollegen sind die Betriebsräte der E.ON Hanse AG sich einig, dass wir eine Position gegen die Netzübernahmen beziehen. Denn unabhängig davon, dass wesentliche Experten und Fachleute die als Begründung für die Rekommunalisierung genannten Argumente nicht nachvollziehen können oder ganz verneinen, sehen wir erhebliche negative Auswirkungen und Gefahren für die betroffenen Beschäftigten. Hier sind zum einen die zu erwartenden Einkommenseinbußen sowie die Senkung der sozialen Standards für unsere Kolleginnen und Kollegen zu nennen. Zum anderen sehen wir die systemische Bedrohung von Arbeitsplätzen durch den von uns beschriebenen Kaufpreiseffekt. Hinzu kommen die zu erwartende Verschlechterung der technischen Netzqualität sowie eine mögliche Behinderung des ökologischen Umbaus der Netze und nicht zuletzt die teilweise drohende Selbstoptimierung von Ballungsräumen auf Kosten der strukturschwächeren Regionen. Angesichts der immensen Herausforderungen durch die Energiewende muss es unser Ziel sein, die Interessen aller Beteiligten und insbesondere der Arbeitnehmerinnen und Arbeitnehmer zusammenzuführen und nicht gegeneinander auszuspielen. Neue Lösungen und Modelle sind gefragt, Lösungen, die die verschiedenen Positionen – wie beispielsweise beim Hamburger Kooperationsmodell – integrieren, anstatt diese unversöhnlich aufeinanderprallen zu lassen.

Karsten Schneider
Gute Arbeit im öffentlichen Dienst
Beschäftigungsbedingungen und die Qualität gesellschaftlich notwendiger Leistungen

Der öffentliche Dienst hat den Ruf, ein Musterarbeitgeber zu sein. Als solcher kann gelten, wer bei der Erstellung von Leistungen auch die Beschäftigungsbedingungen im Blick hat und durch eine Orientierung an guten Arbeitsbedingungen auch die Qualität der öffentlichen Leistungen verbessern will. Dem vorliegenden Beitrag liegt die Annahme zugrunde, dass gute Beschäftigungsbedingungen die gesellschaftlich erwünschte Wirkung öffentlicher Leistungen positiv beeinflussen können. Die berufliche Tätigkeit im öffentlichen Dienst erfordert ein hohes Maß einer Identifikation mit der öffentlichen Aufgabe. Insofern sind die Arbeitsverdichtung und insgesamt die Verschlechterung von Arbeitsbedingungen außerordentlich kritisch zu bewerten. Wir erleben faktisch einen Abbau des öffentlichen Dienstes.

Gute Arbeit und gute Beschäftigungsbedingungen im ganzen öffentlichen Sektor sind für die Gewerkschaften wichtige Ziele. Wir erleben in den vergangenen Jahren eine Differenzierung der Beschäftigungsbedingungen.

Bereiche, die wirtschaftlich besser gestellt sind, wie z.B. Stadtwerke, sind eher in der Lage, ihren Beschäftigten auskömmliche Bedingungen zu garantieren, als der eigentliche öffentliche Dienst. Dieser bemühte sich durch Auslagerung, Kosten zu sparen. Sich daraus ergebende Qualitätsverschlechterungen bilden die Basis der Rekommunalisierungsdiskussion. Gleichzeitig hat die Differenzierung der Beschäftigungsbedingungen tiefer liegende Ursachen im Kostendruck, dem der öffentliche Sektor ausgesetzt wird.

Gute Arbeit im öffentlichen Dienst

Auseinanderentwicklung der Tarif- und Besoldungsentwicklung

Es ist ein Kernzweck der Gewerkschaften, Wettbewerb um Beschäftigungsbedingungen – dazu gehören natürlich insbesondere der Lohn und die Besoldung – zu unterbinden. Branchentarifverträge sollen genau dafür sorgen, dass gleiche Arbeit gleich bezahlt wird und von gleichen Arbeitsbedingungen geprägt ist. In dieser Hinsicht hatte der öffentliche Dienst in der Tat in den vergangenen Jahrzehnten eine Vorbildfunktion.

Nicht erst seitdem 2003 die Tarifgemeinschaft der Länder aus der Verhandlungsgemeinschaft der Arbeitgeber bei den Tarifverhandlungen des öffentlichen Dienstes ausgeschieden ist, zeigen sich hier andere Weichenstellungen. Dabei ist es ein wichtiges Problem, dass angesichts des allgemeinen politischen und politisch induzierten haushalterischen Drucks auf den öffentlichen Sektor die Tarifentwicklung im Vergleich zu den großen privatwirtschaftlichen Branchentarifverträgen nicht Schritt halten konnte.

Im besonderen Maße erweist sich die neue Weichenstellung im Dienstrecht für die Beamtinnen und Beamten. Während es über viele Jahrzehnte beinahe selbstverständlich war, dass die Gewerkschaften die Übertragung der Tarifergebnisse auf die Beamtinnen und Beamten erreichen konnten, hat sich dies im Laufe der letzten Jahre mit erheblichen Wirkungen verändert. Der Bund folgt zwar im Großen und Ganzen der gewerkschaftlichen Forderung, die Besoldung habe den Tarifabschlüssen zu folgen. Seit der Föderalismusreform I im Jahr 2006 bestimmt aber der Bund als Gesetzes- und Verordnungsgeber nicht mehr allein das Geschehen, sondern es treten auf der Landesebene 16 weitere Gesetzgeber hinzu, die – wie sich zeigt – für eine erhebliche Spreizung des Besoldungsniveaus zwischen den Ländern und eine Abweichung der Besoldungserhöhung von der Tarifentwicklung sorgen.

So haben sich die politisch Verantwortlichen im Saarland entschieden, die Besoldungserhöhung 2011 komplett auszusetzen, in Rheinland-Pfalz will man die Besoldungserhöhung für fünf Jahre auf jährlich ein Prozent begrenzen und sieht gleichzeitig Kürzungen im Besoldungs- und Versorgungsrecht vor, sodass im Ergebnis die Erhöhungen noch geringer ausfallen. Diese Initiativen sind aber nur die Spitze des Eisberges. In welchem Ausmaß sich die Besoldung auseinander entwickelt hat, wird deutlich, wenn man am Beispiel der Besoldungsgrup-

Abbildung 1: Jahresbesoldung 2012 der Besoldungsgruppe A9*

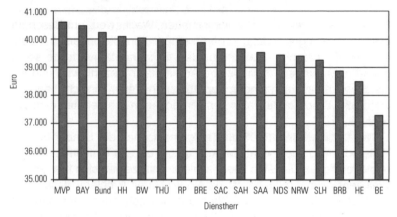

* Die Summe setzt sich zusammen aus der Endstufe des Grundgehalts, ggf. der allg. Stellenzulage/ Strukturzulage, evtl. Einmalzahlungen
Quelle: eigene Berechnungen des DGB-Bundesvorstandes

pe A9 die Spreizung der Besoldungshöhe, welche sich in den letzten gut fünf Jahren bereits ergeben hat, in Augenschein nimmt (Abbildung 1). Die Besoldung im Land Berlin liegt bereits heute um 10% unter der Bayerns. Besonders bemerkenswert ist, dass das Besoldungsniveau der Bundesbeamten, die in der Regel auch in Berlin ihren Dienstsitz haben, im Vergleich am höchsten liegt. In der Summe sind dies über 15% Unterschied. Nach nur sechs Jahren differenzierter Entwicklung ist diese Spreizung sehr bemerkenswert.

Dass die Gewerkschaften des öffentlichen Dienstes für Beamtinnen und Beamte keine verbindlichen Verhandlungsrechte besitzen, der Dienstherr also einseitig die Beschäftigungsbedingungen festlegen kann, war solange relativ unproblematisch, wie die Besoldungsentwicklung den Tariferhöhungen gefolgt ist. Dass das Dienstrecht aber nunmehr als Mittel genutzt wird, angesichts der Krise öffentlicher Haushalte auf Kosten von Beschäftigungsbedingungen Einsparpolitik zu betreiben, ist in dieser Form eine Abkehr von Konventionen. Diese wird auch Folgen für gewerkschaftliche Rechte, wie das Verbot des Beamtenstreiks, haben müssen.

Die Auseinanderentwicklung der Beschäftigungsbedingungen im öffentlichen Dienst ist aber nur die Spitze des Eisbergs. Wir erleben in den letzten Jahren eine erhebliche Veränderung des öffentlichen

Dienstes. Während man noch in den 1980er Jahren versucht hat, entweder durch allgemeine normative Konzepte, wie das des »Schlanken Staates«, oder Modelle der Aufgabenkritik (KGSt 1982) öffentliches Handeln zurückzuführen, hat sich die Stoßrichtung seit Ende der 1990er Jahre geändert. Jetzt treten Kostendebatten und die vermeintliche Notwendigkeit, im Sinne einer Haushaltskonsolidierung Sparpolitik zu betreiben, in den Vordergrund.

Verwaltungsreform und Privatisierung

Vielfach hat man zum Mittel der Privatisierung gegriffen. Dabei wurde oft nur die Rechtsform geändert. Aus einem kommunalen Eigenbetrieb in öffentlicher Rechtsform wurde eine privatrechtliche Eigengesellschaft, die weiter im Eigentum der öffentlichen Hand verblieb. Seltener kam es zum Verkauf der Anteile der öffentlichen Hand. Selbst bei als Modellprojekten geplanten Privatisierungen sind die Ergebnisse hinsichtlich Produktivität und Qualität alles andere als überzeugend (Gerstlberger/Schneider 2008). Insgesamt wurde unterstellt, private Rechtsformen seien effizienter. Dafür finden sich zwar bis heute keine empirischen Belege, allerdings ist die so genannte Flucht ins Privatrecht auch mit der starken Rechtsorientierung des öffentlichen Dienstes begründet worden, welche eine Einschränkung der Flexibilität zur Folge habe.

Über die Privatisierung hinaus hat – insbesondere im kommunalen Bereich – die Verwaltungsmodernisierung eine große Rolle gespielt. Die Flexibilität und Effektivität der öffentlichen Dienstleistungserstellung sollte verbessert werden. Das prominenteste Bespiel ist hier sicherlich das Neue Steuerungsmodell (KGSt 1993). Im Ergebnis erweist sich dieses als nur wenig erfolgreich. Die Ziele – verbesserte Wirtschaftlichkeit und Qualitätsverbesserung – konnten nicht erreicht werden (Bogumil u.a. 2007). Die Erklärung für das dauerhafte Scheitern liegt auf der Hand: Alle Veränderungsmaßnahmen des öffentlichen Dienstes stehen unter der Vorgabe der Kostenneutralität oder dem Zwang, Einsparungen zu erreichen. Verbesserung der Wirtschaftlichkeit und der Qualität haben aber – egal in welcher Rechtsform – immer Investitionen zur Voraussetzung.

Die formelle Privatisierung der Deutschen Bahn 1994 ist insofern bemerkenswert. Bei allen negativen beschäftigungspolitischen Maßnahmen, insbesondere dem rigorosen Personalabbau, die es im Zuge der Privatisierung und vor allem im Vorfeld des geplanten Börsengangs, d.h. der Veräußerung der Anteile an Private, gab, ist diese Privatisierung davon gekennzeichnet gewesen, dass die Schulden der Bahn seitens des Eigentümers getilgt wurden. Es wurden also nicht nur unmittelbar, sondern auch mittelbar Investitionsmittel seitens der öffentlichen Hand bereitgestellt. Insofern ist der relative Erfolg der formellen privatrechtlichen Ausgliederung der Deutschen Bahn zu wesentlichen Teilen auf die Bereitstellung öffentlicher Mittel zurückzuführen.

Die Deutsche Telekom und die Deutsche Post wurden 1995 formell privatisiert und 1996 bzw. 2000 an die Börse gebracht. Bei der Deutschen Bundespost handelte es sich um keine verlustbringende Einrichtung, sodass hier das Argument des Sparzwangs nicht griff, sondern es um die operative Begleitung der Aufhebung des Post- und Fernmeldemonopols ging. Auch hier bestätigt sich also, dass Einsparpolitik – auch aus Gründen der Sicherstellung gesellschaftlich notwendiger Leistungen – nicht der zentrale Bezugspunkt organisatorischen Wandels sein kann.

Was ist das Besondere am öffentlichen Dienst?

Einem gängigen Vorteil folgend, hat ein der Piratenpartei angehöriges Mitglied des Berliner Abgeordnetenhauses unlängst öffentlich geäußert, ein kennzeichnendes Merkmal für die Beschäftigten im öffentlichen Dienst sei das Interesse, einen sicheren Arbeitsplatz zu haben und »eine ruhige Kugel schieben« zu können. So weit, so ärgerlich.

Aus einer Vielzahl von Untersuchungen ist bekannt, dass – anders als unterstellt – Beschäftigte im öffentlichen Dienst sich mit ihrer Aufgaben in hohem Maße identifizieren. Dies bestätigt auch eine Sondererhebung des DGB-Index Gute Arbeit für den öffentlichen Dienst (DGB-Bundesvorstand 2011, S. 8).

Eine weitere Besonderheit der Arbeit im öffentlichen Dienst bestand darin, dass die Arbeitsbeziehungen immer von einer hohen Stabilität und Homogenität geprägt waren. Das hat sich geändert. Die Befristungsquote im öffentlichen Dienst ist im Vergleich zur Privatwirtschaft rund doppelt so hoch. Der öffentliche Arbeitgeber kann also sehr flexibel mit Personal umgehen (Keller 2011, S. 2334f.). Die bereits eingangs geschilderte Lösung der engen Kopplung von Beamten- und Tarifbereich ist gleichfalls ein bedeutender Faktor der Destabilisierung.

Gute Arbeit im öffentlichen Dienst

Der Zentralisierungsgrad der Tarifverhandlungen im öffentlichen Dienst (früher BAT für Angestellte und BMT-G bzw. MTArb für Arbeiter) war lange Zeit außerordentlich hoch. Dies stellt sich im Vergleich zur Privatwirtschaft so dar, aber auch im Vergleich mit anderen öffentlichen Diensten im europäischen und außereuropäischen Ausland ist dies der Fall. Dieser Zentralisierungsgrad hat abgenommen. Der Ausschluss des Landes Berlin 1994 und der Austritt Hessens 2004 aus der Tarifgemeinschaft der Länder markieren Einschnitte, die zu einer Differenzierung der Arbeitsbeziehungen im öffentlichen Dienst führten. Das bereits beschriebene Ausscheiden der Tarifgemeinschaft der Länder aus der Verhandlungsgemeinschaft der öffentlichen Arbeitgeber und die Differenzierung des Dienstrechts machen das Bild vollständig. In Bezug auf das Dienstrecht für die Beamtinnen und Beamten ist dabei auch darauf hinzuweisen, dass die bereits erhebliche Spannbreite der Besoldung nur auf der einen Seite steht. Bereits jetzt wird deutlich, dass sich auch im Laufbahnrecht, das den Aufstieg von Beamtinnen und Beamten regelt, und hinsichtlich der Versorgung für Pensionäre erhebliche qualitative Veränderungen ergeben. Laufbahnen und Laufbahngruppen werden zusammengefasst, sodass hinsichtlich der verschiedenen Bundesländer ein bunter Regelungsteppich entsteht. In Baden-Württemberg und in Niedersachsen bricht man mit dem Lebenszeitprinzip für Beamtinnen und Beamte insofern, als Versorgungsansprüche auch bei einem Ausscheiden aus dem Beamtenverhältnis erhalten bleiben. Auch im Bund werden entsprechende Regelungen geplant. Diese erhebliche Differenzierung ist – wie Keller (2011) verdeutlicht – im internationalen Vergleich nicht untypisch, eher war die Homogenität der letzten Jahrzehnte untypisch.

Die Differenzierung des Tarifvertragssystems ist aber in zweierlei Hinsicht problematisch. Zum einen wird angesichts der demografischen Herausforderung die Mobilität der Beschäftigten wichtiger. In dieser Hinsicht wäre es also richtig und wichtig, dass Dienst- und Personalrecht möglichst nah beieinander gehalten bzw. möglichst noch weiter zusammengeführt werden. Es geschieht aber das genaue Gegenteil. Zum anderen widerspricht die Differenzierung der gewerkschaftlichen Erwartung, dass für gleiche Arbeit gleiche Bezahlung sowie vergleichbare Arbeitsbedingungen zu vereinbaren sind.

Letztlich hat die Arbeitgeber- bzw. Dienstherrnseite den Wettbewerb um gute bzw. schlechte Arbeitsbedingungen eröffnet. Während die Arbeitgeber in der Vergangenheit gute Gesamtlösungen anstrebten, wird heute ein Rosinenpicken betrieben. Für eine Vielzahl von Beschäftigten werden Arbeitsbedingungen relativ verschlechtert, während man an verschiedenen Stellen auch Angebote verbessert, wie dies jüngst für die Beschäftigten der Bundesverwaltung mit dem Fachkräftegewinnungsgesetz getan wurde. Hier wirft der demografische Wandel seinen Schatten voraus – bereits heute hat der öffentliche Dienst Schwierigkeiten, in bestimmten Bereichen, wie der IT, Personal zu gewinnen. Hierbei handelt es sich durchaus nicht um ein Spezialproblem, wie das Beispiel des Landes Berlin verdeutlicht: Um angesichts der relativ schlechten Besoldungsbedingungen Lehrerinnen und Lehrer bestimmter Fachrichtungen gewinnen zu können, bietet das Land bereits verbeamteten Lehrerinnen und Lehrern aus anderen Bundesländern an, gemäß der Besoldungsgesetze der Bundesländer, aus denen die Beschäftigten kommen, zu besolden. In der Konsequenz bedeutet dies, dass in Berlin grundsätzlich sechzehn verschiedene Besoldungsgesetze zur Anwendung kommen.

Dass der öffentliche Dienst ein Modellarbeitgeber sei, entspricht also schon länger nicht mehr ganz der Realität. Eine andere Besonderheit des öffentlichen Dienstes, dass Beschäftigte sich mit ihrer Aufgabe in hohem Maße identifizieren, gilt aber heute noch. Fraglich ist aber, ob dieser Vertrauensvorschuss der Beschäftigen, welcher auch mit einer relativ niedrigeren Bezahlung einhergeht, Bestand haben wird.

Eine Verbesserung der Arbeitsbedingungen würde also einen Beitrag zur Verbesserung des Serviceniveaus leisten und in bestimmter Hinsicht auch den Zusammenhalt im öffentlichen Dienst wieder stärken, sodass die Zusammenarbeit von öffentlichen Einrichtungen beispielsweise mit Stadtwerken, die sich zumindest z.T. in öffentlichem Eigentum befinden, wieder verbessert und die Tür für Rekommunalisierung geöffnet werden kann.

Empirische Bestandsaufnahme: Gute Arbeit im öffentlichen Dienst

Seit 2007 fördert der DGB eine regelmäßige Berichterstattung über Arbeitsbedingungen: den DGB-Index Gute Arbeit. Im Zentrum dieser Untersuchung stehen die folgenden Fragen: a) Was ist Beschäftigten besonders wichtig? b) Wo sind die Brennpunkte und Potenziale für Arbeitsplatzgestaltung? c) Was sind die Effekte guter und schlechter Arbeitsbedingungen?

Gute Arbeit im öffentlichen Dienst

Abbildung 2: So beurteilen die Beschäftigten im öffentlichen Dienst die Arbeitsdimensionen

	Indexpunkte
DGB-Index Gute Arbeit	62
1 Qualifizierungs- und Entwicklungsmöglichkeit	61
2 Möglichkeiten für Kreativität	68
3 Aufstiegsmöglichkeiten	46
4 Einfluss- und Gestaltungsmöglichkeiten	62
5 Informationsfluss	68
6 Führungsstil	67
7 Betriebskultur	60
8 Kollegialität	75
9 Arbeit nützlich für die Gesellschaft	86
10 Arbeitszeitgestaltung	71
11 Arbeitsintensität	57
12 Gestaltung der emotionalen Anforderungen	68
13 Gestaltung der körperlichen Anforderungen	66
14 Berufl. Zukunftsaussichten/Arbeitsplatzsicherheit	59
15 Einkommen	46

Quelle: Repräsentativerhebung 2010, DGB-Index Gute Arbeit GmbH

In den Jahren 2009 und 2010 wurden für eine Repräsentativerhebung insgesamt 12.000 Beschäftigte befragt, davon 3.000 aus dem öffentlichen Dienst. Diese Erhebung war Grundlage einer Sonderauswertung für den öffentlichen Dienst (vgl. DGB-Bundesvorstand 2011).

Insgesamt bewerten nicht einmal ein Drittel der Beschäftigten im öffentlichen Dienst ihre Arbeitsbedingungen als gut. Im Schnitt erreichen die Beschäftigungsbedingungen des Index einen Wert von 62 (weniger als 50 Punkte sind als schlechte Arbeit, 80 und mehr Punkte als gute Arbeit definiert, maximal 100 Punkte sind möglich). Wirft man einen Blick auf die Faktoren, welche diese relativ kritische Bewertung erklären, wird deutlich, dass die Arbeitsintensität und besonders die Einkommensbedingungen sowie die Aufstiegsmöglichkeiten besonders schlecht bewertet werden.

Bemerkenswert ist, dass im Vergleich zu allen Beschäftigten die Bewertung des Einkommens und der Aufstiegsmöglichkeiten noch leicht besser ist. Das kann insbesondere durch die durchschnittlich höhere Qualifikation und den höheren Anteil an Akademikern erklärt werden.

Es liefert aber auch den empirischen Beleg dafür, dass die öffentliche Hand längst kein Musterarbeitgeber mehr ist. Fast 80% der Befragten geben an, auch krank zur Arbeit zu gehen. Angesichts der relativ hohen Arbeitsplatzsicherheit ist dies eine beachtliche Zahl. Nur jeder zweite Beschäftigte glaubt, die Altersgrenze, d.h. das Pensions- bzw. Rentenalter, gesund erreichen zu können.

Rekommunalisierung?

Die relativ kritische Einschätzung der Arbeitsbedingungen im öffentlichen Dienst führt auch dazu, dass seitens der Beschäftigten ausgegliederter Einheiten der Wunsch, in die öffentliche Rechtsform oder in öffentliches Eigentum zurückzukehren, d.h. Rekommunalisierung auch von der Arbeitnehmerseite aktiv zu betreiben, differenziert zu betrachten ist.

Während bei eher einfachen Tätigkeiten, wie z.b. der Gebäudereinigung, durch Rekommunalisierung in der Regel nicht nur eine Verbesserung der Arbeitsbedingungen, sondern auch der Dienstleistungsqualität möglich ist, mussten Beschäftigte, die z.B. bei Stadtwerken beschäftigt sind, lernen, dass die formelle Ausgliederung und die Beteiligung eines privaten Anteileigners, zumal aus der gewerkschaftlich gut organisierten Energiewirtschaft, nicht immer zu negativen Auswirkungen führt. Ambivalenter dürfte die Bewertung hoch kompetitiver Bereiche wie der Gesundheitswirtschaft sein. In der Grundversorgung sind die privaten Wettbewerber keine ernst zu nehmende Konkurrenz und die Beschäftigungsbedingungen in der Regel schlechter als im öffentlichen Dienst. Aber bei speziellen, besonders kostenintensiven Behandlungen dürften auch die Beschäftigten nur noch wenig Bezug dazu haben, dass es sich um gesellschaftlich notwendige Leistungen handelt.

Bei alldem wird deutlich, dass die sich verschlechternden Arbeitsbedingungen nicht nur für die Beschäftigten und den öffentlichen Dienst (hoher Krankenstand usw.) selbst ein Problem sind, sondern auch für die Beschäftigten der Privatwirtschaft, insbesondere insofern sie soziale bzw. vormals durch die öffentliche Hand erbrachte Dienstleistungen erbringen.

Demografie und Beschäftigungsentwicklung

Bis 2030 wird nach gegenwärtigen Schätzungen acht Prozent des Erwerbstätigenpotenzials verloren gehen. Das ist kein Anlass für Überdramatisierungen. Seit der Einführung der gesetzlichen Rentenversicherung wird regelmäßig auf die vermeintliche demografische »Bedrohung« hingewiesen. Im Ergebnis erwies sich diese angesichts einer guten wirtschaftlichen Entwicklung, welche auch durch einen funktionierenden öffentlichen Dienst ermöglicht wird, immer als fiktiv. Aber: In den nächsten 15 Jahren verliert der öffentliche Dienst rund 1,5 Mio. von insgesamt zur Zeit 4,6 Mio. Beschäftigten durch das Erreichen der Altersgrenze.

Die Privatisierungen der letzten Jahrzehnte und der Rückbau des öffentlichen Dienstes in den ostdeutschen Bundesländern erklären einen großen Teil der rückläufigen Beschäftigungsentwicklung. Aber ein wesentlicher Teil ist auch durch versäumte Einstellungspolitik zu erklären, wozu die vergleichsweise sehr hohe Befristungsquote und die Nicht-Wiederbesetzung von Stellen gehört (Keller 2011). Im kommunalen Bereich zeigt sich der Stellenabbau in besonderem Maße (siehe Abbildung 3).

Hier zeigen sich die negativen Wirkungen der restriktiven Einstellungspolitik der letzten Jahrzehnte überdeutlich. Aktuell ist es daher an der Zeit, Schlussfolgerungen zu ziehen, die den öffentlichen Dienst auf dem Arbeitsmarkt wettbewerbsfähig erhalten. Dazu gehört eine gute Gesundheitsvorsorge und -prävention. Dazu gehören auch eine angemessene Tarif- und Besoldungspolitik sowie Schritte zur Erhöhung der Mobilität der Beschäftigten, um auf Anforderungen angemessen reagieren zu können. Davor steht allerdings das Problem, dass die auf den öffentlichen Dienst bezogene Politik von Sparmaßnahmen geprägt ist. Um die Leistungsfähigkeit des öffentlichen Dienstes zu erhalten, bedarf es aber Investitionen. Es ist z.B. erforderlich, Personal über den gegenwärtig festgelegten Bedarf hinaus einzustellen, um sich auf absehbaren Personalmangel bereits jetzt vorzubereiten.

Abbildung 3: Beschäftigte im öffentlichen Dienst nach Beschäftigungsbereichen

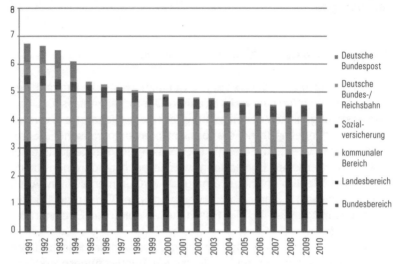

Quelle: Destatis (Altis/Koufen 2011)

Fazit

Die Arbeitsbedingungen im öffentlichen Dienst sind geprägt von Personalabbau und Arbeitsverdichtung. Viele Beschäftigte erwarten daher nicht mehr, das Renten- bzw. Pensionseintrittsalter noch gesund erreichen zu können. Der öffentliche Dienst ist also kein Musterarbeitgeber mehr.

Auch darüber hinaus ist viel Dynamik in die Arbeitsbeziehungen des öffentlichen Dienstes gekommen. Das Tarif- und Besoldungssystem wurde stark differenziert. Ein Dienst, welcher von einem Beamten in Berlin verrichtet wird, wird deutlich schlechter besoldet als der gleiche Dienst in Baden-Württemberg. Die Verkopplung von Tarif- und Besoldungsentwicklung wurde weitestgehend gelöst. An die Stelle möglichst gleicher Arbeits- und Lebensbedingungen ist ein Wettbewerb um Beschäftigungsbedingungen getreten. Bemerkenswerterweise ist gerade der öffentliche Dienst hier Vorreiter.

Diese Entwicklungen sind zuvörderst nicht Folge einer politischen Kampagne zur Reduzierung des öffentlichen Dienstes, sondern einer Kosten- und Spardebatte. Der vermeintliche Zwang, Haushaltskonsolidierung zu betreiben, wurde durch politische Entscheidungen erzeugt. In der Konsequenz findet heute keine Debatte darüber statt, welche öffentliche Sicherheit, welche Bildung oder welche kommunalen Dienstleistungen wir brauchen; stattdessen wird der öffentliche Dienst als Ganzer zu einem »Steinbruch«, aus dem sich politische Entscheider »finanzielle Brocken« zur Haushaltskonsolidierung herausbrechen können. Der öffentliche Dienst und seine Beschäftigten sind in dieser Wahrnehmung keine Problemlöser, sondern selbst ein Problem.

Um die Problemlösungsfähigkeit des öffentlichen Dienstes zu verbessern, bedarf es einer Verbesserung der Beschäftigungsbedingungen. Angesichts der geschilderten Gemengelage werden wir dazu in Zukunft insbesondere eine Auseinandersetzung darum führen müssen, welche gesellschaftlich notwendigen Dienstleistungen wir in Zukunft erwarten. Das ist genau das, was im Hinblick auf ein strategisches Vorgehen zu erwarten ist. Diesbezüglich ist kein positiver Impuls seitens der Bundesregierung zu erwarten. In ihrer so genannten Demografiestrategie wird keine Debatte über die Weiterentwicklung des öffentlichen Dienstes geführt, sondern zum wiederholten Mal die vermeintliche Notwendigkeit betont, Haushaltskonsolidierung zu betreiben.

Den Gewerkschaften ist es gelungen, trotz allen Widerstandes die Beschäftigungsbedingungen und damit auch die Leistungsfähigkeit des öffentlichen Dienstes mitzugestalten, die Sicherheit und den Sinngehalt der Beschäftigung zu verteidigen. Dabei konnten die Gewerkschaften aber nicht auf der ganzen Linie Erfolge verbuchen, sodass zwar beispielsweise für Beschäftigte aus dem Reinigungsgewerbe eine Rückkehr in den öffentlichen Sektor nicht nur aus der Sicht, die Qualität der Dienstleistungen wieder zu verbessern, sinnvoll ist, sondern auch aus Sicht der Beschäftigten. Aber wenn Rekommunalisierung in breitem Maßstab auch im Bereich der Energiewirtschaft wieder ein größeres Thema werden soll, ist es von zentraler Bedeutung, dass die Attraktivität der Beschäftigungsbedingungen im öffentlichen Dienst wieder gestärkt wird.

Für die Diskussion um Rekommunalisierung ergibt sich also eine differenzierte Diagnose. Für einfache Dienstleistungen zeigt sich, dass der öffentliche Dienst nach wie vor in der Lage ist, Qualitätsanforderungen besser zu entsprechen als private Wettbewerber. Gleichzeitig ist es so, dass die Differenzierung der Beschäftigungsbedingungen auch Ausdruck davon ist, dass in Bereichen, in denen der öffentliche Dienst als Wettbewerber in wirtschaftlich attraktiven Bereichen auftritt, die Gefahr einer schleichenden Verschlechterung der Beschäftigungsbedingungen besteht. Insofern sind nicht nur die Forderungen der Gewerkschaften nach angemessen Tarif- und Besoldungserhöhungen legitim, sondern ebenso arbeits- und beschäftigungspolitische Maßnahmen im Interesse des Erhalts der Leistungsfähigkeit des öffentlichen Dienstes.

Literatur

Altis, Alexandros/Koufen, Sebastian (2011): Entwicklung der Beschäftigung im öffentlichen Dienst. Steigendes Durchschnittsalter, mehr Frauen in leitender Position, mehr Zeitverträge, in: Statistisches Bundesamt, Wirtschaft und Statistik, S. 1111-1116.

Bogumil, Jörg/Grohs, Stefan/Kuhlmann, Sabine/Ohm, Anna K. (2007): Zehn Jahre Neues Steuerungsmodell – eine Bilanz kommunaler Verwaltungsmodernisierung, Berlin (Modernisierung des öffentlichen Sektors, Sonderband 29).

DGB-Bundesvorstand (Hrsg.) (2011): Die Arbeitsqualität im öffentlichen Dienst aus Sicht der Beschäftigten. DGB Index Gute Arbeit. Sonderauswertung öffentlicher Dienst, URL: www.dgb.de/themen/++co++01027f58-f007-11e0-51a9-00188b4dc422 (Zugriff am 9.10.2012).

Gerstlberger, Wolfgang/Schneider, Karsten (2008): Öffentlich Private Partnerschaften. Zwischenbilanz, empirische Befunde und Ausblick, Berlin (Modernisierung des öffentlichen Sektors, Bd. 31).

Keller, Berndt (2011): After the end of stability: recent trends in the public sector of Germany, in: International Journal of Human Resource Management, S. 2331-2348.

KGSt – Kommunale Gemeinschaftsstelle (1982): Haushaltskonsolidierung durch Aufgabenkritik und Sparmaßnahmen, Köln (KGSt-Bericht, Nr. 14/1982).

KGSt – Kommunale Gemeinschaftsstelle (1993): Das Neue Steuerungsmodell. Begründung, Konturen, Umsetzung, Köln (KGSt-Bericht, Nr. 3/1993).

Politische Initiativen gegen Privatisierungen – Initiativen für kommunale Demokratie

»Mehr direkte Demokratie verändert nicht nur die Gewerkschaften, sondern die ganze Gesellschaft.« (Klaus-Dieter Schwettscher)

Klaus-Dieter Schwettscher
Die Bedeutung von Volks- und Bürgerentscheiden
An- und Einsichten zu direkter Demokratie aus gewerkschaftlicher Sicht

Ob es um Privatisierung öffentlicher Unternehmen und/oder Dienstleistungen geht oder um deren »Rekommunalisierung«: Immer liegt entsprechenden Beschlüssen die Formulierung eines politischen Willens zugrunde. Es sind diejenigen, die politische Verantwortung in Kommune, Land oder Bund übernommen haben, die entscheiden, ob z.B. Daseinsvorsorgeleistungen in öffentlicher Hand oder von einem Privatunternehmen erbracht werden. Doch die Zeiten, in denen die Bürgerinnen und Bürger nur alle vier oder fünf Jahre die politisch Verantwortlichen für ihre Entscheidungen zur Verantwortung ziehen konnten, sind mehr und mehr passé. Sie wollen auch nicht über ein undurchdringliches Gesamtpaket politischer Problemlösungsangebote entscheiden, die jeweils einzeln abgewogen werden sollten. Die Bürgerinnen und Bürger wollen zunehmend zu einzelnen Sachfragen mitbestimmen. Doch wie bedeutsam ist das für Gewerkschaften und wie funktioniert diese Form der Mitbestimmung erfolgreich?

Im September 2012 meldete der Bundesvorstand von Mehr Demokratie e.V. der Presse, eine gemeinsam mit den Universitäten Wuppertal und Marburg durchgeführte Untersuchung der kommunalen direktdemokratischen Aktivitäten bis zum Jahresende 2011 habe ergeben: »In 24 … Fällen wurde durch Bürgerbegehren der Verkauf von Stadtwerken verhindert oder rückgängig gemacht.« Das Thema »Eigenständigkeit von Stadtwerken« sei »ein gutes Beispiel dafür, dass die Bevölkerung selbst für mehr Nachhaltigkeit und Energiemodernisierung« sorge.[1] Stadtwerke sind damit die größte Fallgruppe in der Son-

---

[1] www.mehr-demokratie.de/6986.html?&tx_ttnews%5BbackPid%5D=5859&tx_ttnews%5Btt_news%5D=12746&cHash=4b63a081b5901767f084a0a283500f83

deruntersuchung »Bürgerbegehren zu Energiethemen« im Rahmen des »Bürgerbegehrensbericht 2012«.[2]

Gewerkschaftliche Strategien gegen Privatisierungen am Beispiel von Volksentscheiden

Direktdemokratische Instrumente werden immer häufiger genutzt. Auch von Gewerkschaften oder mit ihrer Unterstützung. Grundsätzlich ist zunächst zu unterscheiden zwischen kommunalen Bürgerentscheiden und landesweiten Volksentscheiden. Beide Instrumente der direkten Demokratie sind seit den 1990er Jahren in allen Bundesländern etabliert, wenn auch mit höchst unterschiedlichen Durchführungsbestimmungen. Spitzenreiter im aktuellen Volksentscheidsranking des Vereins Mehr Demokratie ist Hamburg vor Berlin und Bayern. Die hinteren Plätze teilten sich noch 2011 Niedersachsen, Sachsen-Anhalt, Baden-Württemberg und Schlusslicht Saarland. Bei diesem »Ranking« wurden sowohl die Durchführungsbestimmungen für kommunale Bürgerentscheide bewertet als auch für landesweite Volksentscheide.

Bürger- und Volksentscheide richten sich immer darauf, dass der jeweilige Souverän (das jeweilige Staatsvolk) eine mögliche Entscheidung des »zuständigen« Parlaments selbst in die Hand nimmt. Gegenstand eines Entscheides ist also in der Regel nur etwas, das auch das betroffene Parlament hätte beschließen können. Das kann ein Gesetz sein oder in einigen Bundesländern eine »sonstige oder andere Vorlage«. Schließlich gibt es noch einige Ausnahmetatbestände für Entscheide. In der Regel ist z.B. das in dem jeweiligen Jahr geltende Haushaltsgesetz, sowohl auf der Einnahmeseite als auch bei den Ausgaben, tabu. Aber schon bei der Frage, ob *zukünftig* gewisse Investitionen getätigt oder unterlassen werden sollen, gibt es Gestaltungsraum.

Gewerkschaften kommen natürlich immer dann ins Spiel, wenn es um die öffentliche Daseinsvorsorge geht – und hier steht meist die Vereinte Dienstleistungsgewerkschaft ver.di an vorderster Front. Ob bei Krankenhäusern oder Wasserwerken, bei Stadtwerken oder städtischen Wohnungen, immer wenn die öffentliche Daseinsvorsorge infrage gestellt wird, gibt es den Anlass und die Möglichkeit, per Bürger- oder Volks-

---

[2] www.mehr-demokratie.de/fileadmin/pdf/2012/2012-09-04_BB-Bericht2012.pdf

entscheid den Souverän (das Volk) direkt entscheiden zu lassen. Aber auch beispielsweise die Sonntagsöffnung des Einzelhandels kann ein Thema sein, das zur Abstimmung gebracht wird. Ob in Hamburg, Berlin, Düsseldorf, Mülheim, Leipzig, Freiburg oder Dresden, überall hat ver.di entweder eine Volksabstimmung und ein breites Bündnis mit initiiert oder wesentlich zum Erfolg beigetragen. So auch bei der Rekommunalisierung der Stadtwerke in Leipzig.

Auf der Ebene des Bundes verhindert bisher eine Mehrheit in der CDU eine notwendige Verfassungsergänzung. Aber selbst die EU bietet die Möglichkeit der Willensbekundung mittels einer Europäischen Bürgerinitiative (ECI).[3]

Direkter und demokratischer aufstellen

Gewerkschaften sind Selbsthilfeorganisationen. Sie existieren, weil Menschen sich zusammentun, um so ihre Interessen besser vertreten zu können. Gewerkschaften leben, weil und wenn Menschen mitmachen bei ihrer Interessenvertretung. Gewerkschaften schaffen Partizipationschancen für ihre Mitglieder und die Beschäftigten und sind gelebte Teilhabe an gesellschaftlichen Prozessen. Insofern haben Gewerkschaften auch ein vitales Interesse daran, dass Menschen z.B. politisch aktiv sind, sich einmischen und vielfältig die Erfahrung machen, dass es sich lohnt, sich zu engagieren. Neben der betrieblichen und Unternehmens-Mitbestimmung, dem Parlamentarismus, den Wahlen und der Parteiendemokratie können sie zusätzlich mit Hilfe der Instrumente der direkten Demokratie, den Bürger- und Volksentscheiden mitreden und wirkungsvoll mitbestimmen.

Gewerkschaftliches und gesellschaftliches Engagement sind zwei Seiten derselben Medaille. Sie fördern beide das Sozialkapital, wirken integrativ und bedingen einander. Der grundsätzliche Unterschied zwischen plebiszitärer und parlamentarischer Repräsentation verliert an Bedeutung – die Wahl und Ausgestaltung der direktdemokra-

---

[3] Vgl. http://ec.europa.eu/citizens-initiative/public/welcome. Allerdings haben diese Europäischen Bürgerinitiativen keinen verbindlichen Charakter. Kommen ausreichend Unterschriften aus den EU-Mitgliedsstaaten zusammen, muss sich die EU-Kommission lediglich mit dem Thema befassen und – immerhin – öffentlich Stellung beziehen.

Die Bedeutung von Volks- und Bürgerentscheiden

tischen Verfahren gewinnen an Gewicht. Hier sollen Interessen abhängig Beschäftigter und ihrer Familien Platz greifen. Deshalb müssen Gewerkschaften sich einsetzen für die Förderung der Anwendung und des Ausbaus direktdemokratischer Instrumente (Bürger- und Volksentscheide) für gewerkschaftliche Ziele – im Interesse einer solidarischen, beteiligungsorientierten, demokratischen und emanzipierenden Gesellschaft. Abhängig Beschäftigte und ihre Familien müssen z.b. ein ausgeprägtes Interesse an staatlicher Daseinsvorsorge und geregelten Lebensverhältnissen haben. Diese lassen sich mit Volksabstimmungen sichern und ausbauen.

Ein defensives Verhältnis von Parlamentsmehrheiten zur direkten Demokratie ist nicht isoliert, nur für das Volksabstimmungsverfahren, zu sehen. Es ist i.d.R. eingebettet in die allgemeine Kampagne gegen Mitbestimmung und Mitwirkung der Bürger und ihrer Organisationen. Politik bereitet so auch das Feld, Mitbestimmung in Betrieben und Verwaltungen zurückzudrängen.

Politik ist immer auch geprägt von Lobbyarbeit. Insbesondere so genannte soft skills wie z.b. Interessen der Daseinsvorsorge tun sich schwer, sich im Parlamentarismus gegen »harte«, z.B. ökonomische, Interessen durchzusetzen. Hier kann direkte Demokratie zu einem Ausgleich der Interessenvertretung und -durchsetzung beitragen. Die Bürgerinnen und Bürger müssen unabhängig von der Wahlentscheidung auch im Einzelfall ihren Willen durchsetzen können. Und sie tun das zunehmend. So werden parteiendemokratische Machtstrukturen geöffnet und der politische Wettbewerb gestärkt.

Für das Zusammenleben relevante Entscheidungen werden immer ortsferner gefällt. Nicht mehr im Betrieb oder am Ort fallen Beschlüsse, sondern z.B. in Konzernzentralen, in Brüssel oder in London. Wer Resignation und Destruktion vermeiden will, muss den Menschen Entscheidungsmöglichkeiten in ihrem direkten Umfeld zurückgeben, die auch über die Frage hinausgehen, wo etwa eine Ampel aufgestellt wird. Die Nutzung der Kompetenz, mitzubestimmen und selbst zu entscheiden, wirkt integrativ und stärkt das staatsbürgerliche Verantwortungsbewusstsein.

Gewerkschaften sind darauf angewiesen, dass Menschen bereit sind, selbst für ihre Interessen einzutreten. Frust, Resignation und Rückzug ins Private schlagen von der politischen auf die gewerkschaftliche Ebene durch. Direkte Demokratie schafft zusätzliche Zugangskanäle in die politische Arena!

Direktdemokratische Instrumente und deren Gebrauch schaffen themenspezifische, politikinhaltliche Partizipationsmöglichkeiten für die Bürgerinnen und Bürger. Direkte Demokratie kann neue Partizipationsressourcen und Identifikationspotenziale auf dem Weg von der »Zuschauer-« und »Parteiendemokratie« hin zur »Mitmach-« und »Bürgerdemokratie« erschließen. Von diesem Prozess können und sollen auch Gewerkschaften profitieren. Volksabstimmungen finden sinnvollerweise im Verbund breiter gesellschaftlicher Bündnisse statt. Diese Prozesse erfordern und eröffnen die Chance, dass sich die Gewerkschaften, über die Betriebe und Verwaltungen hinaus, wiederum in die Mitte der Gesellschaft stellen und auch hier als wirkungsvoll mitten in der Gesellschaft stehend wahrgenommen werden. Volksabstimmungen mit gewerkschaftlicher Beteiligung wirken für Gewerkschaften imagefördernd und öffnen Türen, die in beide Richtungen durchschritten werden. Direkte Demokratie ist Gewerkschaftspolitik mit neuen Mitteln! Gewerkschaften kämpfen für Mitbestimmung und Demokratie – im Betrieb und überall. Wir müssen betrieblich aktions- und gesellschaftlich bündnisfähiger werden. In diesem Sinne müssen und können wir uns neu aufstellen – direkter und demokratischer.

Warum Gewerkschaften?

Der Rückzug ins Private schlüge unmittelbar auch auf die Mobilisierungsfähigkeit der Gewerkschaften zurück. Deshalb ist es gut und richtig, dass sich Gewerkschaften in die Politik »einmischen« und GewerkschafterInnen sich in Vereinen, Parteien oder Initiativen engagieren. Vor dem Hintergrund einer beobachtbaren abnehmenden Neigung in der Bevölkerung, sich dauerhaft einer Organisation anzuschließen, bei gleichzeitig steigendem Bedürfnis, punktuell und zeitlich begrenzt nicht nur mitzureden, sondern auch mitzubestimmen, findet ein Großteil gesellschaftlichen Engagements heutzutage in Bürger- und Volksbegehren seinen Ausdruck.

Es ist deshalb für Gewerkschaften sinnvoll, bei passenden Themen mitzumachen. Es eröffnen sich aber auch Politikfelder, in denen Gewerkschaften, insbesondere ver.di, selbst Treiber einer Bewegung sein können und sollten. Hier steht insbesondere die Verhinderung oder Rückabwicklung von Privatisierungen öffentlicher Unternehmen im Fokus. Gelegentlich auch das, was »Rekommunalisierung« genannt wird.

Öffentliche Unternehmen, insbesondere in der Daseinsvorsorge, sind ein eigener Wert unseres demokratischen Systems. Nicht nur, weil die Eigentümerschaft der öffentlichen Hand an Unternehmen politische Gestaltungsmöglichkeiten eröffnet, öffentliche Unternehmen also z.b. standort-, struktur- und wettbewerbspolitischen, sozial- oder umweltpolitischen Zielen unterworfen werden können. Hier kann das Primat der Politik wirkungsvoll umgesetzt werden! Allerdings sind öffentliche Unternehmen kein Selbstzweck. Sie sollten schon in der Lage sein, entsprechende Gestaltungsmöglichkeiten »am Markt« auch entfalten zu können.

Öffentliche Unternehmen agieren aber auf jeden Fall oder zumindest in der Regel stärker im Lichte der Öffentlichkeit als die Privatwirtschaft. Sowohl Parlamentarier als auch die Presse interessieren sich begründet deutlich mehr und nachhaltiger für die Geschäftspraktiken öffentlicher Unternehmen und können so auch wirksamer eine öffentliche Kontrolle etablieren, als es bei einem Privatunternehmen rechtlich zulässig, geschweige denn möglich wäre. Diese Chance des öffentlichen Diskurses stärkt die Demokratie.

Lohnt sich das Engagement?

Das Engagement in gut gemachten Bürger- und Volksentscheiden lohnt sich immer. Vor allem, weil jeder Bürger- oder Volksentscheid eine riesige Bildungsveranstaltung darstellt. Je nach Größe der Gebietskörperschaft müssen Hunderte oder Tausende Menschen auf ein bestimmtes Thema angesprochen werden. Sie müssen gefragt werden, ob sie möchten, dass hierüber von der gesamten Wahlbevölkerung abgestimmt werden kann. In dieser Begehrens-Phase werden also unzählige Menschen veranlasst, sich das gestellte Thema bewusst zu machen und es mit ihrer Unterschrift für abstimmungswürdig zu erklären. Auf diesem Weg wird Problembewusstsein geschaffen, u.U. sogar abseits medialer Aufmerksamkeit (Gegenöffentlichkeit).

War das Begehren erfolgreich, wurden also in ausreichender Zahl gültige Stützunterschriften gesammelt, ist wiederum das betroffene Parlament gut beraten, sich mit dem Thema und ggf. sogar mit den Initiatoren erneut oder gar erstmalig auseinanderzusetzen. Insbesondere an dieser Stelle sollte von beiden Seiten die Chance genutzt werden, aufeinander zuzugehen.

Geschieht dies nicht oder wird keine gemeinsame Lösung gefunden, kommt es zum Entscheid. Hierfür sollten alle Wahlberechtigten ein Informationsheft erhalten, das gleichgewichtig die Position der Initiatoren und des Parlamentes darstellt. Weil die Wahlberechtigten aufgefordert werden, sich in der vorgelegten Frage zustimmend oder ablehnend zu äußern, nehmen dieses noch mehr Menschen als beim Begehren zum Anlass, sich mit dem Thema zu beschäftigen.

Es findet also, ausgehend von den Initiatoren, eine Themensetzung statt. Und das ist der Kern jedes heutigen politischen Wettbewerbs, jeder Politik: Die Aufmerksamkeit der Menschen auf ein selbst definiertes Problem zu lenken und dafür – und für einen Lösungsvorschlag – ihre Zustimmung zu erhalten.

Und auch die Gewerkschaften können gefordert sein, die Aufmerksamkeit möglichst aller Menschen für ihr Thema zu erringen. Nicht immer ist der Streik oder gar Lobbyarbeit das dafür geeignete Mittel.

Und wenn etwas schiefgeht?

Scheitert ein Volksbegehren oder ein Volksentscheid, gibt es oft Ansatzpunkte, den Kampf erfolgreich fortzusetzen. Unter Umständen gibt es dialektische Verläufe oder Erfolge an anderer Stelle.

Beispiel: Der Hamburger Volksentscheid »Gesundheit ist keine Ware« (2004) gegen den Verkauf städtischer Krankenhäuser (Landesbetrieb Krankenhäuser – LBK), war mit einer 77%igen Zustimmung ein überwältigender Erfolg. Die fast 600.000 Ja-Stimmen repräsentierten gleichzeitig ca. 45% aller Wahlberechtigten. Trotzdem setzte sich der Senat über diesen Entscheid hinweg, verschleuderte den LBK, und das Hamburgische Verfassungsgericht billigte ihm auch noch das Recht dazu zu – der Volksentscheid sei zwar politisch erheblich, aber binde den Senat nicht, so das Gericht.[4] Damit wurde aus dem LBK ein sehr großer Teil des Asklepios-Konzerns und alle Warnungen der Initiative wurden wahr.

Daraufhin bildete sich ein Bündnis aus über 30 Organisationen, das einen Volksentscheid für eine Verfassungsänderung anstrebte (Hamburg stärkt den Volksentscheid). Ziel dieser Initiative war es, Volksentscheide für Senat und Bürgerschaft verbindlicher zu machen. 2008,

---

[4] HVerfG 6/04 vom 15.12.2004

Die Bedeutung von Volks- und Bürgerentscheiden

nach den Neuwahlen zur Bürgerschaft, kam es zu der ersten schwarzgrünen Landesregierung (CDU/GAL). Der Juniorpartner GAL konnte die Übernahme der Verfassungsänderung der Initiative im Koalitionsvertrag durchsetzen. Die GAL war, zusammen mit der SPD, den Gewerkschaften und zahlreichen NGOs über Jahre hinweg Bündnispartner der Volksinitiativen gewesen. Sie hatte allerdings bei der CDU insofern leichtes Spiel, als der Krankenhausverkauf dort innerparteilich für erheblichen Verdruss gesorgt hatte. Die Rathaus-Akteure hatten nämlich übersehen, dass 50% der CDU-Wähler/innen parallel für »Gesundheit ist keine Ware« gestimmt hatten.[5]

An dieser Stelle offenbart sich ein Paradoxon in Wahlentscheidungen und ein schlagendes Argument für direkte Demokratie. Die Hälfte der Wählerinnen und Wähler des damaligen Bürgermeisters Ole von Beust (CDU) hatte zeitgleich *gegen* eines seiner Kernthemen gestimmt.

Seit dem Jahreswechsel 2008/9 verfügen Volksentscheide in Hamburg, nach einem einvernehmlichen, interfraktionell und mit der Initiative abgestimmten Beschluss der Hamburger Bürgerschaft, über die im bundesweiten Vergleich höchste Verbindlichkeit (fakultatives Referendum bei Abweichung von einem Volksentscheid – Art. 50 Verfassung der FHH) und die Hamburgerinnen und Hamburger über das anwendungsfreundlichste Volksabstimmungsgesetz.[6]

Diesen gut vier Jahre andauernden Kampf haben die Hamburger Gewerkschaften aktiv begleitet. Vorangetragen wurden diese Gesetzesänderungen aber von dem kleinen Verein Mehr Demokratie und unendlich vielen ehrenamtlichen Helferinnen und Helfern verschiedenster gesellschaftlicher Gruppen. Von der altehrwürdigen Patriotischen Gesellschaft von 1765 über attac, Grüne und SPD bis zu Die Linke.

---

[5] www.statistik-nord.de/uploads/tx_standocuments/SI04_022_F.pdf und www.statistik-nord.de/uploads/tx_standocuments/VE2004_Gesundheit_Hbg_ins-end.PDF

[6] Hamburgisches Gesetz über Volksinitiative, Volksbegehren und Volksentscheid (Volksabstimmungsgesetz - VAbstG) vom 20.6.1996, geändert durch Gesetz vom 16.12.2008 (HmbGVBl. S. 439): www.landesrecht.hamburg.de/jportal/portal/page/bshaprod.psml?showdoccase=1&doc.id=jlr-VoBegGHArahmen&st=lr

Sind Volksentscheide unter guten Bedingungen »Selbstgänger«?

Nein! Nach wie vor müssen die Initiatoren den Menschen
- die Relevanz des Themas,
- die Dringlichkeit einer Entscheidung zu diesem Zeitpunkt und auf diesem Weg
- sowie die mögliche Betroffenheit eines Großteils der Bevölkerung von einem Ausbleiben eines Entscheids

nachweisen!
Dafür ist es notwendig, vor dem Start der Initiative ein möglichst breites gesellschaftliches Bündnis zu flechten. Sind diese notwendigen Voraussetzungen nicht erfüllt, ist ein Erfolg einer Initiative von vornherein zweifelhaft. Man kann sich einen Volksentscheid auch nicht erkaufen. Es gibt *keinen* empirischen Beleg dafür, dass das in Deutschland möglich ist. Was geschehen kann, wenn die vorgenannten Bedingungen nicht erfüllt sind, hat aber leider auch ver.di Hamburg vorgeführt.

Die im Sommer 2010 gestartete Volksinitiative »Keine Privatisierung gegen den Bürgerwillen« richtete sich darauf, in der Hamburgischen Verfassung festzuschreiben, dass vor einer Privatisierung eines für die Daseinsvorsorge wichtigen öffentlichen Unternehmens Senat und Bürgerschaft selbst die Wahlbevölkerung per Volksentscheid befragen müssen (obligatorisches Referendum bei Privatisierung).

Dieses Anliegen wurde gemäß einer repräsentativen Umfrage von drei Vierteln[7] der Bevölkerung für richtig befunden. Relevanz des Themas und latente Betroffenheit der Bevölkerung waren also sichergestellt.

Trotzdem wurde in der zweiten Phase, im Volksbegehren, nicht die notwendige Zahl an Unterschriften eingesammelt. Die Gründe lagen in anfänglichen Versäumnissen bei der Bündnisbildung und Mobilisierung, dann aber zusätzlich in Rücktritt bzw. Abwahl der Protagonisten der Privatisierung und damit Wegfall der Dringlichkeit des Entscheids.

Eins ist klar: Die Gewerkschaften haben aus Erfolgen, aber mehr noch aus Fehlern gelernt. Sollte irgendeine Regierung in absehbarer Zeit in Hamburg die Privatisierung eines öffentlichen Unternehmens tatsächlich in Angriff nehmen, wird sie sich auf eine breit getragene Volks-

---

[7] Umfrage zum »Tag der Marktforschung« der Institute Harris Interactive, Ipsos, EARSandEYES und PhoneResearch, veröffentlicht in einer Pressemeldung von ver.di Hamburg am 18.5.2011.

initiative einstellen müssen, die dann nicht nur dieses Vorhaben verhindern, sondern auch in der Verfassung Vorkehrungen für die Zukunft schaffen könnte!
Vorbild wäre dann ein »Nachahmer«. Die Bremische Bürgerschaft hat mit der Drucksache 18/506 vom 10. Juli 2012 in erster Lesung ein Gesetz zur Änderung der Landesverfassung der Freien und Hansestadt Bremen behandelt.[8] Danach soll bestimmt werden, dass »eine Veräußerung von öffentlichen Unternehmen« in Bremen, die dem Gemeinwohl dienen, »einen zustimmenden Volksentscheid« voraussetzt. Das Artikelgesetz und seine Begründung sind in Teilen wortgleich zu der Vorlage der gewerkschaftlich initiierten Hamburger Volksinitiative »Keine Privatisierung gegen den Bürgerwillen!«.[9]

Zur Bundestagswahl 2013 werden die Hamburgerinnen und Hamburger aufgerufen werden, über den Volksentscheid »Unser Hamburg – Unser Netz« abzustimmen. Reicht es für eine zukunftstaugliche Energieversorgung aus, dass sich die Hansestadt mit gut 25% an den Betreibergesellschaften der von der Bundesnetzagentur hochgradig regulierten innerstädtischen Energie-Verteilnetze beteiligt? Oder sollten auch noch die restlichen knapp 75% dieser Unternehmen zurückgekauft und damit »rekommunalisiert« werden, um mehr politischen Einfluss auf dem Energiemarkt zu erhalten? Die Energieerzeugung oder deren Überland-Transportnetze werden allerdings nicht zur Abstimmung stehen.

Fazit

Bürger- und Volksentscheide sind – nach Bundesländern unterschiedlich ausgeprägt – grundsätzlich höchst geeignete Mittel, Einfluss auf die Privatisierung oder Rekommunalisierung öffentlicher Dienstleistungen zu nehmen. Mit zunehmender Verbesserung der Instrumente in den Ländern entwickeln die Mittel der direkten Demokratie auch Relevanz für das Erreichen gewerkschaftlicher Ziele. Allerdings importierten die Gewerkschaften damit auch die Notwendigkeit zur ergebnisoffenen internen Meinungsbildung und zu einer Stärkung ihrer gesellschaftlichen Bündnisfähigkeit. Direkte Demokratie erfordert Offenheit und Transparenz.

---

[8] www.bremische-buergerschaft.de/drs_abo/Drs-18-506_496.pdf
[9] www.volksbegehren-hamburg.de/der-antrag-20122010

Mehr direkte Demokratie verändert nicht nur die Gewerkschaften, sondern die ganze Gesellschaft. Sie ist in der Anwendung durchaus anspruchsvoll, wirkt emanzipierend, stärkt die Eigenverantwortung und schwächt damit die Bedeutung von »Gefolgschaft«. Das ist eine Herausforderung, der sich alle Bürgerinnen und Bürger verantwortungsbewusst stellen sollten.

Stefan Taschner
Die Bedeutung von NGOs und lokalen Bündnissen für die Entwicklung von Rekommunalisierungsprojekten

In den 1990er Jahren wurden zahlreiche deutsche Kommunen von der Liberalisierungs- und Privatisierungswelle erfasst. Der von der EU vorangetriebene Marktliberalismus brachte vor allem verschuldete Kommunen dazu, sich vorwiegend aus den Bereichen der kommunalen Daseinsvorsorge zurückzuziehen und diese zu privatisieren. Dies führte für die kommunalen Haushalte kurzfristig zu Einnahmen aus dem Verkauf. Zudem wurde die Annahme in den Raum gestellt, dass der ausgelöste Wettbewerb zu einer höheren Effizienz führen würde. Den Verbrauchern wurden sinkende Preise, höhere Qualität und eine stärkere Kundenorientierung versprochen. Dies hat sich jedoch in den meisten Fällen nicht bewahrheitet.

Eineinhalb Jahrzehnte später deutet sich eine gegenläufige Entwicklung an. Gerade im Bereich der Energieversorgung ist in den letzten Jahren ein deutlicher Trend zur Rekommunalisierung zu verzeichnen. Ausgelöst wurde dieser durch die bundesweit in zahlreichen Kommunen auslaufenden Konzessionsverträge im Bereich der Verteilnetze von Strom und Gas. Der anstehende Neuabschluss dieser Verträge führte vor Ort häufig zu einer Diskussion über die kommunale Energieversorgung der Zukunft. Dabei ging es in dieser Debatte nicht nur um die Konzessionsverträge, sondern auch um den Vertrieb von Energie über ein kommunales Stadt- oder Gemeindewerk. Neben den positiven Erfahrungen aus Kommunen, die sich dem Privatisierungstrend seinerzeit nicht anschlossen, wie z.B. München, dienten auch die positiven Beispiele einer erfolgreichen Rekommunalisierung wie z.B. im nordhessischen Wolfhagen oder im brandenburgischen Prenzlau vielerorts als Vorbild.

In diese Debatte schalten sich nicht nur die Kommunalverwaltung und die Kommunalparlamente ein. Vielerorts engagieren sich unterschiedliche zivilgesellschaftliche Akteure. Dabei sind nicht nur Organisationen und Initiativen aus dem ökologischen Bereich anzutreffen. Häufig beteiligen sich auch Sozialinitiativen ebenso wie kirchliche und gewerkschaftliche Gruppen an der Diskussion. Diese versuchen nicht nur die Debatte zu begleiten, sondern auch mitzubestimmen und zu mitzuentscheiden.

Die Instrumente direkter Demokratie – also Bürgerbegehren und Bürgerentscheide – ermöglichen dies. Flächendeckend haben Bürgerinnen und Bürger mittlerweile die Möglichkeit, durch Bürgerbegehren Druck auf ihren Gemeinde- bzw. Stadtrat auszuüben. Dazu müssen zunächst im Bürgerbegehren Unterschriften gesammelt werden. Ein anschließend erfolgreicher Bürgerentscheid kann den Vorschlag verbindlich durchsetzen. In einigen Kommunen versuchten dies unterschiedliche Bündnisse aus zivilgesellschaftlichen Akteuren und NGOs bereits.

Das Beispiel Schönau

Schon oft in den vergangenen Jahren gab es hierzulande Bürgerbegehren und -entscheide zur Stromversorgung. Mehrfach wurden Stadtwerkeprivatisierungen verhindert, einzelne Initiativen bezogen sich auch auf Konzessionsverträge. Zu den bekanntesten zählen wohl die beiden Bürgerbegehren in Schönau aus den Jahren 1991 und 1995, die letztendlich zur Gründung des Ökostromanbieters EWS führten.

Im Fall Schönau übernahm nicht die Gemeinde das Stromnetz, sondern die EWS, die aus einer nach der Reaktorkatastrophe von Tschernobyl gegründeten Bürgerinitiative entstand. Als der Konzessionsvertrag mit dem örtlichen Netzbetreiber auslief und der Gemeinderat eine vorzeitige Verlängerung des Vertrags beschloss, begannen die als »Stromrebellen« bekannt gewordenen Schwarzwälder mit der Unterschriftensammlung für ein Bürgerbegehren gegen die Vertragsverlängerung. Gleichzeitig legte die Bürgerinitiative ein eigenes Angebot vor und forderte den Erwerb des örtlichen Stromnetzes, um eine eigenständige ökologische Energieversorgung zu gewährleisten. Die SchönauerInnen stimmten in zwei Bürgerentscheiden schließlich für den Vorschlag der Bürgerinitiative.

1994 wurden die EWS gegründet. Im November 1994 erhielten die EWS schließlich vom Stadtrat die Konzession für die Stromversorgung – nicht ohne dass zuvor in einem aufwändigen Gerichtsverfahren der Wert des Stromnetzes ermittelt und überzogene Forderungen des vor-

Die Bedeutung von NGOs und lokalen Bündnissen

herigen Konzessionsnehmers abgewehrt wurden. Seit der Liberalisierung des Strommarktes können die EWS ökologisch erzeugten Strom auch an Haushalte und Betriebe in ganz Deutschland verkaufen. Heute beliefert das Unternehmen bundesweit mehr als 115.000 Kunden mit »echtem Ökostrom«. Mittlerweile betreibt die EWS auch das örtliche Gasnetz und hat weitere Konzessionen im Strombereich in umliegenden Gemeinden übernommen. 2009 wurde zudem die Netzkauf EWS in eine Genossenschaft umgewandelt.

Das Beispiel Warendorf

Auch im münsterländischen Warendorf (NRW) wurde ein Bürgerbegehren zur Stromnetzübernahme initiiert. Dazu gründete sich um die Initiative »Bürgerbegehren Stromnetz-Warendorf« das Bündnis »Unser Warendorf – Unser Stromnetz«. Unterstützung bekam die Initiative durch die lokalen Gruppen des BUND (Bund für Umwelt und Naturschutz Deutschland) und des NABU (Naturschutzbund) sowie der Interessengemeinschaft Warendorf-Süd e.V. (IWS). SPD, Grüne und FDP schlossen sich aus dem Parteienspektrum an.

»Unser Warendorf – Unser Stromnetz« setzte sich zum Ziel, dass die Stadtwerke Warendorf zusammen mit dem Bieterkonsortium aus den Stadtwerken Münster und den Stadtwerken Osnabrück die Konzession und den Betrieb des Stromnetzes in Warendorf übernehmen. Im Juni 2011 überreichte das Bündnis 3.100 Unterschriften. Für ein erfolgreiches Bürgerbegehren wären lediglich 2.200 Unterschriften nötig gewesen. Die anschließende Zulässigkeitsprüfung des Bürgerbegehrens verlief allerdings negativ, obwohl die Verwaltung dem Rat empfohlen hatte, das Begehren zuzulassen. Eine Bevorzugung eines Bietors aus sachlichen Gründen sei durchaus zulässig und sogar geboten, hieß es seitens der Verwaltung. Ein solcher sachlicher Grund zur Bevorzugung eines Angebots liege etwa vor, wenn dieses eine größere Übereinstimmung mit zulässigen Auswahlkriterien als andere Angebote aufweise. Dazu gehöre auch der Einstieg in die Eigenständigkeit durch Aufbau einer kommunalen Stromversorgung unter größtmöglicher Sicherung des kommunalen Einflusses argumentierte die Verwaltung. Es sei davon auszugehen, dass dieses Kriterium der Gemeinde in Ausübung des ihr bei der Auswahlentscheidung zustehenden Ermessensspielraums grundsätzlich eine Bevorzugung eines im Eigentum der kommunalen öffentlichen Hand stehenden Bieters gestatte. Dennoch stimmte der Rat im September 2011 mit knapper Mehrheit für eine Unzulässigkeit. Dieser Beschluss wurde letztendlich vom Verwaltungsgericht bestätigt.

Beachtliche Bündnisse zur Stromnetzübernahme entstanden auch in größeren Städten. Insbesondere in Berlin, Hamburg und Stuttgart versuchen derzeit breite gesellschaftliche Allianzen aus lokalen Initiativen und Organisationen mittels direkter Demokratie die Energieversorgung vor Ort zu verändern.

Das Beispiel Stuttgart

In Stuttgart fordert die »Aktion Stadtwerke Stuttgart« die Rekommunalisierung der Energie- und Wasserversorgung. Dazu wurde 2011 ein Bürgerbegehren durchgeführt. 27.500 Stuttgarter Bürgerinnen und Bürger unterschrieben für die Übernahme der Wasserversorgung und den Betrieb der Netze für Strom, Gas und Fernwärme durch die Stadt.

Das Bündnis knüpfte dabei an ein erfolgreiches Bürgerbegehren zum Thema Wasser aus dem Jahr 2010 an. Dort wurde bereits die Rekommunalisierung der Wasserversorgung gefordert. Dies wurde vom Stuttgarter Gemeinderat übernommen, jedoch bis heute nicht umgesetzt.

Ziel des Bürgerbegehrens »Aktion Stadtwerke« ist eine transparente kommunale Wasserversorgung, die für dauerhaft gute Qualität und für sozial verträgliche Preise sowie eine klimafreundliche Energieversorgung und -erzeugung sorgt. Nur mit eigenen Stadtwerken und den Netzen in kommunaler Hand kann aus Sicht der Initiative eine dezentral effiziente und ökologische Energieerzeugung vor Ort gewährleistet und somit auch das Klima geschützt werden. Angestrebt wird unter anderem die Eigenproduktion von Ökostrom über Sonnenkollektoren, Biogas-Erzeugung und die Beteiligung an Windkraftanlagen sowie die Verwendung von energieeffizienter Kraft-Wärme-Kopplung. Auf Druck des Bündnisses beschloss die Stadt bereits im letzten Jahr die Gründung von Stadtwerken. Nach den Plänen der Stadt sollen diese die Netze zwar übernehmen, den eigentlichen Betrieb jedoch einer privaten Partnerfirma überlassen. Mithilfe des Bürgerbegehrens sollte das verhindert und eine 100prozentige Rekommunalisierung erreicht werden.

Die Bedeutung von NGOs und lokalen Bündnissen

Allerdings wurde auch dieses Bürgerbegehren für unzulässig erklärt, da die Forderung des Begehrens gegen § 46 des Energiewirtschaftsgesetzes und das Kartellrecht verstieße. Laut diesen Rechtsgrundlagen müssten Konzessionen für die Strom- und Gasnetze in einem transparenten und diskriminierungsfreien Wettbewerb vergeben werden, sodass eine öffentliche Ausschreibung erforderlich sei, die allen Bewerbern identische Chancen einräume. Wird hingegen ein kommunaler Eigenbetrieb oder ein kommunales Stadtwerk ohne sachlichen Grund bevorzugt, liege der Tatbestand eines Missbrauchs vor. Daher sei es der Stadt Stuttgart unmöglich, die Strom- und Gasnetze, wie im Bürgerbegehren gefordert, ohne öffentliche Ausschreibung an sich selbst zu vergeben, argumentiert die Stadt. Ob diese Auffassung wirklich rechtens ist, ist noch nicht geklärt, da es dazu bisher keine höchstrichterliche Rechtsprechung gibt.

Aus diesem Grund wurde von den Initiatoren das »Stuttgarter Manifest« verfasst. Dort wird gefordert, dass jede Kommune das Recht auf Selbstbestimmung hat. Konkret solle jede Kommune die Möglichkeit haben, die Daseinsvorsorge in eigener Regie leiten zu dürfen, und nicht gezwungen werden, in Wettbewerb mit privatwirtschaftlichen Anbietern zu treten. Ein Beschluss des Verwaltungsgerichts Oldenburg stärkte vor kurzem das Recht auf Selbstverwaltung bei der Stromnetzvergabe.[1]

Das Beispiel Hamburg

In Hamburg gründete sich die Initiative »Unser Hamburg – Unser Netz« als ein breites parteiunabhängiges Bündnis aus Umweltverbänden, Bürger- und Verbraucherinitiativen und Kirchen. Im Trägerkreis befinden sich Attac Hamburg, der BUND Hamburg, die Diakonie und Bildung des Evangelisch-Lutherischen Kirchenkreises Hamburg-Ost, die Initiative Moorburgtrasse stoppen! sowie ROBIN WOOD und die Verbraucherzentrale Hamburg. Weitere 33 Organisationen unterzeichneten zwei Resolutionen und unterstützen aktiv das Bündnis.

Im August 2010 reichte das Bündnis fast 18.000 Unterschriften für den Rückkauf der Hamburger Energienetze ein. Damit wurden die für eine erfolgreiche Volksinitiative nötigen 10.000 gültigen Unterschriften deutlich überschritten. In Hamburg laufen die Konzessionsverträge für

---

[1] Beschluss vom 17. Juli 2012 (1 B 3594/12).

Strom, Gas und Fernwärme 2014 aus. Strom- und Fernwärmenetze liegen dabei wie in Berlin in der Hand von Vattenfall. Netzbetreiber der Gasnetze ist E.ON. Ab 2015 könnte die Stadt die Netze in öffentlicher Hand selbst betreiben.

Als es im Dezember 2010 in der Hamburger Bürgerschaft um die Übernahme oder Ablehnung der Volksinitiative »Unser Hamburg – unser Netz« ging, befürworteten alle Fraktionen vom Prinzip her eine Rekommunalisierung der Energienetze. Auf einen gemeinsamen Weg konnten sich CDU, SPD, GAL und Linke allerdings nicht einigen. Die Volksinitiative wurde somit nicht übernommen. Das Bündnis beantragte daraufhin im Januar 2011 die Durchführung eines Volksbegehrens. Im Juni 2011 konnte die Initiative über 116.000 Unterschriften übergeben. Nur 60.000 gültige Unterschriften wären nötig gewesen. Somit liegt die Letztentscheidung bei den Hamburger BürgerInnen. Der Volksentscheid wird zusammen mit der nächsten Bundestagswahl stattfinden.

Darüber hinaus begleitet »Unser Hamburg – Unser Netz« auch die öffentliche Debatte um die Vergabe der Konzessionsverträge, insbesondere die vom Hamburger Senat angestrebte Beteiligung der Hansestadt Hamburg an den Netzgesellschaften von Vattenfall und E.ON. Das Bündnis hat sich dabei als ein wesentlicher Akteur etabliert, der nicht nur in den Medien gehört wird, sondern auch z.B. zu Ausschusssitzungen geladen wird.

Das Beispiel Berlin

Eine ähnliche Entwicklung gibt es in Berlin. Dort gründete sich nach Hamburger Vorbild im Juli 2011 der Berliner Energietisch. Die Entstehungsgeschichte des Berliner Energietisches reicht jedoch über ein Jahr vor der eigentlichen Gründung zurück. Bereits Ende 2010 fanden attac Berlin, BürgerBegehren Klimaschutz und PowerShift zusammen, um sich über die Möglichkeit der Übernahme des Berliner Stromnetzes durch die Stadt Berlin auszutauschen. Der Verein BürgerBegehren Klimaschutz beschäftigte sich schon seit längerer Zeit mit dem Thema Konzessionsverträge und hatte sich als Ansprechpartner für Bürgerinitiativen und vor allem auch Kommunalpolitiker etabliert.

Vor der Abgeordnetenhauswahl im September 2011 hatten SPD, LINKE und Grüne jeweils eigene Konzepte für die zukünftige Berliner Energieversorgung vorgelegt. Aus diesem Grund luden die Initiativen in

Die Bedeutung von NGOs und lokalen Bündnissen 179

mehreren Runden Vertreter dieser Parteien zu offenen Gesprächsrunden ein, um sich über die Konzepte auszutauschen. Gleichzeitig wurden öffentliche Veranstaltungen organisiert und die Broschüre »Neue Energie für Berlin – Netze in Bürgerhand!« erstellt. Darin wird ein Überblick über die drei Energienetze Strom, Gas und Fernwärme – gegeben sowie die Vorteile einer Rekommunalisierung beleuchtet. Das rege Interesse an den Veranstaltungen zeigte bereits das große allgemeine Interesse an diesem Thema.

Im Sommer 2011 wurde schließlich der Berliner Energietisch ins Leben gerufen. Dieses parteiunabhängige Bündnis versteht sich als eine offene Plattform, in der alle willkommen sind, die gemeinsam an einer Neugestaltung der Energieversorgung in Berlin arbeiten wollen. Beim Energietisch sind derzeit 41 lokale Initiativen und Organisationen aktiv. Diese reichen von großen Organisationen bis hin zu kleinen Initiativen, vom ökologischen über das soziale bis hin zum kirchlichen und gewerkschaftlichen Spektrum. Im gemeinsamen Selbstverständnis wurden ökologische, demokratische und soziale Aspekte gleichberechtigt als wesentliche Säulen einer neuen Energieversorgung in Berlin manifestiert.

Damit auch die breite Öffentlichkeit in die Diskussion mit eingebunden wird, fanden bis zur Abgeordnetenhauswahl mehrere Veranstaltungen und Workshops statt. Nachdem der neue Senat aus SPD und CDU die Rekommunalisierung der Berliner Energieversorgung im Koalitionsvertrag jedoch lediglich als Prüfauftrag verankert hatte, beschloss der Energietisch, ein Volksbegehren vorzubereiten. Nach intensiven Diskussionen über mehrere Monate hinweg wurde ein gemeinsamer Gesetzentwurf für eine demokratische, ökologische und soziale Energieversorgung in Berlin ausgearbeitet. Dieser sieht die Gründung eines Stadtwerks und einer Netzgesellschaft vor, für welche strenge ökologische, soziale und demokratische Vorgaben gelten sollen.

So soll das Stadtwerk dezentrale, erneuerbare Energieanlagen in der Region Berlin-Brandenburg errichten und Berlin mit 100% echtem Ökostrom versorgen. Daneben sind Energieeinsparung und -effizienz genauso Geschäftsziel wie die Ausgestaltung einer sozialverträglichen Energiewende. Einkommensschwache Haushalte sollen z.B. gezielt beraten und die Anschaffung energiesparender Haushaltsgeräte gefördert werden.

Neben weitgehenden Transparenzvorschriften sind im Gesetzentwurf des Berliner Energietisches auch zahlreiche Beteiligungsmöglichkeiten für die BerlinerInnen vorgesehen, die über die bekannte parlamentarische Kontrolle landeseigener Betriebe weit hinausgehen. So sollen Teile des Verwaltungsrats von Stadtwerken und Netzgesellschaft direkt gewählt werden. Ein Initiativrecht soll eine direkte Einflussnahme auf die Geschäftspolitik ermöglichen.

Im März 2012 startete die Unterschriftensammlung für die erste Stufe des Volksbegehrens. Hierzu wurden bis Ende Juni 2012 mindestens 20.000 gültige Unterschriften benötigt. Am 3. Juli 2012 reichte der Energietisch über 30.000 gültige Unterschriften ein. Sollte das Anliegen nicht vom Abgeordnetenhaus übernommen werden, folgt 2013 die zweite Stufe (das Volksbegehren), in der 173.000 gültige Unterschriften benötigt werden. Ist dies erfolgreich, kann es wie in Hamburg zur Bundestagswahl im September 2013 zum Volksentscheid kommen.

Ähnlich wie in Hamburg konnte sich auch der Berliner Energietisch als der wesentliche zivilgesellschaftliche Akteur im Bereich der Energiepolitik etablieren. Parteien- und Medienvertreter suchen genauso das Gespräch wie die Senatsverwaltung oder Parlamentarier. Energiepolitik konnte somit auf die politische Agenda gesetzt werden.

Weitere Beispiele

Neben den beschriebenen Beispielen, in denen Bündnisse mit direktdemokratischen Mitteln versuchen, die Rekommunalisierung umzusetzen, gibt es weitere Kommunen, in denen NGOs an der Entwicklung von Rekommunalisierungsprojekten mitwirken. Ohne Anspruch auf Vollständigkeit sind im Folgenden wenige Beispiele kurz beschrieben.

In *Oldenburg* engagiert sich der Oldenburger Energierat schon seit 30 Jahren für eine nachhaltige Energiepolitik und maximale Mitbestimmung für die BürgerInnen in Energiefragen. Insbesondere setzt sich der Oldenburger Energierat mit dem in seiner Stadt ansässigen EWE-Konzern auseinander. Aktuell im Mittelpunkt stehen auch für den Oldenburger Energierat die Konzessionsverträge zwischen der Stadt und dem jetzigen Netzbetreiber, die 2013 auslaufen. Der Energierat forderte die Stadt daher auf, im Rahmen einer Studie alle Handlungsoptionen zu untersuchen, um eine ökologisch und ökonomisch optimale Entscheidung zu treffen. Da die entsprechenden Anträge zunächst im Stadtrat abgewiesen wurden, ging der Energierat sogar in Vorleistung und beauftragte eine erste fachliche Beurteilung.

Die Bedeutung von NGOs und lokalen Bündnissen

Parallel zu den Diskussionen über die Notwendigkeit einer Studie lief jedoch bereits das Interessenbekundungsverfahren, an dem sich bis kurz vor Ablauf lediglich der bisherige Netzbetreiber beteiligte. Angeregt durch die Arbeit des Energierats und die öffentliche Diskussion gründete sich die Oldenburger Energiegenossenschaft. Diese bekundete umgehend offiziell Interesse an der Übernahme der Netze und erhielt dadurch Zugang zu relevanten Informationen über deren Zustand.

In *Köln* versucht die Initiative »Tschö RheinEnergie« den lokalen Versorger wieder unter vollständige kommunale Kontrolle zu bekommen. Derzeit hält RWE 20% an dem ehemaligen Kölner Stadtwerk. Mit einem erfolgreichen Bürgerantrag versuchte die Initiative, das Thema Rekommunalisierung auf die politische Agenda zu setzen.

In *Wesel* gründete sich im Anschluss an die Reaktorkatastrophe in Fukushima das Netzwerk für Energiewende Wesel (NEW). Mitglieder sind Organisationen wie attac Niederrhein, die ebenfalls im Klimabündnis Niederrhein aktiv sind. NEW fordert eine ökologische, dezentrale, soziale und demokratisch kontrollierte Energieversorgung. Das Netzwerk brachte sich ebenfalls in die Debatte um die Rekommunalisierung der Stromnetze in Wesel ein.

Fazit

Zusammenfassend lässt sich festhalten, dass NGOs bei der Rekommunalisierung der Energieversorgung in vielen Kommunen eine wesentliche Rolle spielen. Auffallend ist, dass beim Thema Energie nicht nur Organisationen aus dem ökologischen Bereich, sondern auch viele soziale Initiativen anzutreffen sind. Aber auch aus dem kirchlichen und gewerkschaftlichen Kontext beteiligen sich Akteure. Darin spiegelt sich das allgemeine gesellschaftliche Interesse an diesem Thema wider. Die Intensität der Aktivitäten einzelner NGOs ist lokal sehr unterschiedlich. Insbesondere aber in großen Städten bildeten sich breite Bündnisse. »Unser Hamburg – unser Netz« wie auch der Berliner Energietisch haben dabei auch eine bundespolitische Bedeutung. So kann es möglicherweise bei der Bundestagswahl im September 2013 in den beiden größten deutschen Städten Volksentscheide über die Rekommunalisierung der Energieversorgung geben.

VSA: Fallstricke & Alternativen

Paul Tiefenbach
Alle Macht dem Volke?
Argumente gegen Volksentscheide:
warum sie meistens falsch sind
Mit einem Vorwort von Claudine Nierth
Herausgegeben von Mehr Demokratie
192 Seiten | € 14.80
ISBN 978-3-89965-560-5
Prägnant und mit vielen Beispielen: Wie direkte Demokratie funktionieren kann, wenn man ihre Fallstricke vermeidet, erklärt Paul Tiefenbach.

Steffen Lehndorff (Hrsg.)
Ein Triumph gescheiterter Ideen
Warum Europa tief in der Krise steckt –
zehn Länder-Fallstudien
288 Seiten | € 19.80
ISBN 978-3-89965-511-7
Die AutorInnen führen vor Augen, welch verheerende Auswirkungen der neuerliche Triumph der bereits krachend gescheiterten neoliberalen Ideen hat.

Frank Bsirske/Andrea Kocsis/
Franz Treml (Hrsg.)
Gegen den schleichenden Abbau des Sozialstaats
Konsequenzen – Alternativen – Perspektiven
176 Seiten | Hardcover | € 14.80
ISBN 978-3-89965-519-3
Was können Gewerkschafter, Akteure der Zivilgesellschaft und PolitikerInnen gegen den unverkennbaren Abbau des Sozialstaats unternehmen?

Prospekte anfordern!

VSA-Verlag
St. Georgs Kirchhof 6
20099 Hamburg
Tel. 040/28 09 52 77-10
Fax 040/28 09 52 77-50
Mail: info@vsa-verlag.de

www.vsa-verlag.de

VSA: Gemeinwohl stärken

Steffen Bockhahn/Katharina Weise
Wasser, Strom & Straßenbahn
Die öffentlichen Unternehmen
aus linker Sicht
Crashkurs Kommune 3
In Kooperation mit der Kommunalakademie
der Rosa-Luxemburg-Stiftung
96 Seiten | € 7.50
ISBN 978-3-89965-370-0
Der dritte Band der Reihe »Crashkurs Kommune« stellt sich der Frage: In welchen Bereichen sind öffentliche Unternehmen aus Sicht linker Kommunalpolitik sinnvoll?

Markus Henn/Christiane Hansen u.a.
Wasser ist keine Ware
Wasserversorgung zwischen Gemeinwohl und Kommerz
AttacBasisTexte 41
96 Seiten | 2012 | € 7.00
ISBN 978-3-89965-503-2
Die AutorInnen fassen die weltweite Situation der Ressourcen, ihre Gefährdungen und die konkurrierenden Nutzungsansprüche zusammen. Und sie fragen nach den Bedingungen für qualitativ gute und sozial angemessene Trinkwasserversorgung.

Prospekte anfordern!

VSA: Verlag
St. Georgs Kirchhof 6
20099 Hamburg
Tel. 040/28 09 52 77-10
Fax 040/28 09 52 77-50
Mail: info@vsa-verlag.de

www.vsa-verlag.de